DUMONT
REISE-TASCHENBÜCHER

Mecklenburgische Seenplatte

In der vorderen Umschlagklappe: Westteil der Seenplatte

In der hinteren Umschlagklappe: Ostteil der Seenplatte

Christiane Theiselmann

Mecklenburgische Seenplatte

DUMONT

Umschlagvorderseite: Der Dahmer Kanal zwischen dem Malchiner und dem Kummerower See
Innenklappe vorn: Fachwerkhaus in Parchim, Lindenstr. 3
S. 2/3: Müritz, vom Kirchturm in Röbel gesehen
Innenklappe hinten: Schweriner Schloß
Umschlagrückseite oben: Reiterhof in Lehsten
Umschlagrückseite unten: Bauersfrau aus Carwitz

Über die Autorin: Dr. phil. Christiane Theiselmann, geboren 1961, studierte Kunstgeschichte und Archäologie. Heute arbeitet sie als freie Autorin und Journalistin. Ihre Spezialgebiete sind die preußische Kunst des 18. bis 20. Jh. sowie Reise und Natur. Im DuMont Buchverlag erschien von Christiane Theiselmann auch der Kunst-Reiseführer ›Potsdam und Umgebung‹.

2., aktualisierte Auflage 1997

Satz und Druck: Rasch, Bramsche
Buchbinderische Verarbeitung: Bramscher Buchbinder Betriebe

Printed in Germany ISBN 3-7701-3432-X

Inhalt

Land und Leute

Natur und Wirtschaft

Bevölkerung, Kunst und Geschichte

Unterwegs in der Mecklenburgischen Seenplatte

Rund um die Müritz

Routen durch das Land

Route 1: Die großen Seen zwischen Malchow und Plau

Route 2: Das nordwestliche Seengebiet

Route 3: Die Kleinmecklenburger Seenplatte

Route 4: In der Feldberger Seenlandschaft

Route 5: Zwischen Neubrandenburg und Neustrelitz

Route 6: Streifzüge durch die Mecklenburgische Schweiz

Tips und Adressen

Zeichenerklärung

Hotel-Preiskategorien
(pro Person im Doppelzimmer während der Hauptsaison):

$$$L	Luxuriös (ab 130 DM)
$$$	Gehobene Preisklasse (70–130 DM)
$$	Mittlere Preisklasse (40–70 DM)
$	Untere Preisklasse (20–40 DM)

Land und Leute

Wenn eines Tages die Welt untergeht, so begebe Dich nach Mecklenburg-Vorpommern, denn dort geschieht alles hundert Jahre später.

Angebliches Bonmot
Otto Fürst von Bismarcks
(1815–98)

Natur und Wirtschaft

Landschaft und Klima

Flora und Fauna

Unter grünem Bäumehimmel

Naturschutz groß geschrieben

Von Bauern, Fischern und Touristen

Meister Adebar begutachtet die Feldwirtschaft

Geographie

Neben der üblich spröden naturwissenschaftlichen gibt es in Mecklenburg auch eine volkstümlichbeherzte Art, die Schöpfungsgeschichte des Landes zu erklären. Bei Fritz Reuter, dem berühmten Dichter Mecklenburgs, ging das vor knapp 150 Jahren in seiner ›Urgeschicht von Mekelnborg‹ so: »... unser Herrgott machte das ganz fix eigenhändig, auf der einen Seite bei Ratzeburg und Schwerin, auf der anderen Seite bei Stavenhagen und Neubrandenburg« (Übersetzung ins Hochdeutsche durch die Autorin). Doch auch das Paradies verpflanzt der Heimatverliebte nicht einfach irgendwohin, sondern: »... nach den zuverlässigen Nachrichten meines Ahnherrn Noah und nach Ansicht meiner ganzen Familie und unserer ganzen Sippschaft lag der Garten Eden in Mecklenburg«, und zwar schlankweg dort, »wo es zuallererst trocken wurde und wo die ersten Menschen erschaffen worden sind: Bei Groß Bäbelin, Serrahn und Krakow ...« – in der Seenplatte also!

Geologisch Interessierten, die es nun denn doch etwas genauer wissen wollen, sei erläutert, daß die Mecklenburgische Seenplatte ein leicht schräg in der Landschaft liegendes, sichelförmiges Gebilde ist, das die Mitte und den Süden des Landes Mecklenburg-Vorpommern ausmacht. Sie wird von einem nördlichen und einem südlichen Endmoränenzug begrenzt. Das westliche Ende bildet der Schaalsee an der Grenze zu Schleswig-Holstein, das östliche der Abhang zum Ückertal hinter Friedland. Der Begriff Platte ist insofern zutreffend, als das ganze Gebiet auf einer riesigen, höher gelegenen Zechsteinmeersalzplatte liegt. (Zechstein ist eine Zusammensetzung aus Kalk, Dolomit, Mergel, Gips und Salz.) Aufgrund der Plattenlage liegt auch die Wasseroberfläche aller Seen über dem Niveau des Meeresspiegels.

Im speziellen aber ist die Mecklenburgische Seenplatte sehr abwechslungsreich gegliedert, ein Ergebnis der geologischen Entwicklung in der Eiszeit. Da gibt es einmal das Gebiet der Mecklenburger Oberseen, auch Großseenplatte genannt, das von der Müritz bis zum Plauer See reicht. Diese 250 km^2 große, weitverzweigte Wasserlandschaft bildet ein richtiges Verbundsystem. Auf der einen Seite fließt Havelwasser hinein und kommt auf der anderen Seite als Wasser der Elde wieder heraus.

Westlich von Plau beginnt dann das Sternberg-Krakower Seengebiet, eine besonders wasserreiche Landschaft, auf über 180 km Länge von der Elde, der Mildenitz und der Warnow durchflossen.

Ganz anders hingegen ist die Kleinseenplatte in der Gegend um

›Steckbrief‹ Mecklenburgische Seenplatte

- **Fläche:** Das Gebiet der Mecklenburgischen Seenplatte zwischen Schwerin im Westen, Woldegk im Osten, Waren im Norden und der brandenburgischen Landesgrenze im Süden umfaßt ca. 6000 km^2. Das ist ein Viertel der gesamten Landesfläche. Wenn man Güstrow und die Mecklenburgische Schweiz noch dazurechnet, ist es ein knappes Drittel.
- **Bevölkerung:** Im Raum der Mecklenburgischen Seenplatte leben 470 000 Menschen. Mit 78 Einwohnern pro km^2 ergibt sich daraus die geringste Bevölkerungsdichte in der gesamten Bundesrepublik. Da die Seenplatte bis auf Neubrandenburg mit seinen 90 000 Einwohnern keine größeren Städte vorzuweisen hat, leben die meisten Menschen in kleinen Stadtgemeinden, die zumeist aus mehreren Siedlungen bestehen. 50% dieser Gemeinden haben weniger als 500 Einwohner.
- **Gewässer:** Die genaue Zahl der Seen, die das mecklenburgische Binnenland durchziehen, kennt niemand, so viele große, mittlere und kleinste Gewässerchen sprenkeln die Landkarte blau. Die Schätzungen des Landesamtes für Umwelt und Natur in Schwerin liegen bei 700 bis 1000.
- **Verwaltung:** Seit der Kreisgebietsreform 1994 ist das Bundesland Mecklenburg-Vorpommern in zwölf Landkreise und sechs kreisfreie Städte aufgeteilt. Zum Bereich der Seenplatte gehören die Landkreise Müritz und Mecklenburg Strelitz und die kreisfreie Stadt Neubrandenburg sowie Teile der Landkreise Parchim, Güstrow und Demmin.
- **Superlative:** Der größte See ist die Müritz mit 117 km^2 Wasserfläche, nach dem Bodensee der zweitgrößte See in Deutschland. Der tiefste See ist mit 58 m der Breite Luzin. Höchste Erhebung in ganz Mecklenburg sind mit satten 179 m über dem Meeresspiegel die Helpter Berge bei Woldegk, in der Feldberger Seenlandschaft.

Mirow und Neustrelitz. Hunderte kleiner und klitzekleiner Seen liegen idyllisch gebettet zwischen bewaldeten Hügelketten. Hier ist die am dünnsten besiedelte Gegend der Seenplatte. Die meisten Seen sind durch Flüsse und Kanäle untereinander verbunden und deshalb bei Wassersportlern sehr beliebt.

Im Südosten folgt die Feldberger Seenlandschaft, durchzogen von

Kesselmooren und Buchenwäldern. Waldbestandene Steilufer geben vielen Seen wie dem Breiten Luzin ein geheimnisvolles und märchenhaftes Aussehen.

Die Mecklenburgische Schweiz schließlich liegt – einmal von oben auf das Land geschaut – wie ein Dach auf der Platte. Diese besonders reizvolle, leichte Hügellandschaft ist von mehreren Seenbekken durchbrochen, dem Kummerower, dem Malchiner und dem Teterower Becken, bis hin zum Tollensebecken bei Neubrandenburg. Sie bildet den Übergang in die vorpommersche Talzone Richtung Ostseeküste.

Doch das letzte Wort sei Fritz Reuter gegönnt. Bei ihm heißt es am Ende im Originalton versöhnlich: »sah uns Hergott, dat Allens gaud was.«

Klima

Die beste Reisezeit für die Mecklenburgische Seenplatte sind die Monate von Mai bis Oktober. Das Seenplatten-Klima ist gemäßigt und auf angenehme Weise wechselhaft. Leichte, milde Winde wechseln mit absolut windstillen Momenten. Es kommt nur selten vor, daß das gleiche Wetter über mehrere Tage vorherrscht, was sehr zur Erholung und zum Wohlbefinden der Menschen beiträgt.

Die Sommer sind oft heiß. Die höchsten Durchschnittstemperaturen haben die Monate Juli und August; dabei fällt im Juli durch Sommergewitter angenehmerweise genausoviel Regen, wie es in den Wintermonaten Dezember und Januar regnet und schneit. Besonders für Zeitgenossen, die zwar die Sonne lieben, denen die Mittelmeerhitze aber zu schaffen macht, ist das Klima der Mecklenburger Seenplatte ideal.

Flora und Fauna

Daß Mecklenburg schon immer ein wenig rückständig war und auch zu DDR-Zeiten nicht bis in den letzten Winkel so erschlossen und flurbereinigt wurde wie andere Regionen Ostdeutschlands und noch mehr der Bundesrepublik, erweist sich heute als schätzenswerter Vorteil, denn dadurch blieb ein Naturparadies erhalten, reicher und vielfältiger als anderswo in Europa.

Der weitgehend unberührte Naturraum der Seenplatte zeichnet ein interessantes und abwechslungsreiches Vegetationsbild. Die Landschaft ist durchzogen von reinen Kiefern-, Buchen- oder Mischwäldern, die sich mit saftig grünen Wiesen, dem Blau der Seen oder braun-gelben Äckern abwechseln. Pilze wachsen in Mecklenburgs Mischwäldern reichlich. Ohne den Eingriff des Menschen wäre Mecklenburg heute ein undurchdringliches baum- und strauchüberwuchertes Dickicht. Vom Mittelalter bis

Orte purer Badelust

Wie die vielen Seen entstanden

Die Mecklenburgische Seenplatte erhielt ihre Prägung durch die letzte, sogenannte Weichsel-Eiszeit vor etwa 12 000 Jahren. Zu der Zeit schoben 1000 m dicke Eisgletscher wie eine Planierraupe ungeheure Geröllmassen von Grönland und der Antarktis Richtung Süden vor sich her. Die Riesengletscher stauchten die Erdmassen einerseits zu Moränen vor sich auf und drückten andererseits viele Hohlräume in den Boden. Nach dem Abtauen der Gletscher blieb das Wasser in den Rinnen und Senken stehen und voilà – die Mecklenburgische Seenplatte, eine Landschaft aus runden Hügeln, sanften Niederungen, lebendigen Bächen und stillen Seen, war entstanden.

So kommt es, daß der Mecklenburger Boden eigentlich aus Skandinavien stammt, und noch heute könnte man meinen, beim Anblick eines stillen Sees die urwüchsige Schönheit der finnischen Urwälder zu spüren.

Ferienparadies am Rödliner See

ins 19. Jh. wurden weite Areale entweder zur Ackerbestellung oder zur Brennholzgewinnung abgeholzt. Trotzdem wundert es nicht, daß an einigen Stellen noch die ältesten Bäume Deutschlands wachsen, 1000jährige Eichen in Ivenack und 330jährige Buchen in Neuhof bei Feldberg.

Ein besonders reicher Lebensraum sind die Ufer der zahllosen Seen, die vielen Inseln, Moore und

Unter grünem Bäumehimmel

Längs der Deutschen Alleenstraße

Zu den Kostbarkeiten der mecklenburgischen Natur- und Kulturgeschichte gehören die majestätischen Linden, knorrigen Buchen und prächtigen Kastanien, die beiderseits die Straßen säumen. Kilometer um Kilometer kann man hier unter grünem, lichtdurchflutetem Blätterdach entlangrauschen – ein Genuß vor allem für Cabriolet-Fahrer!

Lindenallee bei Ivenack

Wie ein grünes Band zieht sich die Deutsche Alleenstraße von Nord nach Süd, auf über 1000 km von Rügen bis zum Bodensee. Ein gutes Stück des Weges verläuft dabei durch den Raum der Seenplatte – und zwar von Demmin über Kummerow, Malchin und Malchow bis nach Röbel, Mirow, Wesenberg und schließlich ins brandenburgische Rheinsberg.

Sumpfniederungen. In feuchten Wiesen wächst der insektenfressende Sonnentau, und Orchideen verzaubern mit ihrer Blütenpracht. Auch Seidelbast findet man häufig, dazu Fingerhut, Kuhschelle und Lungenenzian. Von Mai bis Juli kann man sich schon während der Autofahrt über die Landstraße an den Farben der Natur begeistern; leuchtend rote Mohnblumen- oder knallgelbe Rapsfelder stehen gegen einen urblauen Himmel, soweit das Auge reicht…

Das Land der tausend Seen ist zugleich auch das Land der tausend Vogelarten; wieviel genau hier beheimatet sind, konnte bis heute nicht exakt ermittelt werden. Hauptattraktion sind der Fisch- und der Seeadler. Majestätisch kreisen diese Riesenvögel mit einer Flügelspannweite von 2,60 m auf Nahrungssuche über Wälder und Seen. Über hundert Paare horsten allein im Müritzgebiet und werden vom Naturparkamt besonders gepflegt.

Wer sich einmal auf einem Hochsitz im Wald oder am Ende eines Plankenweges am Seeufer niederläßt und die Mecklenburger Natur belauscht, kann sie gar nicht

Fast alle mecklenburgischen Alleen stammen aus dem 17. bis 19. Jh., als noch die Postkutschen auf Pflasterwegen verkehrten. Damals wurden die Alleen durch die barocke französische Gartenkunst auch in Preußen modern und etablierten sich hier als die älteste Form der Straßenbepflanzung überhaupt. Früher gab es sie auch in den alten Bundesländern, doch in den 60er und 70er Jahren fielen sie dem Straßenbau zum Opfer. In Mecklenburg will man diesen Fehler nicht wiederholen. Gleichzeitig kostet die Pflege der Bäume erhöhten Aufwand. Manche sind als Naturdenkmal oder Biotop ausgewiesen und genießen dadurch besonderen Schutz. Die Schutzgemeinschaft Deutscher Wald, das Kuratorium Alte liebenswerte Bäume in Deutschland e. V., der ADAC und der Deutsche Fremdenverkehrsverband haben die Arbeitsgemeinschaft Deutsche Alleenstraße gegründet, die sich speziell für den Alleenschutz einsetzt. Schirmherrin ist die Bundestagspräsidentin Rita Süssmuth.

Ein paar Verhaltensmaßregeln sollte man wegen der erhöhten Unfallgefahr zwischen den Bäumen freilich beherzigen. Vor allem dort, wo die Bäume sehr dicht am Fahrbahnrand stehen, sind 80 km/h besser nicht zu überschreiten. Besonders im Zwielicht der Morgen- und Abenddämmerung sieht man dann Tiere, Fußgänger und Radfahrer deutlicher.

mehr so still finden. Da schnattert die Wildgans im Schilf, es hackt der Buntspecht am Baum, oder der ›Kolibri des Nordens‹, der blaue Eisvogel, jagt am Wasserlauf die Fische. Abends hört man den dumpfen Ruf der Rohrdommel aus dem Röhricht oder ein engagiertes Froschkonzert vom Tümpel.

In der Mecklenburgischen Schweiz, im Peenetal bei Demmin, kann man sogar noch Biber und amerikanische Nerze an den Uferzonen beobachten. Auch Reptilien wie die Ringelnatter oder die giftige Kreuzotter, die anderswo längst ausgestorben sind oder nur noch in kleinen Populationen vorkommen, schleichen in und außerhalb der Naturparks. Der Zug der Kraniche fasziniert alljährlich viele Ornithologen und Vogelfreunde. Im April und im Oktober überqueren Tausende dieser grazilen, grauen ›Vögel des Glücks‹ das Gebiet der Seenplatte und rasten hier. In dieser Zeit hat man das Fernglas am besten immer griffbereit. Was in einem so nahrungsreichen Gebiet so alles krabbelt und zappelt, stakst und fleucht, ist schon enorm. Daß bei so viel Wasser natürlich auch

Mohnblumen

ein besonders beliebtes Tierchen, nämlich die Mücke, im Gefolge heransurrt, steht auf einem ganz anderen Blatt.

Umweltschutz

Man muß nicht unbedingt Botaniker oder Zoologe sein, um einzusehen, daß sich die Vielfalt der Mecklenburger Flora und Fauna nur in einer intakten Umwelt hält – in sauberer Luft, auf gesunder Erde und in klaren Flüssen und Seen.

Im Bereich der Seenplatte gibt es keine umweltzerstörende Schwerindustrie. Überhaupt spielt die Gewässerverschmutzung durch die Industrie hier keine nennenswerte Rolle, und wenn jemand einmal unangenehm auffällt, dann ist es meist eine Zuckerfabrik oder eine Molkerei. Wasser ist das besondere Potential der Mecklenburgischen Seenplatte. Allgemein erfreuen die Binnenseen die Schwimmer mit sehr guter Wasserqualität, dennoch sind hie und da Abstriche zu machen.

Trotzdem muß die Hinterlassenschaft der letzten vierzig Jahre erst einmal erforscht werden, denn daß es auch im Gebiet der Seenplatte hygienisch beeinträchtigte Gewässer gibt, ist unbestritten. Im Gegensatz zu Flüssen, die durch die ständige Frischwasserzufuhr durchgespült werden, sind Seen ganz empfindliche Ökosysteme, sogenannte Nährstoffallen. Was einmal hineingelangt ist, kommt so schnell nicht wieder heraus und verseucht den Kreislauf. Zwar ist die Seenplatte ein riesiger Seenverbund, aber die Fließgeschwindigkeit der Verbindungsflüsse und -kanäle ist zu gering, als daß eine Reinigung aus eigener Kraft erfolgen könnte. In den tieferen Seen erfolgt bestenfalls während der Erwärmung im Frühjahr und der Abkühlung im Herbst eine Durchmischung der Wasserschichten auf natürliche Weise – und zwar genau dann, wenn das Wasser eine Temperatur von 4 °C hat. In diesem Moment hat Wasser die größte Dichte, und die Kraft des Windes reicht aus, um Sauerstoff nach unten und schädliche Nährstoffe, wie Düngesalze (Stickstoff und Phosphor), nach oben zu spülen.

Der größte Feind der Seen ist die Landwirtschaft. Man schätzt, daß 90% aller Wasser-Umweltsünden auf das Konto der Bauern gehen. Schädlich sind in erster Linie die Überdüngung und Begüllung der Äcker. Den zweiten Platz auf der

Nationalpark oder Naturpark?

In Mecklenburg stehen weite Flächen unter Naturschutz. Die schwarze Eule auf knallgelbem Schildgrund beäugt den Wandersmann an allen Ecken und Enden. Doch was genau ist ein Nationalpark? Und wodurch unterscheidet er sich vom Naturpark?

Auf mecklenburgischem Boden sind insgesamt acht Großschutzgebiete ausgewiesen. Diese National- und Naturparks nehmen 15 % der Landesfläche ein. Der größte ist der Müritz-Nationalpark inmitten der Seenplatte, ihm folgen der Naturpark Nossentiner/Schwinzer Heide im Westen und der Naturpark Feldberg-Lychen im Osten.

Nach internationaler Abmachung, die sich im Bundesnaturschutzrecht wiederfindet, genießt ein Nationalpark den höchsten Schutzstatus. In Nationalparks darf sich die Natur frei entfalten und nach eigenen Gesetzen entwickeln. Hier gibt es vom Menschen fast gänzlich unberührte ›Kernzonen‹. Naturparks hingegen, gelegentlich auch als Naturschutzparks bezeichnet, sind geplant. In ihre innere Ordnung greift der Mensch stärker regelnd ein. Das Terrain besteht aus vorerst erklärten Natur- und Landschaftsschutzgebieten, aber auch hier gibt es Zonen unterschiedlicher Schutzintensität. Den größten Anteil nehmen die ›Pflegezonen‹ ein. Es schließt sich die Zone der ›Harmonischen Kulturlandschaft‹ an, in der nach naturverträglichen Bedingungen sogar Land- und Forstwirtschaft betrieben wird.

Hinter all den Bemühungen steht die Einsicht, daß der Mensch, wenn er überleben will, der Natur größeren Freiraum geben muß als bisher.

Hitliste der Wasserverschmutzer besetzen die Kommunen. Leider schenkten die DDR-Oberen einer umweltgerechten Abwasserentsorgung wenig Aufmerksamkeit. Viele Städte hatten entweder gar keine Klärsysteme oder mußten mit völlig veralteten aus Vorkriegszeiten auskommen. So gingen bis kurz nach der Wende noch alle Schweriner Haushalts-Abwässer schnurstracks und nur mechanisch geklärt in den Schweriner See. Punktuelle Schäden wurden auch nach dem Abzug der sowjetischen Militärs festgestellt. Eine gängige Methode der Russen, sich der Ölschmiere an Übungsfahrzeugen zu entledigen, war die Panzerwäsche im See!

Dem Seenschutz und der Seensanierung besonders verpflichtet ist das Umweltministerium in Schwe-

rin. Zwar werden alljährlich Güteberichte über die Küsten- und Binnengewässer des Landes erstellt, aber auch dieser Behörde liegt bis heute keine verläßliche Übersicht über die genaue mikrobiologische Beschaffenheit jedes einzelnen Sees vor. Daher hat das Ministerium beim Landesamt für Umwelt und Natur im Herbst 1994 das ›Seenprojekt‹ in Auftrag gegeben. In einer großangelegten, dreijährigen Untersuchung soll der Sanierungsbedarf der einzelnen Gewässer ermittelt werden. Erst dann weiß man über den Grad der Verunreinigungen, der von ›reiner Trinkwasserqualität‹ bis zu ›biologisch tot‹ reichen kann, genau Bescheid.

Auch der stetig ansteigende Tourismus ist eine nicht zu unterschätzende Gefahr für das sensible Ökosystem. Seit der Wende donnern immer mehr Autos und Wohnmobile durch die schmalen Dorfstraßen. Abends werden naturnahe Standplätze zum wilden Campen gesucht, wobei viele zu dicht an die Ufergehölze herankommen. Gedankenlos werden Waldlichtungen zerkurvt oder im allerschlimmsten Fall sogar die Naturschönheiten mit Abfällen beglückt. So ist mittlerweile das Rasten und Übernachten vielerorts nur noch an ausgewiesenen Stellen erlaubt.

Vor allem jüngere Urlauber verwechseln die Seenplatte gelegentlich mit einem Abenteuercamp. Profilstarke Bergsteigerschuhe und Mountain-Bikes sind hier überflüssig; bequemes Schuhwerk zum Wandern und das gute alte Fahrrad tun es auch. Auf vielen Seen wächst die Zahl der motorisierten Wassersportler und Surfer. Insbesondere die Uferbereiche, wo andernorts längst ausgestorbene Pflanzen wachsen und seltene Insekten, Vögel und Frösche ihre Brut- und Laichplätze haben, werden schneller zerstört, als sie entstanden sind. Immer noch gibt es Kanufahrer, die mit lautem Hallo in Röhrichtbestände und Schilfgürtel einfahren oder zwischen Seerosenfeldern und seichten Ufergehölzen herumfuhrwerken. Deshalb existieren in den Nationalparks besondere Befahrensregelungen, die hier das Schlimmste verhüten sollen (s. S. 219).

Wirtschaft und Tourismus

Schon zu Honeckers Zeiten hatte Mecklenburg es schwer. Es galt als das Land der verhaßten Junker und wurde aus politisch vordergründigen Motiven bis auf die Großwerften an der Ostseeküste wirtschaftlich kaum gefördert, ja sogar absichtlich links liegengelassen.

Durch den Zusammenbruch vieler Betriebe nach der Wende und die Schwierigkeiten bei der Strukturanpassung an den gesamtdeutschen und europäischen Markt liegt die Rate der Arbeitslosigkeit durchschnittlich bei 16%, ohne Arbeitsbeschaffungsmaßnahmen in vielen Kleinstädten sogar bei etwa 40%. Doch das gern als ›Armenhaus der Republik‹ bezeichnete Land ist auf dem besten Weg, die Position des Schlußlichtes unter den ostdeutschen Ländern an Sachsen-Anhalt abzugeben.

Bestimmende Wirtschaftszweige im Raum der Seenplatte sind die Landwirtschaft, die Fischerei und der Tourismus. Annähernd zwei Drittel der Wirtschaftsfläche werden landwirtschaftlich genutzt. Einige Bedeutung hat auch die Viehzucht, besonders von Schafen, Schweinen, Rindern und Pferden.

Die wenigen industriellen Standorte konzentrieren sich in Schwerin, Neubrandenburg und Waren. Vorherrschende Gewerbezweige sind die Veredelung landwirtschaftlicher Produkte, die Lebensmittelindustrie, die Produktion von Spezialtechnik für die Forstwirtschaft, die Zulieferindustrie für den Schiffbau sowie die Rohholzgewinnung und -verarbeitung. Bodenschätze hat Mecklenburg so gut wie gar keine. Nur in Mallin bei Neubrandenburg lagern kleine Braunkohlevorkommen.

Vor allem der Tourismus soll in den nächsten Jahren die leeren Kassen der Mecklenburger füllen. Untersuchungen des Wirtschaftsministeriums ergaben, daß die Beliebtheit Mecklenburgs bei auswärtigen Sommerfrischlern stetig zunimmt. Gesamtdeutsch liegt Mecklenburg als Urlaubsland sogar an fünfter Stelle der Beliebtheitsskala und unter den neuen Bundesländern schon jetzt auf Platz eins. Auch im Raum der Seenplatte gibt es Städte, die wieder an ihre einstige Tradition als Kurbäder anknüpfen, wie etwa die frühere Wasserheilanstalt Bad Stuer. Allein in Mecklenburg entstehen in den nächsten Jahren über 50 Rehabilitationskliniken und Sanatorien. Insgesamt rechnet die Tourismus-Branche mit einem jährlichen Zuwachs von 10%. Doch auch der Fortschritt hat zwei Seiten. Es erhebt sich die Frage, ob man eines fernen Tages, wenn jedes Haus bis in den letzten Winkel saniert und jeder Feldweg asphaltiert ist, den charmanten Nimbus der Rückständigkeit, der dieses Land so liebenswert macht, nicht vermissen wird.

Fischeridylle auf dem Rödliner See

VINO

Bevölkerung, Kunst und Geschichte

Der ›echte‹ Mecklenburger

Kartoffeln und Aal

Architektur, Malerei und Bildhauerei

Literatur und Sprache

Von der slawischen Vergangenheit zur gesamtdeutschen Gegenwart

Schweriner Markttreiben

Die Drei vom Useriner See

Der ›echte‹ Mecklenburger

»Der Mecklenburger«, so will der Große Brockhaus wissen, »ist bedachtsam, oft schwerfällig, gutmütig und von breitem Humor«. So entschieden behauptet, ist das natürlich richtig und falsch zugleich. Gibt es ihn überhaupt, den ›echten‹ Mecklenburger?

Im volkskundlichen Sinn jedenfalls ist ›Der Mecklenburger‹ ein deutscher Neustamm, der sich im 12. und 13. Jh. durch die Vermischung der besiegten Slawen mit einwandernden Niedersachsen, Westfalen und Flamen bildete. Die Urahnen eines ›echten‹ Mecklenburgers gehörten einst dem freien Bauernstand an. Doch seit dem 17. Jh. wurden die Bauern durch das berühmte Bauernlegen, d. h. ihre Degradierung zu Tagelöhnern und die Inbesitznahme ihres Landes durch Adlige, sowie durch die großen sozialen Nachteile einer rückständigen Landesverfassung zur Auswanderung nach Übersee genötigt. Auf diese Weise starb der urtümliche Stamm fast aus. Zurück blieben der Landadel und das städtische Bürgertum.

Doch seit der Wende ist überall wieder eine Zunahme an bewußter Traditionspflege zu beobachten. Erfahrungsgemäß halten sich uralte Bräuche und waschechte Charaktere in dünn besiedelten Landstrichen um einiges länger als in städtischen Ballungsgebieten. Dem Fremden scheint es oft, als hätten sich die Nordostdeutschen gerade wegen ihrer stoischen Art während der letzten 40 Jahre eine gewisse unverbogene Eigenständigkeit bewahrt. Einen redseligen Rheinländer mögen die einsilbigen Ja-Nein-Antworten schon mal aus der Fassung bringen, doch wer sich freundlich auf die Menschen einläßt, bekommt in jedem Fall viel Sympathie zurück.

Ohne Kartoffel und Aal kein einzig Mittagsmahl

Es gibt sie tatsächlich, die typisch mecklenburgische Küche, auch wenn sie vielen Auswärtigen und Einheimischen nach vierzigjährigem Kollektivismus und anschließender Pizza- und Dönerkebab-Ära nicht mehr so präsent erscheint!

Die traditionelle Mecklenburger Küche ist bodenständig und schmackhaft. In ihren Zutaten ist sie von all den Volksstämmen inspiriert, die im Laufe der Jahrhunderte hier durchzogen oder sich niederließen. Gegessen wurde das, was man selbst züchten, anbauen und herstellen konnte: Rinder- und Schweinebraten, Salz- und Bratkartoffeln, Sauerkraut, Buttermilch und natürlich Fisch.

Bei armen Leuten war es üblich, den Tag mit einer kräftigen Suppe zu beginnen. Aus Pommern stammt die Kliebensuppe, für die handgemachte Eiernudeln in kochender Milch garen müssen – wie überhaupt Milchsuppen in Mecklenburg sehr beliebt sind. Den Aal findet man

hier auf jeder anständigen Speisekarte, oft in mehreren Variationen, eine köstlicher als die andere. Zum geräucherten Aal, dem Rökeraal, wie er auf platt heißt, ißt man herzhaftes Schwarzbrot und trinkt ein kühles Bier. Mecklenburger lieben es ausgesprochen süß. Der Nachtisch besteht deshalb idealerweise aus süßer Sahne und roter Beerengrütze. Zum Nachspülen genehmigt man sich einen klaren Kümmelschnaps, den Köm. Auf dem Lande machte man eben nicht viel Gewese um die feine Küche. Ein schlichtes Gemüt aus Plau hat es einmal auf den Punkt gebracht: »Fiensmekker bün'k nich, ick ät giern, wat gaud smeckt.«

Architektur, Malerei und Bildhauerei

Anders als Vorpommern, das seit der Abspaltung des alten Pommern nur noch aus einem westlich gelegenen deutschen Teil besteht, war Mecklenburg, trotz seiner zeitweiligen Unterteilung in zwei autonome Herzogtümer, durch alle Jahrhunderte immer eine einheitliche Kulturlandschaft. Das Zeitalter des Neolithikums und mithin die mecklenburgische Siedlungsgeschichte läuteten um 4000 v. Chr. die Trichterbecherleute ein, so benannt nach der typisch konischen Form ihrer Tongefäße. Es entstanden weit über 1000 massive Grab- und kreisförmige Kultstätten aus bis zu 300 Zentner schweren Steinen.

Etwa um 600 n. Chr. wanderten die slawischen Stämme der Obotriten und Lutizen aus dem Osten ein. Sie ließen sich an landschaftlich günstigen Stellen – wie in Urstromtälern und an Seeufern – nieder und rodeten ganze Wälder, um ihre hölzernen Runddörfer aus Block- und Grubenhäusern zu errichten. Die Stammesfürsten bewohnten Burgen, die fast immer mit hohen Erdwällen und Palisadenmauern geschützt waren. Besterhaltene Beispiele dieser altslawischen Baukunst sind die Tempelanlage in Groß Raden bei Sternberg (s. S. 119 f.) und die Burgwallinsel im Teterower See (s. S. 211).

Im hohen Mittelalter, als die deutschen Siedler kamen und Mecklenburg deutsches Herzogtum wurde, legten die Bauern erste Reihen- und Haufendörfer an. Darin entstanden niederdeutsche Hallenhäuser aus Eichenholz, Lehm und Stroh, in denen Menschen und Vieh unter einem Dach lebten. Dieser Haustyp überlebte jahrhundertelang in verschiedensten Varianten, da er zu dem Leben und der Arbeitsweise der Landbevölkerung am besten paßte. Erst als man sich um den Bestand der Eichenwälder zu sorgen begann, setzten sich die Klinkerbauten in den Dörfern durch.

Um die heidnischen Slawen zum Christentum bekehren zu können, gründeten vor allem der Franziskaner-, Benediktiner- und Johanniterorden zwischen 1250 und 1300 in strategisch wichtigen Stützpunkten wie Boitzenburg, Malchow, Neubrandenburg, Dobbertin und Mirow die ersten Klöster. Durch die enge Verbindung zum Mutterorden mußten dabei meist die strengen monastischen Bauvorschriften Berücksichtigung finden – bei den Zisterziensern hieß das konkret: keine schmückende Ornamentik, keine Krypta und ein schlichter Chor. Zu dieser Zeit entstanden in vielen Städten des ganzen Landes die ersten Kirchen.

Am Anfang einer neuen Entwicklung steht nach 1250 der Neubau des Schweriner Doms. Außerordentliches bischöfliches Machtbewußtsein, mit dem der gotische Kirchenbau um nordfranzösisch-flandrische Einflüsse ergänzt wird, drückt sich in reichgeschmückten Ostgiebeln und der Hinzufügung eines Chorkapellenkranzes aus. Die norddeutsche Backsteingotik ist auf ihrem Höhepunkt. Aber nicht alle Städte verfügen über so viel wirtschaftliche Leistungsfähigkeit. Die Stadtkirchen in Waren, Parchim, Güstrow, Penzlin, Malchin und Teterow behelfen sich durch individuell interessante Raumdetails und Zierelemente. Eine eigene Tafelmalerei wird in Mecklenburg nicht so richtig entwickelt, dafür kommen aber etwa zwischen 1400 und 1500 Schnitzaltäre, Kanzelkörbe und Einzelskulpturen von großer Schönheit und Ausdrucksstärke zustande, die wegen ihrer Schlichtheit später noch Ernst Barlach beeindruckt haben.

Im Zuge der Reformation verlieren die Kirchen als Auftraggeber an Bedeutung, und die herzoglichen Höfe in Schwerin und Güstrow, später in Neustrelitz, beginnen mit ihren repräsentativen Schloßbauten. Mecklenburgs bedeutendste fürstliche Wohnkultur der Renaissance entsteht unter den Händen einer internationalen Künstlergemeinschaft wie den Norditalienern Franz Parr (gest. 1580) und Hans Strol (gest. um 1590), dem Niederländer Philipp Brandin (gest. 1594) und dem Franzosen Charles Philippe Dieussart (gest. 1596).

Mit dem Ende des Dreißigjährigen Krieges hält auch in Mecklenburg die barocke Kunst ihren Einzug. Im Raum der Seenplatte dominiert eine meist französisch orientierte Ausprägung beim Bau vieler Schlösser und Herrenhäuser mit ihren Wirtschaftsgebäuden und Stallungen, dreiseitig gruppiert um einen Ehrenhof, so z. B. in Hohenzieritz, Ivenack und Kummerow. Mit den beiden Residenz-Neuschöpfungen in Neustrelitz und Ludwigslust erreicht die prächtige barocke Kunst während des 18. Jh. in Mecklenburg ihren Höhepunkt. Weitläufige Schloßparks, ebenfalls nach französischem Vorbild des Sonnenkönigs Ludwig XIV., gehören selbstverständlich dazu. In den Städten wächst der bürgerliche Wohlstand, spürbar an den vielen stolzen Fachwerk-Traufhäusern, die den Altstädten von Waren, Parchim, Güstrow, Neubrandenburg, Neustrelitz und Schwerin noch heute ihr Gesicht geben.

Die Kunst des Klassizismus ist in Mittelmecklenburg mit den Namen von Architekten, Malern und Bildhauern verbunden, die allesamt in Berlin geschult wurden, entweder an der Bauakademie, in der Bildhauerschule oder in den Malklassen der Kunstakademie. Dazu gehören der Neustrelitzer Hofbaumeister Friedrich Wilhelm Buttel (1796–1869), sein Schweriner Kollege Georg Adolph Demmler (1804–86) oder dessen Nachfolger Friedrich August Stüler (1800–65).

Mit Georg Friedrich Kersting (1785–1845) aus Güstrow brachte die Generation der Romantiker neben den Vorpommern Caspar David Friedrich und Philipp Otto Runge einen ihrer bedeutendsten

Ernst Barlach im Jahre 1935

Vertreter hervor. Die verinnerlichten Landschaftsdarstellungen dieser heimatverbundenen Norddeutschen ebneten der gesamten europäischen Malerei des Realismus den Weg.

Auch nach der Jahrhundertmitte bis zum Ersten Weltkrieg wirkten in Berlin geschulte Künstler an den Um- und Neubauten der vielen Schlösser und Gutshäuser – wie beispielsweise in Basedow, Kittendorf und Charlottenthal – mit; darunter Mecklenburgs ›Michelangelo‹, der Bildhauer Wilhelm Wandschneider (1866–1942). Auch auf den Namen des größten preußischen Gartengestalters, Peter Joseph Lenné (1789–1866), trifft man in Mittelmecklenburg häufig.

Zeugnisse der eher von funktionalen Aspekten geprägten expressionistischen Baukunst der 20er und auch der nationalsozialistischen Architektur der 30er Jahre finden sich in vielen privaten Wohnhäusern, Verwaltungs- und Bankgebäuden der Innenstädte. Eine der überragenden Mecklenburger Persönlichkeiten von internationalem Rang war der Bildhauer Ernst Barlach (1870–1938) mit seinen aufrüttelnden und anklagenden Holz- und Bronzearbeiten (s. S. 92). Wie so vieles andere in Mecklenburg blieb das Land während der DDR-Zeit von der Seelenlosigkeit gigantischer Plattenbausiedlungen verschont, mit Ausnahme von Neubrandenburg. Die Gegenwart seit der Wende hat hauptsächlich erst einmal mit der Sanierung all dieser Überbleibsel vergangener Epochen zu tun.

Literatur und Sprache

Die Anfänge einer eigenständigen mecklenburgischen Literatur liegen im absoluten Dunkel der Geschichte, und als dann 1314 die Rostocker Chronik als erstes Literaturerzeugnis von Rang erschien und 1464 der Doberaner Mönch Peter Kalffs sein Drama, das ›Redentiner Osterspiel‹, verfaßte, kamen diese Impulse von der Ostseeküste und nicht aus Mittelmecklenburg.

Mit dem Niedergang der Hanse zu Anfang des 16. Jh. ging dann das allmähliche Aussterben des Mittelniederdeutschen als Schriftsprache einher. Diese Entwicklung vermochte auch der pommersche Protagonist der Reformation, Johannes Bugenhagen (1485–1558), nicht aufzuhalten, obwohl er Luthers Bibelübersetzung ins Niederdeutsche übertrug. Im Volk jedoch feierte die Gebrauchsliteratur mit ihren genrehaften Hochzeitsgedichten und den Märchenerzählungen weiterhin ein amüsantes Dasein.

Erst die bürgerliche Aufbruchstimmung der Aufklärung im ausgehenden 18. Jh. erweckte die Schreiberzunft wieder zum Leben. 1777 trat Johann Heinrich Voß (1751–1826), der aus Sommerstorf bei Waren an der Müritz stammte, mit seinen niederdeutschen Gedichten in die Öffentlichkeit. In seinen realistischen Schilderungen wie der ›Leibeigenen-Trilogie‹ und ›De Geldhapers‹ stand die Sprache im Dienst des politischen Anliegens, die Leibeigenschaft aufzuheben und das Schicksal der Landsleute gegenüber der Ritterschaft und dem Herzogtum zu verbessern.

Eingang in die gesamtdeutsche Liederkultur fanden die Werke zweier Literaten des Vormärz, die beide zeitweilig in Mecklenburg vor preußischer Verfolgung Zuflucht fanden. Während seiner Jahre in Neustrelitz verfaßte Adolph Glasbrenner (1810–76) die Parodie ›Neuer Reinicke Fuchs‹ (1845). Der andere war August Heinrich Hoffmann von Fallersleben (1798–1874), zu dessen schönsten mecklenburgischen Schöpfungen die schlichten und innigen Kinderlieder ›Alle Vögel sind schon da‹ und ›Auf unserer Wiese gehet was‹ gehören.

In den Dienst der Verbesserung der sozialen Verhältnisse seiner Heimat stellte auch der unbeugsame Demokrat Fritz Reuter (1810–74) sein mehrbändiges plattdeutsches Prosawerk und seine Versdichtung. In Neubrandenburg verlebte er, der vielen noch heute wie das Urbild eines Mecklenburgers vorkommt, seine Hauptschaffenszeit. 1853 erschien sein Erstlingswerk ›Läu-

Relief am Fritz-Reuter-Denkmal in Reuterstadt Stavenhagen

Achtung! – Hier ward Platt snackt!

Die Geschichte vom ›feinen Dokter‹ geht so: »Buer Schütt un Buer Börger begegnet sick mit Perd un Wagen op de Landstrat. In'n Vörbiföhren röppt Schütt: ›Du, Börger, mien en Perd is krank; hett Kolik.‹ ›Kolik?‹, seggt Börger. ›Hett mien ok hatt.‹ ›Prrr!‹, seggt Schütt un hölt still. ›Wat hest em denn geben?‹ ›Terpentin heff ick em geben.‹ ›So, Terpentin? Hü!‹, seggt Schütt. – Acht Dag naher begegnent se sick wedder op de Landstrat. ›Du, Börger‹, röppt Schütt, ›mien Perd is dotleben nah dat Terpentin.‹ ›Mien ok‹, seggt Börger.«

Verstanden? Macht nichts. Wenn ein traditionsbewußter Mecklenburger loslegt, kann es schon mal vorkommen, daß ein Bayer, ein Sachse, ein Hesse oder ein Rheinländer verschreckt glauben mag, er sei im Ausland gelandet. Höchstens einem Westfalen oder einem Norddeutschen wird es gelingen, mit einem Mecklenburger ein paar ›olle Kamellen‹ auszutauschen oder sogar einen ›bannich guten Klönsnack‹ hinzulegen.

Die Ursache für diese ›Verwandtschaft‹ läßt sich bis ins Mittelalter zurückverfolgen, als die deutschen Fürsten die Slawen aus Mecklenburg vertreiben und das Land mit ›ordentlichen‹ Christen besiedeln wollten und zu diesem Zweck westfälische und norddeutsche Bauern anwarben. Neben ihrem wenigen Hab und Gut brachten diese natürlich auch ihre Sprache mit.

Bahnbrechendes zur Bewahrung der ›platten Sprüche‹ leistete der honorige Warener Volkskundler Richard Wossidlo. Seit 1884 schaute er dem Volk sozusagen gezielt aufs Maul, sammelte zigtausend Sprichwörter, archivierte und verbreitete sie schließlich in einem vierbändigen Werk, den ›Mecklenburgischen Volksüberlieferungen‹. Da geht es um ganz allgemeine Erkenntnisse über Fleiß und Faulheit, Essen und Trinken, Liebe und Lotterjan, Gesundheit und Wetterprognosen.

Wer sich hineinhört, wird feststellen, wie warmherzig und wortreich diese Sprache sein kann. Selbst die derbste Beschimpfung verliert an Härte. Hier sind Dinge erlaubt, die auf Hochdeutsch leicht zu Mißverständnissen führten: Ein junger Mann, der seiner Freundin schöne Augen macht und dabei ganz zärtlich »Min lütt Schieting« flüstert, würde woanders mit Sicherheit ein blaues Auge ernten.

Doch auch die niederdeutsche Literatur und Schriftsprache mußte zeitweilige Krisen überstehen. Seit der Reformation galt das wortge-

Platt allüberall: Innungsschild in Röbel

waltige und wortreiche Platt in gebildeten Kreisen als unfein. Aber die einfachen Leute hätten das Hochdeutsche für ihre Weisheiten, Schwänke und Sprichwörter als viel zu dünkelhaft und ausdrucksarm empfunden. Also lebte die Sprache im Volk über Jahrhunderte weiter, und erst im 19. Jh. machte Fritz Reuter das Niederdeutsche wieder salonfähig. Noch um die Jahrhundertwende hatte der Hinstorff-Verlag mit seinem ›Plattdütsch Billerbauck‹, einem hübschen Bilderbuch mit dem Untertitel ›Dit un dat – För Jeden wat‹, großen Erfolg. Als sich nach dem Zweiten Weltkrieg Scharen von Flüchtlingen aus Ostpreußen, Westpreußen und Pommern in Mecklenburg niederließen, mischten sich andere Mundarten dazu. In der Schule wurde mit den Kindern meist Hochdeutsch gesprochen, die unübliche Brauchtumspflege zu DDR-Zeiten tat ihr übriges, und so hat sich die Fähigkeit, ›Platt zu snacken‹, allmählich verringert.

Mit der Wende sind Traditionen wieder mehr in das Bewußtsein der Menschen gerückt. Überall entstehen Gruppen wie ›Dei Malchower Plattsnackers‹, die Spaß am Platt-Plaudern haben. Auch auf den Brettern, die die Welt bedeuten, hält das Niederdeutsche wieder Einzug. Neben den Kollegen vom Hamburger Ohnsorg-Theater sind die Schauspieler der Fritz-Reuter-Bühne am Mecklenburgischen Staatstheater in Schwerin ein weiteres niederdeutsches Berufsensemble. Und in Goldberg gar erklimmt der katholische Pfarrer die Kanzel und donnert gelegentlich eine plattdeutsche Sonntagspredigt auf seine Gemeinde herunter.

schen un Rimels‹ (Erlauschtes und Gereimtes), auf das weitere autobiographische Romane, Schwänke und Volkserzählungen folgten. Tausende von ernst- und laienhaften Schriftstellern haben seitdem versucht, Reuter in seiner besonderen Komik und seinem versöhnlichen Humor nachzueifern, wirklich erreicht hat ihn niemand.

Zur gleichen Zeit schrieb auch in Güstrow John Brinckman (1814–70) für demokratische Freiheiten und gegen überkommene Adelsprivilegien (s. S. 91). Als Rostocker Kapitänssohn kleidete er die Geschehnisse zumeist in das Hafen- und Schiffermilieu seiner Kindheit. Von ihm stammen auch die berühmte Lügengeschichte ›Peter Lurenz bi Abukir‹ und die Tierfabel ›Voß un Swinegel‹.

Nach dem Ersten Weltkrieg begann sich der Wahl-Güstrower Ernst Barlach (1870–1938) nicht nur als Bildhauer, sondern auch als Dramatiker zu profilieren (s. S. 92). In den 30er Jahren mußte er sich gegen die schweren Anfeindungen der nationalsozialistischen Kulturpolitik wehren. Die darauf einsetzende innere Problematik des Widerstandes verarbeitete er auf eindrucksvolle Weise in seinem Romanfragment ›Der gestohlene Mond‹, in dem sich der Held mitschuldig macht, weil er sich gegen die Untaten nicht deutlich genug abgrenzt.

Auch der von den Nazis bedrängte Hans Fallada alias Rudolf Ditzen (1893–1947) zog sich aus Berlin nach Carwitz zurück, wo er natürlich trotzdem den Hetztiraden und dem Schreibverbot nicht entging (s. S. 150). Nach dem sozialkritischen Inflationsroman ›Kleiner Mann – was nun?‹, mit dem Fallada schlagartig weltberühmt wurde, entstanden in der Abgeschiedenheit der mecklenburgischen Provinz zahlreiche bedeutende Werke der Neuen Sachlichkeit, von denen ›Wer einmal aus dem Blechnapf frißt‹ und ›Jeder stirbt für sich allein‹ die bekanntesten sind.

Etwa zur gleichen Zeit verfaßte der mit KZ-Haft und später mit Schreibverbot belegte Zeitungsredakteur Ehm Welk (1884–1966) seine heiteren Dorfromane ›Die Heiden von Kummerow‹, ›Die Gerechten von Kummerow‹ und ›Die Lebensuhr des Gottlieb Grambauer‹. Die Schilderungen eines prallen Mecklenburger Dorflebens mit all seinen Härten und Vorzügen, dazu die humorvoll karikierten Gestalten eroberten ein Millionenpublikum (Auszug aus ›Die Heiden von Kummerow‹ s. S. 203).

Das literarische Schaffen nach 1945 wurde erst von einer betont proletarischen Schreibweise im Dienste des ›realen Sozialismus‹ durch Vertreter wie Willi Bredel (1901–60) und Adam Schaffer (1889–1948) bestimmt, ließ aber auch den volksverbundenen Schriftstellern wie Fritz Meyer-Scharffenberg (1912–75) und seit Ende der 60er Jahre Klaus Meyer (geb. 1937) Gelegenheit zur Publikation.

Bekannte Namen, die sich in jüngster oder aktueller Zeit mit Mecklenburg verbinden, sind Brigitte Reimann (1933–73) und Christa Wolf (geb. 1929). Beide Autorinnen waren sich in ihrer anfänglichen Sympathie für den Sozialismus, die später einer kritischen Distanz wich, ähnlich. Die eine lebte in Neubrandenburg, wo wesentliche Abschnitte ihres poetischen und phantasievollen Frauen- und Gesellschaftsromans ›Franziska Linkerhand‹ zustande kamen. Die andere lebt in der Künstlerkolonie Drispeth, nördlich von Schwerin. 1989 erschien ihre Erzählung ›Sommerstück‹, in der sie die gesellschaftspolitisch trügerische Idylle eines herrlichen Mecklenburger Sommers literarisch verarbeitete.

Daten zur Geschichte

10 000 v. Chr. Ganz Mecklenburg ist von 1000 m hohen Eiskappen bedeckt. Am Ende der Eiszeit leben hier kältegewöhnte Tiere wie der Eisfuchs, das Ren, das Mammut und der Höhlenbär.

10 000–4000 v. Chr. In der Mittelsteinzeit, die mit dem Ende der Eiszeit beginnt, siedeln die ersten Menschen in dem Gebiet der Seenplatte. Sie leben von der Jagd und vom Fischfang und hinterlassen mit ihren imposanten Großsteingräbern der Nachwelt sichtbare Spuren.

um Christi Geburt Römische Kundschafter ermitteln, daß im Mecklenburger Gebiet Germanen siedeln.

300 n. Chr In der Zeit der Völkerwanderung ziehen die Germanen nach Süden.

500 Slawische Stämme kommen in die menschenleeren mecklenburgischen Wälder. Sie roden große Flächen, bewirtschaften die neuen, wenig ertragreichen Sandböden, bauen sich Hütten und befestigen ihre Siedlungen mit Burgen und Wällen, im Westen die Obotriten, im Osten die Wilzen. Eine ihrer Burgen, die *Mikilinborg* (slaw.; große Burg) in der Nähe des Ortes Mecklenburg bei Wismar, begründet den Landesnamen.

1147 Mit dem Wendenkreuzzug verzeichnen die deutschen Herrscher ihre ersten Erfolge bei der Vertreibung und Unterwerfung der Slawen.

Ochs oder Stier?

Bemerkungen zum Wappentier

Stadtwappen von Plau

Genau wie auf dem großen Landeswappen findet sich seit dem 13. Jh. beinahe auf jedem mecklenburgischen Stadtwappen der Stierkopf, in den unterschiedlichsten Ausprägungen, mit oder ohne Krone, mit oder ohne Halskrause. Die Vorliebe für seine Verbildlichung stammt aus slawischer Zeit, denn das alte slawische Land hieß *Ture* (slaw.; Auerochs). Die Slawen wiederum sollen ihr heiliges Hoheitszeichen zur Erinnerung an das Schlachtroß *Bukephalos* (griech.; Ochsenkopf) ihres Vorfahren Alexander des Großen angenommen haben.

Gelegentlichen Anzweiflungen, ob es sich denn auf den Wappen nicht etwa um einen Ochsen handele, begegnen manche Landeskinder mit angestrengten Rechtfertigungsversuchen. Anläßlich der Tausendjahrfeier 1995 wurde ein für alle Mal definiert: Ein Ochse sei ein kastriertes männliches Rind. Er symbolisiere »dumpfe, jochgebändigte Kraft«. Der Stier aber verkörpere »zupackende Stärke« und »vorwärtsweisende Dynamik« – schon eher Eigenschaften, die das noch junge Bundesland dringend benötigte. Wie dem auch sei, die Mecklenburger jedenfalls sollten es halten wie ihr Wappentier – es streckt nämlich ganz einfach allen die Zunge heraus!

1160 Der letzte freie Obotritenfürst Niklot setzt seine Burgen in Schwerin, Mecklenburg, Dobbin und Ilow in Brand. Auf der Flucht vor deutschen Rittern wird er getötet.

1154 und 1160 Die Bistümer Ratzeburg und Schwerin werden gegründet und nehmen ihre Missionstätigkeit auf. Daneben gibt es viele Städtegründungen und bäuerliche Kolonisation. Das alles fördert die Eindeutschung des Landes ohne blutige Kämpfe.

1167 Niklots Sohn Pribislaw läßt sich taufen und darf als Vasall Herzog Heinrich des Löwen wieder das Land regieren. So wird er zum Stammvater des mecklenburgischen Fürstenhauses.

1229 Die vier Urenkel Pribislaws teilen das Land untereinander, doch nur die Linie Mecklenburg bleibt bestehen. Durch geschickte Heiratspolitik erwirbt sie 1292 das Land Stargard und 1358 durch Kauf die Grafschaft Schwerin.

1348 Kaiser Karl IV. erhebt die mecklenburgischen Fürsten zu reichsunmittelbaren Herzögen.

1549 Der Sternberger Landtag bestimmt das Luthertum zur Landesreligion.

1618–48 Während des Dreißigjährigen Krieges wird das Mecklenburger Land von durchziehenden Truppen aus Brandenburg und Schweden aufs Schlimmste geplündert und verwüstet. Auch benachbarte Adlige und Ritter berauben sich untereinander. In den Städten wütet die Pest, die reichen unter ihnen wie Neubrandenburg, Neustrelitz und Güstrow erholen sich nur mühsam.

1621 Mecklenburg wird in die Herzogtümer Mecklenburg-Schwerin und Mecklenburg-Güstrow geteilt. Gemeinsam bleiben ihnen Rostock mit der 1419 gegründeten Landesuniversität, dem Hofgericht und dem Konsistorium.

1627 Beide Herzöge werden wegen ihres Bündnisses mit Christian IV. von Dänemark vom deutschen Kaiser vertrieben. 1629 regiert Wallenstein ganz Mecklenburg als Lehen, und erst 1631 führt Gustav Adolf die geächteten Herzöge zurück.

ca. 1660 bis 1760 Blütezeit der Mecklenburger Glasmanufakturen, die mit dem für sie typischen braunen und grünen Waldglas berühmt werden.

1695 Mit dem Tod Gustav Adolfs von Mecklenburg-Güstrow erlischt die Güstrower Linie. Ein Erbfolgestreit bricht aus.

1701 Nach langen Wirren zwischen Herzögen und Ständen kommt es zum sogenannten Hamburger Vergleich. Unter Gustav Adolfs Schwiegersohn, Herzog Adolf Friedrich II. (Thronzeit 1701–08), entsteht die Linie Mecklenburg-Strelitz mit Residenz in Mirow, die später nach Neustrelitz verlegt wird.

etwa 1750 Um das Holzaufkommen zu erhöhen, beginnt man mit der Anlage von Kiefernforsten. Die Kiefer ist der typische Baum

	der mecklenburgischen Heidewälder, wird im 15. Jh. zum ersten Mal erwähnt und nimmt seitdem in ihrer Bedeutung für das Land stetig zu.
18. April 1755	In Mecklenburg-Schwerin kommt es zum Erbvergleich, der bis 1918 die Verfassungsgrundlage bleibt.
1813	Dem Beispiel Preußens folgend, erläßt Herzog Carl II. von Mecklenburg-Strelitz (Thronzeit 1794–1816), Vater der Königin Luise, einen Aufruf zum allgemeinen Widerstand gegen die napoleonische Fremdherrschaft. Das nach Carl benannte C-Husarenregiment wird unter dem Oberbefehl Blüchers in die Schlesische Armee Preußens integriert und zieht in die Völkerschlacht bei Leipzig.
1815	Beide Mecklenburger Herrscherhäuser werden Großherzogtum.
1820	Als letztes Land auf deutschem Boden hebt die mecklenburgische Ritterschaft schrittweise die Leibeigenschaft der Bauern auf.
ab 1821	Infolge einer Agrarkrise und der fehlenden industriellen Entwicklung setzt eine große Auswanderungswelle nach Amerika ein. Die Bevölkerungszahl auf dem Land geht zurück. Die Gutsbetriebe müssen in großer Zahl polnische Landarbeiter, sogenannte Schnitter, zur Erntearbeit heranziehen.
1848/49	In Mecklenburg-Strelitz formiert sich mit den Vereinen der Reformer und der Demokraten eine starke kleinbürgerliche

›Die Auswanderer‹, um 1840, Ölgemälde von Gaston Camillo Lenthe (1805-60)

Opposition gegen den Großherzog. Es gelingt ihnen, das ständische System aufzuheben, ein demokratisches Wahlrecht, Presse- und Versammlungsfreiheit zu etablieren.

1849 Als der preußische König Friedrich Wilhelm IV. in Berlin die Revolution mit militärischer Hilfe niederknüppeln läßt, bezwingt auch Großherzog Georg (Thronzeit 1816–60) seine Mecklenburger und läßt die alten Zustände wiederherstellen. Die von Georg unterstützte Bemühung um eine Verfassungsreform scheitert am Widerstand der Ritterschaft. In der Nachfolgezeit bleibt Mecklenburg sowohl politisch als auch wirtschaftlich eines der rückständigsten Länder auf deutschem Gebiet.

ca. 1880 bis 1910 Die seit dem 17. Jh. verbreiteten Mecklenburger Glashütten stellen ihre Produktion ein, da sie der industriell gefertigten Konkurrenz nicht mehr gewachsen sind.

1918 Der Schweriner Großherzog Friedrich Franz IV. dankt ab, die Volksvertretung in Ratzeburg tritt freiwillig nicht mehr zusammen. Auch in Mecklenburg-Strelitz geschieht Einschneidendes: Der letzte Großherzog Adolf Friedrich VI. (seit 1914 Regent) begeht am 24. Februar Selbstmord. Vor Regelung der Erbfolge bricht die Revolution aus, und erst jetzt wird in Mecklenburg der mittelalterliche Ständestaat offiziell abgeschafft.

1920 und 1923 Der Freistaat Schwerin gibt sich eine Verfassung und das Land Mecklenburg-Strelitz ein Landesgrundgesetz, wodurch beide parlamentarisch-demokratische Republiken werden.

1. Januar 1934 Beide Länder werden zum 15 700 km^2 großen Gau Mecklenburg vereinigt. Regierungssitz der 900 600 Mecklenburger wird Schwerin.

1945 Nach Beendigung des Zweiten Weltkriegs wird Mecklenburg sowjetische Besatzungszone. Durch den starken Zustrom von Flüchtlingen aus Ostpreußen, Westpreußen und Pommern verdoppelt sich die geringe Siedlungsdichte, d. h. statt 50 leben nun 100 Einwohner pro km^2 (bei einer Gesamtbevölkerungszahl von 2 100 000). Mecklenburg wird um Vorpommern, den verbliebenen Teil Pommerns westlich der Oder, auf 23 000 km^2 vergrößert und trägt seitdem den Namen Mecklenburg-Vorpommern.

1946 Mit der Bodenreform wird der Großgrundbesitz über 100 ha entschädigungslos enteignet und in Neubauernwirtschaften aufgeteilt. Nach dem Motto ›Junkernland in Bauernhand‹ stößt die Bodenreform auf die Sympathie von Landarbeitern in dem jahrhundertelangen Wunsch nach eigenem Land. Die schloßähnlichen Herrenhäuser und Parks werden entweder abgerissen oder zweckfremd genutzt.

1949 Mecklenburg wird ein Teil der Deutschen Demokratischen Republik. Die aufgrund der Einheitsliste durchgeführten Wahlen sichern der SED 1950 die Mehrheit im Landtag.

23. Juli 1952 Während der DDR-Verwaltungsreform werden die Landesregierung und der Landtag aufgehoben und das historische Mecklenburg-Vorpommern in die drei Bezirke Rostock, Schwerin und Neubrandenburg aufgeteilt.

1990 Mit der deutschen Vereinigung kommt es zur Neugründung des Landes Mecklenburg-Vorpommern.

1995 Mecklenburg-Vorpommern begeht seine Tausendjahrfeier. Der Anlaß geht zurück auf eine von Kaiser Otto III. unterzeichnete Urkunde vom 10. September 995, die das slawische *Mikilinborg* erstmals erwähnt.

Unterwegs in der Mecklen-burgischen Seenplatte

[…] grüne Insel Mecklenburg;
einsam gewiß nicht,
doch Ort für Besinnung.

Christa Wolf 1990 in:
Die Dimension des Autors

Rund um die Müritz

Waren

Die Umgebung von Waren: Wisentgehege und Töpfergut

Im Müritz-Nationalpark

Von Federow nach Klink

Idylle am See

Rund um die Müritz

Karte in der vorderen Umschlagklappe

Hinein ins Herz der Mecklenburgischen Seenplatte – mit dem Fahrrad oder mit dem Auto einmal um die Müritz, von der Hafenstadt Waren bis in den Specker Wald, wo das Nationalparkamt Mecklenburg-Vorpommern seinen Sitz hat, vorbei an saftigen Wiesen, verwunschenen Seen und tiefen Mooren zur Burg der Fürsten von Werle-Waren in Wredenhagen und dem herrschaftlichen Schloß in Klink.

Man muß eigentlich nur die Landkarte zur Hand nehmen und den Finger auf den größten blauen Fleck in Mecklenburg-Vorpommern legen – und schon ist man an der Müritz! Die Müritz ist eine mit Wasser gefüllte flache Mulde, ca. 28 km lang und an manchen Stellen bis zu 13 km breit. Der ursprüngliche Name *morici* kommt aus dem Slawischen und bedeutet nicht von ganz ungefähr ›Kleines Meer‹, denn an rauhen Tagen wird der Wellengang vor allem für kleinere Boote sehr gefährlich und führt oft zu Havarien. Von den mindestens 700 Seen der Mecklenburgischen Seenplatte ist die Müritz mit ihren 117 km^2 der größte und – nach dem Bodensee – Deutschlands zweitgrößter.

Die Elde, die durch die Müritz fließt, ist Mecklenburgs größter Fluß. Hamburger können die Müritz über die Müritz-Elde-Wasserstraße erreichen und Berliner über den Müritz-Havel-Kanal – ein natürliches Wasser-Verbundsystem.

Eine wirkliche Rundtour um die Müritz kann man nur mit dem Fahrrad machen, denn für Autos ist u.a. der Abschnitt zwischen Speck und Boek, mitten im Müritz-Nationalpark, gesperrt. Wer dennoch als Nicht-Anlieger von den Nationalpark-Rangern erwischt wird, muß mit einer Geldstrafe rechnen. Alternativ wurde 1996 eine Nationalpark-Buslinie zwischen Waren und Bolter Kanal eingerichtet (Linienplan ›Müritz-Nationalpark-Ticket‹ in der Müritz-Information, s. S. 50).

Insgesamt ist die Müritz-Rundfahrt 70 km lang und wird von trainierten Radfans an einem Tag zurückgelegt. Wer es etwas ruhiger angehen lassen will und unterwegs auch einmal Zeit für eine Besichtigung oder ein ausgedehnteres Mittagessen haben möchte, kann die

Strecke in Einzeletappen absolvieren oder unterwegs übernachten. Bescheidene Lebensmittelläden oder Blockhütten-Kioske, die kleine Erfrischungen anbieten, gibt es beispielsweise in Federow, Schwarzenhof und Boek. Zusätzlich finden sich im gesamten Parkgebiet Holztische und -bänke für Picknicks im Freien.

Waren

Die Stadt Waren liegt idyllisch gebettet auf einer schmalen Landzunge, von Wasser umgeben. Im Süden zieht sich die Binnenmüritz, eine langgezogene Bucht, im Norden weitet sich der Tiefwarensee, und im Südosten ruht der Feisnecksee. Waren ist also die Stadt zwischen drei Seen und wird deshalb oft das ›mecklenburgische Interlaken‹ genannt!

Waren ist zugleich das Tor des Müritz-Nationalparks. Von hier aus kann man ausgezeichnet Kultur-, Wander- und Wasserfahrten in alle Himmelsrichtungen unternehmen, und es wundert nicht, daß sich das kleine Städtchen mit seinen gerade einmal 23 000 Einwohnern seit der Wende ruck zuck zum attraktiven touristischen Mittelpunkt der gesamten Müritzregion gemausert hat.

Einer der ersten Sommerfrischler, der Waren für sich entdeckte, war Theodor Fontane, der hier 1896 einen vierwöchigen Urlaub verlebte. Begeistert schwärmte er in seinen Briefen von der wunderschönen Landschaft, der guten Luft und der reichlichen Mecklenburger Küche. Mitte der 70er Jahre unseres Jahrhunderts allerdings zerstörte und verschandelte man große Teile der Altstadt durch den Bau der großartigen ›Verkehrslösung‹, einer breiten Schnellstraße, die das kleine Städtchen in zwei Teile zerschneidet. Nach der Wende dachte man zeitweilig über eine Verlegung der Straße nach, die Realisierung aber wird vermutlich am notwendigen Kleingeld scheitern.

Das genaue Gründungsdatum von Waren kann niemand mehr feststellen, da mehrere verheerende Brände im 16. und 17. Jh. nahezu die gesamte Stadt bis auf die Grundmauern vernichteten und alle Urkunden im Stadtarchiv dazu. So kommt es, daß, bis auf das vom Feuer verschonte Alte Rathaus und die zwei Kirchen, kein Gebäude älter als 300 Jahre ist. Seit dem letzten Brand im Jahr 1699 hat sich eine putzige Altstadt auf dem schmalen Landstreifen zwischen Binnenmüritz und Tiefwarensee entwickelt. Auch nach der Wende hat sich viel in Waren getan. Es wird gehämmert, gezimmert und gepflastert, und es ist eine Freude, mit anzusehen, wie sehr die Stadt von ihrem zunehmend guten Ruf als touristisches Zentrum an der Müritz profitiert.

Aufgrund der guten Parkmöglichkeiten ist es empfehlenswert, einen Stadtrundgang an der **Kietz-**

brücke oder am **Alten Hafen** zu beginnen, dort, wo die Passagierschiffe ›Unkel Bräsig‹ und ›Esperanza‹ ablegen. Von der einstigen Bedeutung als Umschlagplatz für den Holz- und Kornhandel bis hinein ins 19. Jh. zeugen noch die großen und eindrucksvollen Speicherhäuser auf dem Hafengelände. 1798–1837 wurde die Elde kanalisiert und der Bolter Kanal gebaut, dadurch war der Wasserweg zwischen Elbe und Havel, also nach Hamburg, Berlin und weiter in den mitteldeutschen Raum, hergestellt. Der ehemalige **Getreidespeicher** (1) an der Kietzstraße wurde um 1840 errichtet und wird nun zu einem Einkaufs- und Freizeitzentrum mit kleinen Boutiquen, Restaurants und Wohnungen umgebaut. Ebenso beachtenswert sind zwei weitere, leider noch schlimm verfallene Speicher am **Hafenbecken** (2) in der Strandstraße.

Ein Gang durch die Hafenstraße führt zum **Alten Markt**. Dieser höchste Punkt der Stadt ist noch weitgehend von historischer Bebauung gerahmt, nur an der Südseite gingen die Häuser 1945 durch Bombardierung in den letzten Kriegstagen verloren. Das **Alte Rathaus** (3), Am Alten Markt 14, stammt noch aus dem 15. Jh. und wurde 1797 zugunsten eines Neubaus als Sitz der Stadtväter aufgegeben. Hinter den drei vermauerten Arkadenbögen auf der Ostseite tagte einst das Stadtgericht. Die Wände des kleinen Backsteinbaus sind fast 1 m stark. Heute ist er das

Fachwerkspeicher am Warener Hafen

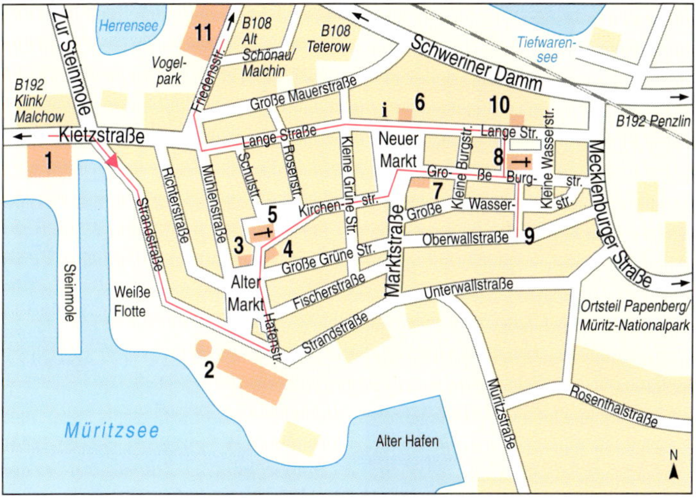

Waren: 1 Getreidespeicher 2 Hafenbecken 3 Altes Rathaus 4 Spritzenhaus 5 St. Georgen 6 Löwenapotheke 7 Rathaus 8 St. Marien 9 Rinnstein 10 Stadtarchiv 11 Müritz-Museum

Küsterhaus der beiden Kirchengemeinden von Waren.

An der Ecke zur Kirchenstraße steht das alte **Spritzenhaus** (4), 1868 errichtet und heute als Jugendclub genutzt. Von der gegenüberliegenden Grünanlage hat man eine schöne Aussicht über den Hafen auf die Binnenmüritz.

Hinter dem Alten Markt steht das älteste Bauwerk Warens, die **St. Georgenkirche** (5), eine kompakte, aber schlichte dreischiffige Backsteinbasilika, die schon um 1300 als Pfarrkirche der Altstadt entstand. Nach den schlimmen Stadtbränden wurde sie mehrfach verändert, zuletzt 1853, als der frühgotische Chor durch einen neugotischen ersetzt wurde. Frühgotisch sind aber die Fenster der Nord- und Südseite sowie die Arkadenbögen im Inneren, während die Achteckpfeiler des Kirchenschiffs sogar noch die gedrungenere Stilsprache der Romanik offenbaren. Eine künstlerisch gute Arbeit ist die Kreuzigungsgruppe aus der Erbauungszeit, Christus mit Maria und dem Jünger Johannes. Die Ersteigung des Kirchturms ist lohnend, denn von dort oben hat man einen wundervollen Blick über die Seenlandschaft der Müritz (Mo–Fr 10–12 und 14–16 Uhr).

Rathausportal in Waren

Am Ende der Kirchenstraße öffnet sich der **Neue Markt**, der 1325 als Verschmelzungspunkt zwischen Alt- und Neustadt angelegt wurde und heute das Zentrum der Altstadt bildet. Auf der linken Seite fällt gleich die schöne **Löwenapotheke** (6) auf. Das bunte Fachwerkhaus in Rot-Grün-Gelb mit dem zähnefletschenden König der Tiere im Emblem zählt zu einer Reihe von hübschen Warener Bürgerhäusern, mit denen die Altstadt in der ersten Hälfte des 18. Jh. bebaut wurde.

Schräg gegenüber erhebt sich das **Rathaus** (7). Nachdem es 1796 errichtet worden war, stockte man 1857 auf und verkleidete die Fassade im Stil der englischen Tudorgotik. Mit seinen pittoresken türmchenartigen Streben an den Ecken und den angedeuteten Burgzinnen unter dem Dach wirkt es zwischen den umliegenden barocken Bürgerhäuschen ein bißchen fremd. Über dem Portal prangt das farbige Stadtwappen mit der wasserumflossenen Landzunge, darüber ein bekrönter Stier zwischen zwei Burgtürmen. Unter den Arkaden war früher die alte Ratswaage mit ihren meterlangen Waagebalken angebracht.

Vom Neuen Markt aus sieht man schon den Spitzturm der **St. Marienkirche** (8). Zuerst wurde der Feldsteinchor vor 1225 als Burgkapelle der Fürsten von Werle-Waren, die im Ort eine Burg bewohnten, errichtet, und erst 1333 wurde das Kirchenschiff im Stil der Backsteingotik angebaut. Die ganze Baugeschichte zog sich insgesamt über sieben Jahrhunderte hin, worin auch der Grund für die Wertschätzung der Marienkirche liegt, denn sie wird oft gerühmt wegen der Vielfalt ihrer Baustile, die sich harmonisch zu einem würdevollen Ganzen verbinden. Das abschließende Aussehen gab ihr 1792 der herzogliche Baumeister Johann Joachim Busch aus Ludwigslust, der sie zur Pfarrkirche der Neustadt umbaute. Seitdem ist die schöne Silhouette des Turms das Wahrzeichen der Stadt. Neuerdings ist auch eine Turmbesteigung möglich (Juni–Sept. Mo–Fr 10–15.45, Sa 10–12, So 10.45–12 Uhr).

Ganz in der Nähe, in der Oberwallstraße, ist noch über die Jahrhunderte ein **Rinnstein** (9) erhalten geblieben, der in der Mitte der Straße verläuft. Diese charakteristischen Details, genauso wie die wertvollen **barocken Haustüren** in der Großen Wasserstraße 3 und der Mühlenstraße, sollen bei den Rekonstruktionsarbeiten der Stadt auf jeden Fall bewahrt werden.

Auf der anderen Seite der Kirche, in der Langen Straße 22, steht noch ein denkmalgeschütztes klassizistisches Bürgerhaus aus dem 18. Jh., in dem sich heute das **Stadtarchiv** (10) befindet.

Der Weg führt wieder zurück zur Löwenapotheke und weiter zum Warener ›Boulevard‹, wie die Einheimischen ihre Fußgängerzone, die **Lange Straße**, nennen. Diese Hauptgeschäftsstraße säumen zahlreiche Läden und Cafés. Schon im frühen Mittelalter führte hier ein vielbenutzter Handelsweg entlang, an dessen Rand sich die Stadt allmählich heranbildete.

In einer liebevoll restaurierten Bürgerschule von 1857, in der Friedensstraße 5, liegt das Hauptgebäude des **Müritz-Museums** (11), das den stolzen Untertitel Naturhistorisches Landesmuseum für Mecklenburg-Vorpommern trägt (Mai–Sept. Di–Fr 9–18, Sa–So 9–12 und 14–17 Uhr; Okt.–April Di–Fr 10–16, Sa–So 10–12 und 14–17 Uhr; ✆ 37 42). Der Grundstock der Sammlung geht auf eine Stiftung des Freiherrn Hermann von Maltzan (1843–91) zurück, ei-

Waren, Müritz-Museum

nes universell begabten Menschen, der aus Neubrandenburg stammte. Schon in frühen Kinderjahren förderte das leidenschaftliche Sammeln von Pflanzen, Käfern, Schmetterlingen, Schnecken und Vogeleiern seinen besonderen Hang zu den Naturwissenschaften sowie zur Kunst und Archäologie. Maltzan bereiste exotische Länder und korrespondierte mit Heinrich Schliemann. Später unterhielt er eine Art Forscher-Freundschaft zu dem Warener Realschullehrer Carl Struck, der die ›Maltzaneum‹ genannte Sammlung nach Waren holte.

Durch acht anschaulich aufbereitete Räume wird der Besucher an 225 000 botanischen, zoologischen und geologischen Exponaten vorbeigeführt, die den artenreichen Naturraum des Mecklenburger Binnenlandes vor Augen führen. Zum Museum gehört noch ein 3 ha großer Museumsgarten mit Volieren und Tiergehegen. In großen Kurven führt der Weg um den Herrensee. Auf dem Inselchen im See brütet eine Lachmöwenkolonie und veranstaltet ein ganz schönes Gekreisch. Im hintersten Gartenwinkel befindet sich ein Süßwasseraquarium. In den 33 Aquariumsbecken schwimmen, krabbeln und gedeihen über 40 heimische Arten von Fischen, Krebsen und Wasserpflanzen.

Information: Müritz-Information, Neuer Markt 21, 17192 Waren, ✆/Fax 0 39 91/66 61 83 (Stadtführungen in historischer Tracht, Exkursionen und Kutschfahrten durch den Nationalpark, Busfahrplan ›Müritz-Nationalpark-Ticket‹), ✆ 66 43 92 (Zimmervermittlung).

Hotels: Hotel Ingeborg ($$–$$$), Rosenthalstr. 5, ✆ 6 13 00, Fax 61 30 30 (kleines, mit Liebe zum Detail eingerichtetes Hotel garni, ruhig, nahe Stadthafen, Fahrradverleih); Villa Margarete – Ringhotel Waren ($$), Fontanestr. 11, ✆ 62 50, Fax 62 51 00 (am Waldrand, Restaurant, Café); Hotel Ecktannen ($$), Fontanestr. 51, ✆ 45 61, Fax 24 50 (Bar, Garten-Café); Hotel-Schloß Groß Plasten ($$–$$$), 17192 Groß-Plasten, ✆ 03 99 34/80 20 (elegante Schloßanlage am See, zwei Restaurants mit italienischer und mecklenburgischer Küche, Suiten, Tagungsräume, Hallenschwimmbad, Sauna, Fitneß). **Pensionen**: Gasthof Paulshöhe am Tiefwarensee ($$$), Falkenhäger Weg, ✆ 1 71 40, Fax 17 14 44 (gediegen, Restaurant mit regionaler Küche, Bungalows); Gasthof Kegel ($$–$$$), Große Wasserstraße 4, ✆ 6 20 70, Fax 62 07 14 (im historischen Stadtkern, nahe Stadthafen, moderne Zimmer im französischen Stil um 1880); Sabines Bauernhof ($$–$$$), Dorfstr. 8, 17192 Schloen, ✆ 03 99 34/75 75, Fax 73 12 (nettes Klein-Hotel auf dem Lande, Restaurant); Familienpension Sass ($$), Specker Str. 71, ✆ 66 27 84, Fax 62 19 31 (Restaurant, Sauna, Fahrräder); Pension Müritzblick ($$), 17207 Gotthun, ✆ 03 99 31/25 68 (sehr ruhige Lage, nahe Müritz, Restaurant, Pferdeboxen, Boots- und Fahrradverleih).

Camping: Campingplatz Kamerun, ✆ 20 31 (direkt am Wasser); Campingplatz Ecktannen, ✆ 26 07 (im Müritz-Nationalpark, Seenähe).

Restaurants: Altes Reusenhus, Schulstr. 7, ✆ 66 68 97 (gemütliche Restaurant-Kneipe, Fischspezialitäten vom Fischerbrot bis Welsfilet); Ratskeller, Neuer Markt 1, ✆ 22 33 (rustikales Kneipen-Ambiente); Gaststätte Müritzring, Am Kietz 1, ✆ 38 01; Goldene Kugel, Große Grüne Str. 16, ✆ 66 37 44 (Fisch- und Wildspezialitäten); Landhaus Mecklenburg, Eulenstr. 8, ✆ 22 75.

Souvenirs/Einkaufen: Fischverkauf an der Kietzbrücke, tägl. 10–16 Uhr.

Veranstaltungen und Festivals: Mai: Internationale Jazztage. **Juli**: Müritzfest mit Bootskorso, Fischerzug und Fischmarkt. **August**: Müritzschwimmen über 1950 m und Müritz-Triathlon mit 2 km Schwimmen, 70 km Radfahren rund um die Müritz und 20 km Laufen. Während der **Wintersaison**: Konzerttage in der Georgenkirche.

Aktivitäten: Angeln: Fischerei Müritz-Plau, Am Seeufer 73, ✆ 36 81; Angelbedarf Zarnke, Mozartstr. 66, ✆ 46 53. **Baden**: Volksbad, ✆ 23 46; Badestellen: Ecktannen, Kölpinsee, Tiefwarensee, Feisnecksee. **Bootsverleih**: Müritz-Marina Charter, Am Seeufer 93, ✆/Fax 66 65 13 oder ✆ 01 71/7 30 24 76; Kuhnle-Tours, Sandstr. 2, ✆ 73 27 73, Fax 66 27 80 (Kurse, Verleih von Segelkajütkreuzern, Jollen, Ruder-/Motorbooten). **Fahrradverleih**: Burau-Mobil, Lloydstr. 2b, ✆ 73 25 50; DB am Bahnhof Waren, ✆ 5 90; Ohlmeier Fahrräder, Neuer Markt 17, ✆ 37 36. **Kutschfahrten**: Odebrecht, Papenbergstr. 44, ✆ 73 22 23. **Reiten**: Reitsportanlage Alter Landsitz, 17194 Sommerstorf, ✆ 03 99 26/32 18 (Halle, Spring-/Dressurplatz, Koppel, Pensionsboxen, Pflegestand, dazu Hotel und Gaststätte). **Schiffstouren**: Warener Schiffahrtsgesellschaft, Am Kietz 14a, ✆ 47 57 und 26 70, Fax 47 57 (tägl. Rundfahrten ab Kietzbrücke über die Müritz und Kanäle); Müritzwind, Steinmole in der Strandstr., ✆ 23 53, Fax 66 58 79. **Surfen**: Helia Schützler, Gerhart-Hauptmann-Allee, ✆ 36 83 (auch Kanu- und Katamaranverleih); Uwe Kaminski, Eldenburg Nord 15, ✆ 26 37. **Tauchen**: Tauchschule Heiko Romer, Güstrower Str. 8, ✆ 16 84 96, Fax 16 84 97.

Verkehrsverbindungen: Busse: Linie 1: Röbeler Chaussee–Eingang Müritz-Nationalpark–Specker Str.; Linie 3: Ecktannen–Waren/West; Linie 4: Gewerbegebiet/Ost–Klink/Dorf; Linie 5: Waren/West–Ecktannen. Taxi: Am Bahnhofsvorplatz, ✆ 1 81 00 und 22 55.

Die Umgebung von Waren: Wisentgehege und Töpfergut

Westlich von Waren, am Ufer des Kölpinsees bei Jabel, liegt ein **Naturschutzgebiet** auf der Halbinsel **Damerower Werder**. Hier werden auf einer Freilandfläche an der Spitze der Landzunge unter natürlichen Bedingungen Wisente gezüchtet. Diese europäischen Wildrinder mit ihren kleinen, starken Hörnern auf dem gewaltigen Schädel und ihrer weichen und langen Behaarung am Vorderteil sind die etwas kleineren Geschwister des nordamerikanischen Bisons, den wir Europäer fast besser aus ameri-

Im Müritz-Nationalpark

Seit dem 1. Oktober 1990 ist eine Fläche von 310 km^2 östlich der Müritz als Nationalpark ausgewiesen und genießt damit nach Bundesnaturschutzrecht den höchsten Schutzstatus. Dieses Gebiet ist ein typischer Ausschnitt aus der Landschaft der Seenplatte. Im Nordosten ziehen sich die kuppigen Endmoränen der letzten Eiszeit, und im Süden erstrecken sich weite Sanderflächen. Hier gibt es über hundert Seen, ungezählte Sölle, Moore und Brüche.

Der Park wird durch das Nationalparkamt Mecklenburg-Vorpommern, das dem Schweriner Umweltministerium unterstellt ist und mitten im Park, im Specker Schloß, seinen Sitz hat, verwaltet. Die Nationalparkverwaltung hat den Auftrag, die Vielfalt und Natürlichkeit der Landschaft zu bewahren. Das geht selbstverständlich nur, wenn Land- und Forstwirtschaftler, Jäger, Fischer, Touristen und Straßenplaner eng zusammenarbeiten. Außerdem ist in den letzten Jahren der Förderverein Müritz Nationalpark e. V. bei der ideellen und materiellen Unterstützung des Parks aktiv geworden (Geschäftsstelle in Waren, Am Dammfeld 1, ✆ 0 39 91/66 66 78–9.

Das Gebiet des Müritz-Nationalparks ist ziemlich dünn besiedelt. Es besteht zu 65% aus Wald, zu 12% aus Gewässern, zu 8% aus Mooren, zu 6% aus Wiesen und nur zu knapp 3% aus Äckern, der Rest sind Siedlungen, Straßen und Wege. Insgesamt leben hier 800 Menschen.

Das Parkgebiet ist in drei Schutzzonen unterteilt: zum einen in die absolut heimlichen Kernbereiche, in denen man die markierten Wege keinesfalls verlassen darf, dann in die meist aus Wiesen und Weiden bestehenden Pflegebereiche und schließlich in die Entwicklungsbereiche, für die spezielle Renaturierungsmaßnahmen vorgesehen sind, bei denen aber die Lebensbedürfnisse der Menschen berücksichtigt werden.

Zum Nationalpark gehört auch ein 12 km langer Wasserstreifen am Ostufer der Müritz. An diesem Uferbereich ist durch die Schiffbarmachung der Elde vor fast 200 Jahren und das darauf folgende Absinken des Müritz-Wasserspiegels um mehr als 1,5 m ganz besonders wertvoller Naturraum entstanden. Große Flächen fielen trocken, infolgedessen bildeten sich Röhrichte, Moore und Bruchwälder.

Im Galopp durch den Müritz-Nationalpark

Zauberhafte Naturschauspiele bieten sich dem interessierten Beobachter. 240 Vogelarten und 700 verschiedene Farn- und Blütenpflanzen bilden einen unermeßlichen Reichtum für einen meist mit Blindheit geschlagenen Städter. Allein über 800 Schmetterlings- und Libellenarten gaukeln hier von Blüte zu Blüte. Berühmt ist der Müritz-Nationalpark vor allem wegen seiner Bestände an Seeadlern, Fischadlern und Kranichen. Daß diese andernorts längst ausgestorbenen majestätischen Großvögel hier noch leben, zeigt, daß das Gleichgewicht der Natur im Nationalpark noch weitgehend intakt ist.

Sehr zu empfehlen sind die naturkundlichen Führungen zu Fuß oder per Rad. Anmelden kann man sich bei den Informationspunkten an den Eingangsbereichen, bei der Informationsstelle des Fördervereins oder beim sogenannten Führungsservice, das sind Privatleute, die eine Lizenz des Fördervereins haben. Außerdem sind im ganzen Parkgebiet an ihrer Kleidung kenntliche Ranger auf Mopeds unterwegs, die geduldig und kenntnisreich alle Fragen immer gern beantworten.

kanischen Western kennen. Die Wisente sind vom Aussterben bedroht, die letzten wildlebenden gibt es nur noch im Kaukasus. Die 320 ha große Waldfläche bietet optimale Bedingungen für die riesigen Tiere; so wurden hier bis 1991 schon über 100 Wisente geboren, und es sagt sich ständig Neuzuwachs an. Damit der Besucher den Wisenten im Wald nicht nachspüren muß, gibt es zugängliche Schaugehege, die eine Beobachtung der Tiere erlauben (tägl. 9–18 Uhr, Fütterung: Mo–Fr 10 und 15 Uhr, Sa, So und feiertags 10 Uhr).

Etwas ab vom Schuß, aber in jedem Fall einen Abstecher wert ist die **Domäne Neu Gaarz**, ein ökologisch angehauchter Kunsthof, 12 km nordwestlich von Waren. Die Domäne ist ein barockes Gutshaus von 1698 in der Dorfstraße 6. Hier schwingt Frau Doktor Eisel, die einst von der Stasi verjagte Direktorin der Barlach-Gedenkstätten in Güstrow, das Zepter bzw. den Kochlöffel. Mitten in einer begnadet einsamen Landschaft hat sie ein Landhotel eröffnet, das sich Gastlichkeit und Kunst gleichermaßen auf die Fahne geschrieben hat. Die rustikal gehaltenen Räume dienen als Verkaufsgalerie für Kunst und Antiquitäten aus aller Welt, dazu gibt es ein Café, eine Weingalerie und einen Biergarten unter lauschigen Kastanien. Wer länger bleiben will, dem werden auf Wunsch auch Fahrräder verliehen oder Angler- und Jagdausflüge vermittelt (17194 Neu Gaarz, ✆/Fax 03 99 29/2 55).

Wer Waren nach Norden verläßt, dann über die B 108 in Richtung Teterow fährt und nach ca. 8 km rechts einbiegt, gelangt am Ende der Straße in das Dörfchen **Panschenhagen**. Hier hat sich Friedemann Henschel im Gewölbekeller eines alten Herrenhauses ein **Töpfergut** eingerichtet, in dem er Gebrauchskeramik produziert. Seine Töpferware ist mit bunten Engoben bemalt oder im Freifeuerofen in Wachsträgerabdecktechnik gebrannt. Bei Friedemann geht es ganz unkompliziert zu, feste Öffnungszeiten gibt es nicht, jeder Interessent kann einfach vorbeikommen (17194 Panschenhagen, ✆ 03 99 26/32 75, mit Ferienwohnungen!).

Von Federow nach Klink

Auf der Fahrt rund um die Müritz geht es über den Warener Ortsteil Papenberg entlang der Mecklenburger Straße stadtauswärts Richtung Südosten. Am Ufer des Feisnecksees kann man auf schmaler, glatt asphaltierter Straße per Fahrrad gemächlich nach Federow rollen.

Federow ist ein beschauliches und putziges Dörfchen mit einigen reetgedeckten Backsteingehöften. Die Kirche ist ein nachträglich verputzter Feldsteinbau aus der Zeit um 1400. Bei den Restaurierungsarbeiten im 19. Jh. wurde der östliche Giebel zurückgenommen, die westliche Vorhalle mit den offenen Spitzbogenarkaden stammt wohl aus dem 20. Jh. Am südlichen Ortsausgang befindet sich ein Unterstand mit Auskünften über Führungstermine der Nationalparkverwaltung und Veranstaltungen, die in der Umgebung sonst noch so los sind. Wenige Schritte weiter gelangt man an ein angedeutetes Holztor, das einen der offiziellen Eingänge in den Müritz-Nationalpark markiert.

Die Straße führt weiter nach Schwarzenhof, wo Radfahrer mit ersten Erschöpfungserscheinungen an einem Kiosk ein Päuschen einlegen können.

Von Schwarzenhof aus gelangt man über eine Abzweigung in die **Wacholderheide am Spukloch** westlich des Rederangsees. Sie ist der Rest einer sogenannten Hutung, wie eine Weidelandschaft ohne Zaun, in der das Vieh von einem Hirten gehütet wird, heißt. In diesem Gebiet liegt der **Müritzhof**, ein einsam und idyllisch gelegenes Landhaus (nur mit dem Rad zu erreichen, ✆ 0 39 91/66 27 95). 1831 hatte der engagierte Vogelschützer Karl Bartels den Müritzhof an der Stelle gegründet, wo heute das Specker Schloß steht. Anfang der 40er Jahre wurde der Hof dort aufgelöst und später in der Wacholderheide neu gegründet. Zur Zeit betreibt hier das Lebenshilfewerk einen Hof für ökologischen Landbau mit behinderten Men-

Federower Dorfkirche

schen. Sie versorgen und pflegen Pferde und Fjällrinder, die hier die Flächen abweiden. Die Fjällrinder sind etwas ganz Besonderes, denn von 300 Tieren dieser skandinavischen Rasse, die es auf der ganzen Welt gibt, leben allein 40 auf dem Müritzhof.

Ganz in der Nähe, auf dem Gelände des **Specker Horstes**, etablierten sich zu Anfang der 70er Jahre Willi Stoph und seine SED-Politgenossen. Die Stasi schreckte nicht davor zurück, dem DDR-Ministerpräsidenten in einem Naturschutzgebiet illegal eine Staatsjagd zum persönlichen Gebrauch einzurichten. Ab sofort war das Gebiet für die Bevölkerung unzugänglich. Doch die Wende ging radikal mit dem Anwesen um: 1992 wurden alle Gebäude restlos abgerissen. Die Anwesenheit Stophs hatte allerdings noch ein Nachspiel, denn um einen sicheren Abschuß zu garantieren, ließ der Jagdherr in dem als ›Wildforschungsgebiet‹ deklarierten Gelände überaus viel Rot-, Dam- und Muffelwild heranzüchten. Noch heute hat die Forstverwaltung mit den Schäden zu kämpfen, die dieser erhöhte Wildbestand anrichtet, und es wird noch eine Weile dauern, bis die Natur wieder im Gleichgewicht ist.

Speck

Von Schwarzenhof aus führt die Straße weiter nach Speck. Diese Ansiedlung besteht nur aus wenigen Häusern, die inmitten von Wiesen und Weiden liegen. Hier, in einem der besonders schützenswerten Kernbereiche des Nationalparks, leben gerade einmal 50 Menschen. Der Name Speck rührt aus dem Slawischen und bedeutet soviel wie ›Damm, der durch einen Sumpf führt‹. Im 13. Jh. herrschte hier der holsteinische Ritter Ludwig Reimar von Rohr. Doch der ziemlich karge Sanderboden dürfte seinem Gut nicht allzu große Ernteerträge erbracht haben.

Auf dem Weg zum Schloß passiert man die kleine, aber elegante klassizistische **Dorfkirche**, die zu Anfang des 19. Jh. entstand. Der Innenraum ist mit einer schönen Holzbalkendecke in blau-rot-goldener Kassettenmalerei ausgestattet. Die Information, daß die NVA aus der Kirche ein Heizhaus machen wollte, erscheint so absurd, daß man sie kaum glauben kann.

Der Weg führt weiter durch ein Portal, und schon steht man vor dem Specker **Schloß**. Dem dunklen, verputzten Gebäude sieht man an, daß es schon bessere Zeiten gesehen hat. Mit dem unregelmäßigen Grundriß, der sehr an den englischen Landhausstil erinnert, hat es sich 1937 der Leipziger Großverleger Kurt Hermann errichten lassen, nachdem der alte Herrensitz der Ritter von Rohr abgerissen war. Hermann, der gern auf Gänsejagd ging, kaufte weitere große Ländereien in der Gegend dazu. 1945 wurde er kurzerhand enteignet, und die russische Kom-

Schloßhof in Speck

mandantura zog ein. Danach unterhielt die NVA bis zur Wende ein Erholungsheim. Heute haben hier der Förderverein Müritznationalpark e. V. und das Nationalparkamt Mecklenburg-Vorpommern ihren Sitz.

Hinter dem Schloß führt ein langer Plankenweg über Moorgebiet hinweg durch den schattigen Wald schnurstracks zum **Priesterbäkersee**. Am Ende des Weges kann man sich auf einem Holzbänkchen niederlassen, hat die weite, glitzernde Wasserfläche vor Augen und die Geräusche der Natur um sich.

Das Gelände östlich des Schlosses wurde vom Bundesvermögensamt wegen des Verdachts auf Munitionsverseuchung gesperrt, denn hier betrieben die Sowjets einen Schießplatz, als eines von vier Terrains, das sie inmitten des Naturschutzgebietes okkupiert hatten. Die anderen drei waren der Flugplatz Lärz bei Rechlin, der Panzerübungsplatz Tannenhof bei Neustrelitz und das Atomversuchsgelände Schwenzin bei Waren.

Information: Nationalpark-Information: An folgenden neun Nationalpark-Eingangsbereichen geben Info-Tafeln Auskunft über Führungstermine: Waren, Federow, Schwarzenhof, Speck, Boek, Ankershagen, Kratzeburg, Userin, Schillersdorf. Spezielle Info-Hütten, die Führungen organisieren, Fahrräder verleihen, Bücher, Karten und Souvenirs verkaufen, gibt es an drei Stellen: Specker Str., 17192 Waren, ✆ 0 39 91/66 27 86, Mai–Okt. tägl. 9–17 Uhr; Specker Schmiede, 17192 Speck,

Mai–Okt. tägl. 9–17 Uhr; 17192 Boek, Mai–Okt. tägl. 9–17 Uhr. Darüber hinaus hilft die Informationsstelle des Fördervereins, Neuer Markt 21, Waren, ✆ 0 39 91/41 72 und 66 43 92. Führungsservice des Nationalparks in Waren: Herr Becker, ✆ 0 39 91/24 69; in Speck: Frau Heinzel, ✆ 0 39 91/73 92 02.

Hotels: Hotel Müritz-Park ($$–$$$), Boeker Str. 3, ✆ 03 98 23/15 59 (im Müritz-Nationalpark, gute Ausgangsstation für Wandervögel, Restaurant, Biergarten, Seminarraum, Ferienwohnungen). **Pensionen**: Landhaus Boek ($$), Boeker Str. 39, ✆ 13 73 oder 15 61 (reetgedeckter Gutshof, Reitunterricht, Pferdeboxen, Ausflugsrestaurant); Jägerrast ($$), Boek, ✆ 03 98 23/13 56 oder 12 74 (zweckmäßig eingerichtet, Restaurant im Jagdstil). **Privatunterkünfte** über den Fremdenverkehrsverein Kratzeburg, Nr. 4, 17237 Granzin, ✆/Fax 03 98 22/2 02 42. **Feriendörfer**: Boeker Mühle ($), ✆/Fax 16 83 und 13 77 (Bungalowsiedlung am Müritzufer); Müritz-Nationalpark-Camp, Am Dammfeld, Waren, ✆ 66 31 13, Fax 66 31 02 (Einzel- und Gruppenunterkünfte, Fahrradverleih).

Veranstaltungen und Festivals: Juli: Internationales Jugendworkcamp; August/September: Internationales Künstlerpleinair; September: Tag der offenen Tür im Nationalparkamt im Specker Schloß.

Aktivitäten: Bootsverleih: Katamaran- und Surfmühle auf dem Campingplatz Am Bolter Ufer, ✆/Fax 13 80 (Regatten und Strandolympiaden für Kinder und Erwachsene). **Reiten**: Reiterhof Landhaus Lüdemann, 17248 Boek, ✆ 03 98 23/13 73 (Gästeboxen, mit rustikaler Pension und Restaurant).

In Speck scheiden sich die Geister: Wer mit dem Auto gekommen ist, muß umkehren und kann die Müritz-Tour in Rechlin fortsetzen. Die Radler hingegen können auf gut passierbaren Sandwegen durch den Boeker Forst weiterfahren.

Boek

Der Weg nach Boek ist ausgeschildert, verirren kann man sich also nicht. Zu dieser Ansiedlung gehört der **Wildpark**, ein 80 ha großes Damwildgehege. Gegen ein kleines Eintrittsgeld kann man sich das weite Gelände erlaufen, und gelegentlich kommen die zahmen Tiere sogar heran und fressen die angebotenen Futterkörner aus der Hand. Wer weiß, wie scheu die weißgesprenkelten Hirsche und Hirschkühe in freier Wildbahn sind, wird es genießen, sie sich einmal aus nächster Nähe in aller Ruhe ansehen zu können (tägl. 10–17 Uhr, ansonsten Schlüssel im Landhaus Boek).

Am Rande der Boeker Ortsdurchfahrt gibt es eine kleine, ziemlich verfallene **Backsteinkirche** (Gottesdienst unregelmäßig So 18 Uhr). Die Kirchenglocke stammt aus dem Erbauungsjahr 1847 und wurde in der Warener Gießerei des Carl Illies gefertigt. Illies muß sämtliche Kirchen zwischen Waren und Neubrandenburg beliefert haben, denn sein Name taucht in den Chroniken immer wieder auf. Ein Hinweis am Portal gibt kund, wann hier das nächste Samstagabend-Konzert mit Musikern aus der Gegend zwischen Rostock, Berlin und Lübeck stattfindet.

Die Straße führt 3 km weiter zu dem Ortsteil Bolter Schleuse. Auf Höhe der Bushaltestelle liegt links die völlig verfallene Boeker **Mühle**, die ihre beste Zeit um die Jahrhundertwende als wasserbetriebene Getreidemühle und Energielieferantin für ein angeschlossenes Sägewerk hatte. Als der vorbeifließende Bolter Kanal 1936 außer Betrieb genommen und der Schiffsverkehr fortan über Mirow geleitet wurde, begann der Verfall. 1953 wurde dann die Bolter Schleuse zugeschüttet. Doch der jahrzehntelange Tiefschlaf hat nun ein Ende, denn der Graben wurde 1993 durch ein ABM-Projekt wieder freigeschaufelt und die Mühle von einer Hamburger Firma gekauft, die daraus wieder ein sehenswertes Objekt machen will.

Rechlin

Auf dem Weg nach Süden geht es weiter nach Rechlin-Nord. Während rechts Bussarde und Milane über die Wiesen kreisen, zieht sich zur anderen Seite auf langer Strekke ein munitionsverseuchtes Waldstück, ein Andenken an die Sowjetarmee, die über vierzig Jahre in Rechlin Station machte.

In den Jahren nach dem Zweiten Weltkrieg entstand neben dem Classee, der einen Zufluß zur Müritz hat, die **Schiffswerft** Rechlin, jahrelang der größte Arbeitgeber in der Region. Nach der Wende mußte die Belegschaft stark verkleinert werden, mehr als 500 Menschen wurden arbeitslos, was katastrophale Konsequenzen für das Wirtschaftsgefüge des Ortes hatte. Heute betreibt die Schiffswerft Rechlin GmbH im kleineren Rahmen Bootsbau. Das verwahrloste Gelände macht einen unaufgeräumten und wenig erfreulichen Eindruck.

Parallel zur Eisenbahnstrecke führt die Straße nach Rechlin, das wohl eher unbedeutend geblieben wäre, wenn nicht 1917 das Kaiserliche Heer zwischen Rechlin und Lärz einen **Flugplatz** angelegt hätte, aus dem die Nationalsozialisten 1933 eine Erprobungsstelle der deutschen Luftwaffe machten. Nach 1945 kamen dann die Luftstreitkräfte der ›ruhmreichen Sowjetarmee‹, sperrten ganze Ortsteile ab, kasernierten sich ein und stationierten auf dem Flugplatz ihr Jagdbomber-Geschwader. Während dieser Jahre war die Versorgung und Belieferung der Russen ein maßgeblicher Faktor für die Rechliner Wirtschaft. Nach dem Abzug brach alles zusammen, eine hohe Arbeitslosigkeit im Ort war die Folge. Es ist erfreulich, daß die Rechliner die Eröffnung eines Luftfahrttechnischen Museums vorbereiten, das die wechselhafte Geschichte des Flugplatzes erläutert. Der kleine, für Besichtigungen nur wenig attraktive Flughafen selbst

Schulhof in der Burg Wredenhagen

wurde mittlerweile in Müritz-Flugplatz Rechlin-Lärz umgetauft und zu einem zivilen Verkehrslandeplatz umfunktioniert, der von Bund und Land nun mit einem ordentlichen Tower und neuer Befeuerung für die Landepisten ausgestattet wird. An Schönwetter-Tagen kann man hier zu Rundflügen über die Seenplatte starten (tägl. 8–16 Uhr, ✆ 03 98 33/2 22 82).

Information: Tourismus-Förderungsgesellschaft, Am Bolter Ufer, 17248 Rechlin, ✆ 03 98 23/12 61, Fax 22 32 (Vermittlung von Privatquartieren).

Camping: Campingplatz Bolter Ufer/C 15, Boeker Str. 1, ✆ 12 61 (neben Stellplätzen für Zelte und Wohnmobile auch Ferienhäuser im Blockhausstil, Boots- und Fahrradverleih).

Aktivitäten: Wasserwandern/Segeln: Woterfitz-Wasserfreizeit, Ahornstr. 18, 17248 Rechlin, ✆ 01 61/1 53 06 27 oder 0 40 / 51 05 01 (Motorbootverleih für max. 6 Pers., ohne Bootsführerschein); Marina Rechlin, Boeker Str. 1, ✆/Fax 22 53 (Yachthafen für Segel- und Motorboote, Tennisplätze, Zielgolfanlage, Appartements, Kinderspielplatz).

Die Fahrt geht weiter auf der B198 nach Westen in Richtung Autobahn Hamburg-Berlin. Bei Vietzen überquert man zum ersten Mal die **Kleine Müritz**, eine fast runde Bucht, durch die die Zuflüsse von Süden in die große Müritz münden. Kurz vor Vipperow überquert man den Müritzarm und hat zum zweiten Mal einen atemberaubenden Blick über die Wasserlandschaft.

Wer Lust hat, kann an dieser Stelle einen Abstecher nach Wredenhagen machen. Dazu fährt man etwa 8 km über die Abzweigung nach Röbel hinaus und biegt dann links ab. Hinter Kambs säumt eine kilometerlange **Eichenallee** die Straße zu beiden Seiten. Die unterschiedlichen Eichenarten sind kurz vor der Abzweigung nach Kieve linker Hand auf einer Schautafel erklärt.

Der idyllische Ort **Wredenhagen** liegt direkt am Mönchsee, einem ganz flachen See, der für seine riesigen naturgeschützten Schilfgürtel bekannt ist, in denen zahlreiche Vögel nisten oder auf ihrem Wanderzug gen Süden Zwischenstation einlegen (Zugang über Mönchshof auf der gegenüberliegenden Seeseite, von da zu Fuß den Hinweisschildern folgen).

In Wredenhagen sieht man oben im Ort zuerst die nette kleine Dorfkirche aus der zweiten Hälfte des 18. Jh.; der Westturm mußte im 19. Jh. nach einem Brand erneuert werden. 1284 wurde die Burg der Fürsten von Werle-Waren erstmals urkundlich erwähnt. Auf dem Hügel neben der Kirche liegen die gut erhaltenen Reste noch in Form eines kreisförmigen Feldsteinmauerrings von 100 m Durchmesser und zweier mittelalterlicher Torhäuser. Auch Wredenhagen lag im mecklenburgisch-brandenburgischen Grenzgebiet, war daher logischerweise oft umfochten und wechselte häufig den Besitzer. Während der Wintermonate 1697/98 soll sich Zar Peter I. von Rußland auf dem Weg nach Holland hier aufgehalten und das Schmiedehandwerk erlernt haben. Am Aufgang befand sich zwischen den mittlerweile stark veränderten Gebäuden ursprünglich ein Eingangstor. Die Fachwerkhäuser und das Gutshaus innerhalb der Burgmauern kamen ebenfalls im 18. Jh. dazu. Seit 1928 sind hier eine Grund- und eine Hauptschule untergebracht. Der Burghof ist einer der schönsten Schulhöfe, die man sich nur vorstellen kann.

Zurück auf der B198 kehrt man nach 4 km an der Abzweigung Richtung Röbel nach Norden und befindet sich wieder einmal auf der Deutschen Alleenstraße.

Ludorf

Kurz vor Röbel geht rechts eine Abzweigung in das 4 km entfernte verschlafene Nestchen Ludorf. Eine echte Besonderheit, wie es sie in ganz Mecklenburg-Vorpommern nicht noch einmal gibt, ist hier die gotische **Dorfkirche**, und zwar wegen ihrer Achteckigkeit. Der verputzte Backsteinbau wurde schon 1346 geweiht. Einer Legende zufolge soll die Kirche aber noch 200 Jahre älter sein, denn ein heimgekehrter Kreuzzugsteilnehmer, ein Ritter Wipert Morin, soll sie nach dem Vorbild des Heiligen Grabes erbaut haben. Von innen ist das Oktogon mit dem tief herabgezogenen Rippengewölbe noch besser zu erkennen (tägl. 9.30–11.30 und 15.30–18 Uhr, ansonsten bei Johannsen, Röbeler Str. 40, klingeln). Es gibt aber auch Zutaten aus späteren Jahrhunderten zu sehen, z. B. die barocke Patronatsloge mit ihrer verglasten Trennwand. Auffallend ist die kunstvolle schmiedeeiserne

Zweiflügeltür zur Gruft, über der zahlreiche Wappen der Familie von Knut und zinnerne Sargbeschläge aus dem 17. und 18. Jh. hängen.

Ein Relikt der Ludorfer Ritterzeit ist das **Schloß**, ein schöner, breitgelagerter Backsteinbau von 1698 mit einer schwungvoll barocken Wappenkartusche der Ritterfamilie Adam Levin von Knut über dem Portal. 1851 wurde das gesamte Gutsgelände an Wilhelm von Schulze verkauft. Aufgrund erbrechtlicher Erfordernisse nahm die Familie den Zusatz Bühlow in ihren Namen mit auf. Bis zur Enteignung lebte die Witwe des letzten Gutsbesitzers im Schloß. Das Grab ihres Mannes, des alten Schulze-Bühlow, auf einem bewaldeten Hügelchen mitten im Feld hinter dem Sportplatz, sollte man sich von den Einheimischen zeigen lassen. Der große Landschaftspark hinter dem Schloß ist stark verändert. Die große Eiche am linken Parkrand, unter der eine weiße Bank steht, ist die sogenannte **Knut-Eiche**, die während des Zweiten Weltkrieges anläßlich des Todes eines der beiden Söhne dieser alteingesessenen Familie gepflanzt wurde. Der Hauptweg führt in ein verwunschenes Wäldchen mit tiefschwarzen Teichen und dem niedlichen Dorffriedhof.

Von der Kreuzung in Ludorf führt ein Weg nach Gneve. Dort angekommen, geht es weiter auf einem mehr als abenteuerlich holprigen Feldweg zu dem **Naturschutzgebiet Großer Schwerin und Steinhorn**. Mit dem Auto kommt man nur bis zu dem sogenannten Rundblick. Hier versperrt ein Tor den Eingang in das 320 ha große Schutzgebiet. Es besteht aus zwei Halbinseln, die in die Müritz hineinragen. Das Gebiet hat als Rastplatz für Zugvögel, vor allem für nordische Gänse und Strandläufer, große Bedeutung. Daher wurde hier auch eine Fang- und Beringungsstation eingerichtet. Das Naturschutzgebiet ist nur für Gruppen nach rechtzeitiger Absprache im Rahmen einer naturkundlichen Führung zu betreten (Anmeldung beim Umweltamt des Landkreises Müritz in Waren, Herrn Rehm, ✆ 0 39 91/73 74 89).

Röbel

Das 6500-Einwohner-Städtchen Röbel liegt in einer Müritzbucht und kann natürlich auch einen **Hafen** vorweisen. Von den Parkbänkchen an der Müritzpromenade läßt sich gemütlich das Ankommen und Ablegen der Röbeler Fahrgastschiffe ›Sonnenschein‹ und ›Mecklenburg‹ beobachten. Ein Lustgewinn ist auch ein Spaziergang entlang dieser Uferpromenade. Wie bei einem Waldlehrpfad sind hier die wichtigsten Baumarten erklärt, und man kann auch an den Badestränden vorbeiflanieren.

Die Röbeler **Altstadt**, die sich hier unten am Wasser, zwischen Bin-

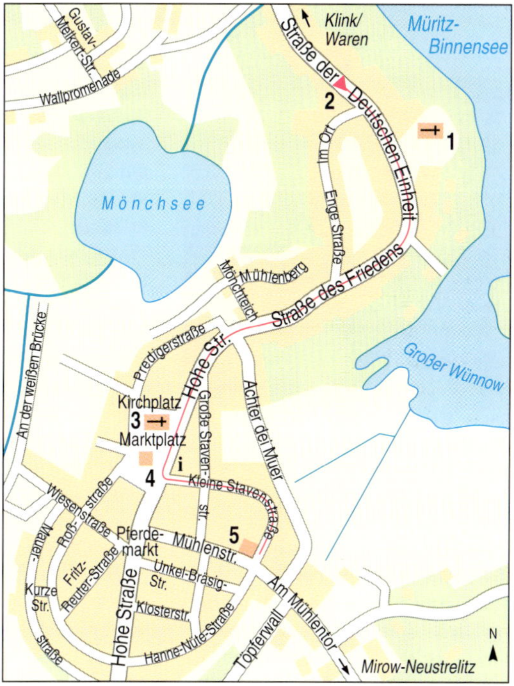

Röbel:
1 St. Marien
2 Wandmalerei
3 Nikolaikirche
4 Rathaus
5 Synagoge

nensee und Mönchteich, erstreckt, hat eine so charmante Ausstrahlung, daß man gar nicht versteht, wieso die Röbeler auf die Frage, woher sie denn kämen, früher traditionell mit dem Spruch antworteten: »Nähmt mi nich öbel, denn ick kom ut Röwel.« Der Stadtkern wurde um 1200 unter dem Namen Alt-Röbel gegründet. Er geht ursprünglich auf eine slawische Dorfgründung zurück.

Im Zentrum der Altstadt erhebt sich auf einer Anhöhe die Pfarrkirche **St. Marien** (1). Das dreischiffige Backsteingotteshaus wurde etwa 1250 begonnen und ist eine der frühesten Hallenkirchen Mecklenburgs. Der reiche Blenddekor der Giebel und das farbig geschmückte Portal mit seinen Blattkapitellen, Zierfriesen und schwarz glasierten Steinen ist ein schönes Zeugnis der norddeutschen Backsteingotik. Auch der Innenraum hat eine warme und helle Ausstrahlung. Das tief herabgezogene Kreuzrippengewölbe im Chor und in der Sakristei sowie das Sterngewölbe im Mittelschiff bringen die

Röbel, Marienkirche

filigranen Schnitzereien des neugotischen Gestühls und der Kanzel angenehm zur Geltung. Das Altargemälde thematisiert das Abendmahl. Es ist ein Werk des Dresdener Historienmalers Gaston Lenthe (1805–60), der in Ludwigslust als Zeichenlehrer der Prinzessin Helene wirkte und in seinen letzten 22 Lebensjahren als Schweriner Hofmaler zahlreiche mecklenburgische Kirchen mit seinen Altarbildern ausstattete. Die kreisrunde Anordnung der Findlinge im Kirchgarten ist kein slawisches Relikt, sondern die nachträgliche Inszenierung eines Pastors aus den 30er Jahren. Die Steine sollen daran erinnern, daß die Anhöhe vermutlich schon als heidnische Kultstätte des Gottes Habal diente. Von der Plattform des Kirchturms hat man aus einer Höhe von 58 m einen weiten Rundblick über das schilfbewachsene Westufer der Müritz und die Wiesen und Weiden des Hinterlandes (Mai–Okt. tägl. 10–16 Uhr, bei verschlossener Pforte ist das Klopfen bei Kantor Drese oder Pastor Krause in der Straße der Einheit 14 erlaubt).

Am seitlichen Fachwerkgiebel des Bürgerhauses schräg gegenüber, in der Straße der Deutschen Einheit 47, fällt eine **Wandmalerei** (2) auf. Hier verewigte sich 1942 der Röbeler Maler und Illustrator Werner Schinko mit Szenen aus der Stadtgeschichte. Dargestellt sind das Röbeler Original Karl Lehmann, der einarmige Ausrufer mit der Glocke und die Zunftzeichen der ehemaligen Gewerke.

Die Gründung des Bauern- und Fischerstädtchens Alt-Röbel machte auf die Zünfte der Handwerker offensichtlich einen so attraktiven Eindruck, daß Töpfer, Schuhmacher und Weber nur wenige Jahre später landeinwärts die Stadt Neu-Röbel gründeten. An der Grenze zwischen Altstadt und Neustadt, vor allem in der Straße Achter dei Muer, sind noch Reste der ehemaligen **Stadtmauer** zu finden, die die Neustadt einst umschloß. 1714 brach eine dreitägige Sturmflut über Röbel herein und riß große Stücke aus der Mauer mit sich.

Historischer Kern von Neu-Röbel ist der **Marktplatz** (Wochenmarkt: Di, Do und Sa 7.30–14 Uhr). Erhabenster Bau am Markt ist die **Nikolaikirche** (3), 1280 als

Pfarrkirche der Neustadt erbaut. Sie gehörte damals sogar zu einem anderen Bistum. Eindrucksvoll sind die massiven, hintereinandergestellten Kuben: Turm, Langhaus, Chor und Sakristei. Der Innenraum dagegen wirkt gar nicht so groß. Das verputzte Kreuzgratgewölbe ist handbemalt und imitiert ein Backsteingemäuer durch weiße Linien auf rotem Grund. Das vierteilige Chorgestühl mit den Frauen- und Männerköpfen an den Seitensitzen wurde 1519 angefertigt. Schöne Schnitzarbeiten sind auch der Kanzelkorb und das neugotische Kirchgestühl (Mo–Fr 10.30–16.30, Sa 10.30–12.30 Uhr). Vor der Kirche wächst die **Friedenseiche**, ein mittlerweile erhabener Baum, den die Röbeler 1816 zur Erinnerung an die Gefallenen der Befreiungskriege (1813/14) gegen Napoleon pflanzten.

Um die Ecke steht das klassizistische **Rathaus** (4), das 1805 errichtet wurde, als der Vorgängerbau einem Großbrand zum Opfer fiel.

Der bekannte Schweriner Publizist Jürgen Borchert und der Fotograf Detlef Klose, die sich 1993 für den Verlag Haude & Spener aufmachten, den letzten Resten kaum noch vorhandener jüdischer Friedhöfe in Mecklenburg nachzuspüren, entdeckten die ehemalige **Synagoge** (5) in der Kleinen Stavenstraße 8. Das heute stark heruntergekommene und durch ein eisernes Rolltor verschandelte Fachwerkhäuschen liegt inmitten des Gewirrs enger Gassen und verwinkelter Höfchen der Neustadt. Das Haus wurde etwa 1830 errichtet und 1938 vermutlich an Privat verkauft, was u. a. wohl die Zerstörung verhindert hat. Leider wird das eingetragene Baudenkmal als schnöder Lagerschuppen mißbraucht.

Berühmtester Röbeler ist zur Zeit Berndt Seite, der amtierende Ministerpräsident Mecklenburg-Vorpommerns. Der besonnene und ruhige Mann stammt aus dem nahen Dorf Walow, wo er früher, bevor er als CDU-Landrat in die Politik einstieg, als Tierarzt arbeitete.

Information: Tourist-Information, Marktplatz 10, 17207 Röbel, ✆/Fax 03 99 31/5 06 51.

Hotels: Hotel Seelust ($$), Seebadstr. 33a, ✆ 58 30 und 5 92 67 (am Müritzufer, Konferenzräume, Sauna); Schloßhotel Fincken ($$), Hofstr. 11, 17209 Fincken, ✆ 03 99 22/7 50, Fax 7 51 31 (altes Schloß in ruhiger Lage an Park und See, Fahrrad- und Bootsverleih, Sauna, Fitneß); Müritzterrasse ($$), Str. der Deutschen Einheit 27, ✆ 5 01 64 und 27 38 (Hafennähe, Restaurant); Seestern ($$), Müritzpromenade, ✆ 5 92 94, Fax 5 92 95 (Seeterrasse, Restaurant, tierfreundliches Haus); Landgasthof Bollewick ($$), Spitzkuhner Str. 7, 17207 Bollewick, ✆ 5 09 07 (ruhige Waldrandlage). **Pensionen**: Zum Müritzer ($), Dorfstr. 27, 17298 Buchholz, ✆ 03 99 23/22 89 (ruhige Lage, Müritzblick, Restaurant, Etagen-WC); Zur Elde ($), Dorfstr., 17209 Fincken, ✆ 03 99 22/25 70; Müritzblick ($), Reitweg 6, 17207 Gotthun, ✆ 03 99 31/5 25 68 (Müritznähe, ruhig).

Camping: Campingplatz Pappelbucht, Seebadstr. 38a, ✆ 5 91 13, Fax 5 91 01 (direkt am Wasser, Restaurant und Kiosk).

Restaurants und Lokale: Zum Röbeler, Bahnhofstr., ✆ 5 10 12; Müritzanker, Kirchplatz 3, ✆ 5 26 88; Gaststätte am Burgberg, 17209 Wredenhagen, ✆ 03 99 25/24 62 (Schlachtfeste).

Veranstaltungen und Festivals: Juli: Badewannenregatta (1993 Eintrag in das Guiness-Buch der Rekorde!).

Aktivitäten: Angeln: Angelgeschäft Kretzschmar, Str. des Friedens 17, ✆ 5 53 73. **Baden**: Badeanstalt Seebadstraße. **Bootsverleih**: Stollschefski, Str. der Einheit 221, ✆ 23 17; Tokon Sports, Seeufer 7, 17207 Zielow, ✆ 03 99 23/20 11, Fax 20 12 (Kanu- und Kajakverleih, Segelschule, Motorbootführerschein). **Fahrrad- und Autovermietung**: Burau-Mobil, Lloydstr. 2b, am Bahnhof, ✆ 73 25 50, Fax 16 80 32. **Schiffsfahrten**: Müritz Fahrgastschifffahrt, Am Hafen, ✆/Fax 28 97.

Tip: Der Schönwetterhit: Restaurant und Hotel Seglerheim ($$), Müritzpromenade 11, ✆ 5 91 81 oder ✆/Fax 5 92 06 (herrlich gelegenes, ins Wasser hinausgebautes, reetgedecktes Landgasthaus mit Terrasse, empfehlenswerte Fischküche).

Klink

Nächste Station auf der Tour rund um die Müritz ist Klink. Der Ort liegt dort, wo Müritz und Kölpinsee fast aneinandergrenzen, auf einem schmalen Landstreifen zwischen beiden Seen. Schon seit den 70er Jahren war Klink das größte Ferienzentrum an der Müritz. Dazu gehört auch die etwas abgetrennt gelegene Urlaubersiedlung im Süden des Ortes mit dem 1974 errichteten **Müritz-Hotel**, einem wahren Prachtklotz sozialistischer Gigantomanie, der nicht nur aufgrund seiner hellgelben und silbrigen Farbe wie ein Fremdkörper in die grün-braunen Naturtöne der Landschaft sticht. Mittlerweile ist das Hotel komfortabel umgebaut und vor allem während der Sommermonate wegen der gelegentlich noch herrschenden Bettenknappheit immer gut besucht. Auf dem gleichen Gelände entsteht in nächster Zeit die **Müritz-Klinik**, ein riesiges Reha-Zentrum zur Heilung internistischer Erkrankungen und eine von insgesamt 50 neuen Reha-Kliniken, die allein in Mecklenburg neu entstehen.

Im Ort direkt am Müritzufer steht das elegante **Schloß Klink**, das eine interessante Geschichte aufweisen kann. 1898 wurde es von dem Architekten Hans Grisebach (1848–1904) angeblich für den Wiener Arzt und Schriftsteller Arthur Schnitzler (1862–1931) erbaut. Die beiden hatten sich Anfang der 70er Jahre in Wien kennengelernt. Grisebach gilt als einer der herausragenden Vertreter des Neo-Renaissancestils. Nicht umsonst ist die Ähnlichkeit von

Schloß Klink mit den Schlössern der Loire oft benannt worden, die runden Ecktürme und die Erkerausbauten jedenfalls erinnern sehr daran, während der reiche gotisierende Baudekor aus Terrakotta den Stil mecklenburgischer Residenzen aufweist. Grisebach vermochte die historischen Vorgaben mit großer Freiheit zu handhaben und ihre Formen auf phantasievolle Weise neu zu verwenden. Zu Honeckers Zeiten residierte hier ein Erholungsheim. Von dem ursprünglich reichen Interieur ist durch die Fremdnutzung leider nichts erhalten geblieben. Der Zustand der einst so stolzen Anlage ist erbarmungswürdig. Die Eigentümer, so ist in Klink zu hören, planen einen Umbau zum Hotel. Momentan nutzen die Urlauber noch das Parkgelände hinter dem Schloß als Badestrand, denn das Gebäude steht unmittelbar am Müritzufer.

An der Auffahrt zum Klinker Schloß passiert man das **Backsteinkirchlein**, das sich die Eheleute Jacob Ernst von Holstein und Elisabeth Sophia von Bülow 1736 erbauten. Ende des 19. Jh. bauten die Nachkommen eine niedrige Familiengruft an. Die Wappen der von Holstein und Bülow, einer weitverzweigten Mecklenburger Familie mit Stammsitz auf Schloß Plüschow bei Grevesmühlen nahe Wismar, zeigt die fein reliefierte Sandsteinkartusche über dem Südportal (Gottesdienst So 10 Uhr).

Hotels: Müritz-Hotel ($$), 17192 Klink, ✆ 03991/141855/56/57, Fax 14 17 94 (modernisierter Komplex direkt am See, Tagungsräume, Sauna, Schwimmhalle, Physiotherapie); Sembziner Hof ($$), Dorfstr., 17192 Sembzin, ✆ 73 32 02, Fax 73 32 04. **Privatquartiere**: Klinker Zimmer- und Appartementvermittlung, c/o Carola Fräck, Müritzstr. 26, 17192 Klink, ✆ 0 39 91/ 12 02 10, Fax 16 80 87.

Aktivitäten: Bootsverleih: Sun Sailing Müritz, Schulstr. 7, ✆/Fax 12 29 91 (Segelyachten und -boote). **Tauchen**: Kursanmeldung im Müritz-Hotel.

Schloß Klink

Sechs Routen

Die großen Seen zwischen Malchow und Plau

Das nordwestliche Seengebiet

Die Kleinmecklenburger Seenplatte

Feldberger Seenlandschaft

Zwischen Neubrandenburg und Neustrelitz

Streifzüge durch die Mecklenburgische Schweiz

Auf dem Carwitzer See

Route 1: Die großen Seen zwischen Malchow und Plau

Karte in der vorderen Umschlagklappe

Durch das Land der leuchtend roten Klatschmohnfelder und des wogenden Korns, vorbei an Kloster Malchow und Bad Stuer, wo ›Fritze‹ Reuter einst seine Wasserkuren absolvierte. In einer Tour um die vier großen Seen, den Plauer See, den Malchower See, den Fleesensee und den Kölpinsee.

Von Malchow nach Bad Stuer

Ab Malchow wird es schon fast ein bißchen unübersichtlich – Wasser, Wasser, wohin man schaut! Da hilft nur ein Blick auf die Karte: Die Gegend zwischen Malchow und Plau gehört zu einer über 200 km² großen Wasserfläche, den Mecklenburger Oberseen, einer weitverzweigten Landschaft mit Seen, Kanälen und Flüssen, deren westliche Grenze die Schleuse in Plau darstellt. Überall gegenwärtig ist die Elde, die von der Müritz kommt und auf ihrem Weg zur Elbe den Kölpin-, den Fleesen-, den Malchower und den Plauer See durchfließt.

Sonnenaufgang am Fleesensee

Malchow

Wegen seiner einmaligen Lage zwischen dem Fleesen-, dem Malchower und dem Plauer See wird Malchow mitunter liebevoll als ›Perle der Seenplatte‹ bezeichnet. In der Mitte liegt die malerische Altstadt auf einer kleinen Insel, die dann 1846 über einen Damm und eine Drehbrücke nach West und Ost mit den Ortsteilen Kloster, La-

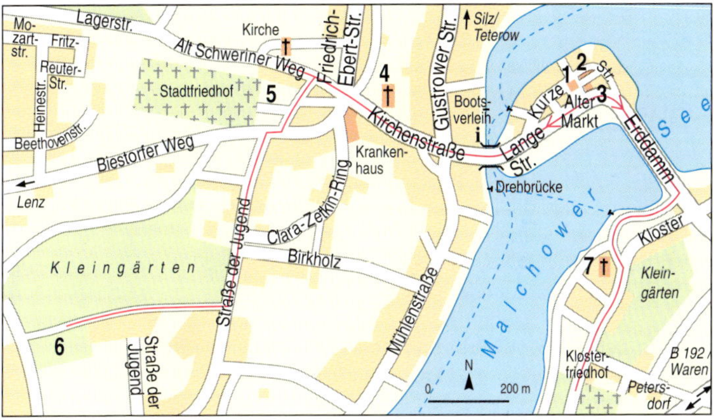

Malchow: 1 Fachwerk-Rathaus 2 Amtsgerichtsgebäude 3 Standesamt 4 Stadtkirche 5 Jüdischer Friedhof 6 Blütengarten 7 Nonnenkloster

schendorf, Biestorf und Lenz auf dem Festland verbunden wurde. 1235 wurde Malchow erstmals urkundlich erwähnt, als es das Schwerinsche Stadtrecht erhielt. Heute leben hier 8000 Einwohner.

Als Haupterwerbszweig bildet sich immer deutlicher der Fremdenverkehr heraus. Malchow kann aber auch – und das ist selten im Raum der Seenplatte – auf eine gewisse industrielle Größe zurückblicken! Die günstige Lage am Wasser förderte im 19. Jh. die Ansiedlung einer Tuchmacherei und Färberei. Die Produktion war so erfolgreich, daß Malchow fortan den Spitznamen ›Mecklenburgisches Manchester‹ führte. Noch heute stehen die heruntergekommenen Fabrikhallen am Ufer des Malchower Sees. Die verblichenen Lettern der Tuchfabrik Malchow VEB prangen zwar noch an der Fassade, doch das Tuchmacherhandwerk ist in Malchow so gut wie ausgestorben. Die Fabrik steht leer und soll in Zukunft zu Sozialwohnungen umgebaut werden.

Ältester Teil der Stadt ist die Gegend um den **Marktplatz** auf der Insel. Hier entstanden im frühen Mittelalter die ersten Häuser. Die Front des Marktplatzes bildet das hübsche **Fachwerk-Rathaus** (1) aus dem 18. Jh., heute Stadthaus genannt. Ein niedriger Dreiecksgiebel mit dem Stadtwappen betont den Eingang. Nebenan steht das auffällige **Amtsgerichtsgebäude** (2), ein 1880 errichteter Backsteinbau mit dem Wappen des Großherzogs von

Schwerin im Giebel und einer schönen Skulptur der Justitia in der Seitenwandnische. Auf der anderen Seite des Marktplatzes liegt das **Standesamt** (3), dessen Fassade der Malchower Grafiker Dittner mit dem weisen Spruch auf Platt versah: »Hochtitdag, du lustig büst, de annern Dag, du Sorgen mööst.«

Mit der Zeit wurde die Insel zu klein für die wachsende Bürgerschar, und so entstanden ab 1723 erste Bauten auf dem westlich gelegenen Festland. Auf einem Hügel in der Kirchenstraße erhebt sich die evangelisch-lutherische **Stadtkirche** (4), anno 1873 von Georg Daniel (1829–1911), dem Schweriner Baukondukteur, im neugotischen Stil errichtet. Durch die verschiedenartig gewölbten Holzdecken erhält der Innenraum eine angenehm warme Ausstrahlung (Mo–Sa 10–17 Uhr, Gottesdienst So 10 Uhr).

Wer die Kirchenstraße und schließlich den Alt Schweriner Weg entlangläuft, vorbei an der Freiwilligen Feuerwehr und etlichen Garagenschuppen, gelangt an den Malchower Stadtfriedhof. In dem Wäldchen links daneben liegt versteckt und ziemlich überwuchert der **Jüdische Friedhof** (5). Der bislang fehlende Zaun wurde kürzlich von der Stadt durch eine neue Ziegelmauer ersetzt. Im Halbschatten der Linden und Kastanien findet sich nur noch ein einziges, biedermeierlich geformtes Doppelgrabmonument von Friderike und Hermann Schlomann; die beiden sollen im November 1938 aus Malchow deportiert worden sein. Eine praktizierende jüdische Gemeinde gibt es heute nicht mehr.

Südlich der Kleingärten, in der Siedlung Neue Heimat, befindet sich der **Blütengarten** (6). Die Bezeichnung Botanischer Garten ist mit einem Augenzwinkern zu bedenken, denn hier hat sich Familie Bargfried, begeisterte Amateure der Gartenkunst, ein wunderschönes Refugium geschaffen, das nicht systematisch nach Abteilungen geordnet ist, sondern viele kleine Sammlungen seltener einheimischer Blumen, Gräser, Kräuter und Stauden führt. Das ganze Jahr hindurch kann man sich auf dem 1 ha großen Gelände immer an dem er-

Turmuhr der Malchower Klosterkirche

Kloster Malchow

freuen, was gerade blüht. Außerdem kann man sich Beratung für einen ganzjährig blühenden Garten holen oder einen Ableger für die eigene Sammlung zu Hause erstehen (Führung Di 10 Uhr sowie nach telefonischer Vereinbarung, ✆ 03 99 32/1 27 54).

Am gegenüberliegenden Ufer des Malchower Sees liegt das einstige **Nonnenkloster Malchow** (7), der Hauptanziehungspunkt für Besucher. Vom Wasser und zu Lande grüßt schon von weitem der auffallend schlanke und filigrane Backsteinturm der Klosterkirche. Über Jahrhunderte wurde die Geschichte des Klosters von Frauen bestimmt. 1298 als Büßerinnenkloster gegründet, wurde es später in ein Zisterzienserinnenkloster umgewandelt und fungierte ab 1572 als Damenstift der mecklenburgischen Landstände. Hier wußten die Adeligen ihre unverheirateten Töchter in bester Obhut, und wenn die Tochter gar zur Äbtissin aufstieg, konnte die Familie Einfluß auf die Landespolitik nehmen; denn wie man im ›Stechlin‹ bei Fontane nachlesen kann, spielten Klöster auch im 18. und 19. Jh. noch eine gewichtige Rolle.

Von den ursprünglichen mittelalterlichen Gebäuden hat sich in Malchow nichts erhalten. So wie die Stadtkirche erhielt auch die Klosterkirche nach einem Brand im Jahr 1888 ihr heutiges Aussehen von dem Baumeister Georg Daniel.

Die Pläne zu dieser Anlage lieferte jedoch bereits 1849 der mecklenburgische Oberbaurat und Schinkel-Schüler Friedrich Wilhelm Buttel. Aus der Zeit nach dem Brand stammt auch die reiche Ausstattung der Klosterkirche. Etwas Besonderes, weil einmalig im gesamten norddeutschen Raum, sind die fünf Apostelfenster im Chor und im Querhaus, eine Innsbrucker Glasmalerei. Das Altarbild von Karl Andreae (1823–86), der damals als Mitglied der Düsseldorfer Malerschule auf dem Gebiet der Kirchenmalerei einen weitreichenden Namen hatte, zeigt die Kreuzigungsszene. Von den ehemals vier unterlebensgroßen Holzskulpturen, die auf Konsolen zwischen den Fenstern standen, sind nur noch Luther, Melanchthon und der Bischof erhalten, der Diakon fehlt. Die Figuren sollen an der Evangelisierung des Klosters durch die Reformation erinnern (Mo–Fr 10–12 und 14–17, So 11–12 Uhr, in den Sommermonaten Mi oder Fr häufig Orgelkonzerte).

Neben der Klosterkirche finden sich als Dreiflügelanlage gruppierte Wohngebäude des ehemaligen Damenstifts aus dem 18. und 19. Jh., die heute als Privatwohnungen dienen. Wer ein wenig Zeit hat, kann einen kleinen Spaziergang auf der Uferpromenade am Malchower See machen. Etwas weiter hinaus liegt links an der Klosterkirche der kleine Klosterfriedhof mit zahlreichen Gräbern der Nonnen.

Information: Verkehrsverein Malchow e. V., Kirchenstr. 2 (an der Drehbrücke), 17213 Malchow, ✆/Fax 03 99 32/8 31 86.

Hotels: Hotel am Fleesensee ($$–$$$), Strandstr. 4a, ✆ 16 30, Fax 1 63 10 (hell und behaglich eingerichtet, am Seeufer, nahe Badestrand und Seglerhafen, Restaurant); Zur Schmiede ($$), Malchower Str. 6a, 17213 Roez, ✆ 03 99 32/1 33 15, Fax 1 33 19 (nettes, kleines Motel, Restaurant); Die Arche ($), Lenzer Weg/Ausbau 7, 17209 Zislow, ✆ 03 99 24/25 66, Fax 25 97 (Landhaus, Vollwertmenüs, Kneippanwendungen, Gesundheitszentrum). **Pensionen**: Pension Petersdorf ($$), Petersdorf Nr. 13, 17213 Adamshoffnung, ✆/Fax 03 99 32/1 43 37 (in Wald- und Seenähe, altdeutsch-rustikales Interieur); Pension Am See ($$), Güstrower Str. 11, ✆ 1 41 45 (gutbürgerlich-zweckmäßig, Restaurant, Biergarten).

Camping: Naturcampingplatz Malchow, ✆ 4 99 07 oder 8 15 94, Fax: 4 99 08 (von Wald umgeben, am Ostufer Plauer See, moderne Sanitäranlagen, Fahrrad- und Bootsvermietung); Naturcamping Zwei Seen, 17209 Zislow, ✆ 03 99 24/25 59 (Ostufer Plauer See).

Tip: Hotel Schloß Blücher ($$$–L$$$), 17213 Göhren-Lebbin, ✆ 03 99 32/1 75, Fax 1 79 99 (gediegene Schloßromantik auf dem Lande, ideal für große Gesellschaften, stilvolles Restaurant, vom Gault Millau mit einem Kochhut bedachte Küche).

Restaurants und Lokale: Alt Malchow, Güstrower Str. 13, ✆ 3 37 (rustikale Ausflugsgaststätte, Biergarten, Hotelzimmer); Spiegelei, Güstrower Str.

43, ✆ 1 25 76 (Biergaststätte mit Hausmannskost).

Veranstaltungen und Festivals: Juni–September: Sommer-Konzertreihe in der Klosterkirche. Juli: Malchower Volksfest (Festumzug, Markt, Bootskorso, Feuerwerk und bunte Veranstaltungen, erstes Wochenende). August: Internationales Dampfmodellbauer-Treffen (Ausstellung und öffentlicher Fahrbetrieb); Biker-Party (bundesweites Treffen der AWO- und Harley-Davidson-Fans, letztes Wochenende).

Aktivitäten: Angeln: Angelgeschäft Thomas, Langestr. 11, ✆ 6 62. **Baden**: Strandbad am Westufer des Fleesensees, Strandstr. **Bootsverleih**: Bootsbaumeister Thiele, Theodor-Storm-Str. 20, ✆ 8 32 05 (Segelhafen am Fleesensee); Joachim Goldenbaum, Mühlenstr. 57, ✆ 2 12 (Wochenendkurse zum Sportbootführerschein Binnen/Motor). **Fahrradverleih**: Fahrrad Schulze, Kirchenstr. 9, ✆ 5 84. **Reiten**: Malchower Reiterhof, am Kloster Malchow, ✆ 81 89; Reitergut Suckow, Landstr. 9, 17209 Suckow, ✆ 03 99 24/25 64 und 22 24 (Boxen, Ferienwohnungen, Kutsch- und Planwagenfahrten); Reit- und Fahrtouristik Bernd Drephal, Platz der Freiheit 5, ✆ 1 43 20. **Schiffstouren**: Malchower Schiffahrtsgesellschaft, Kirchenstr. 3, ✆/Fax 8 32 56 (tägl. Rundfahrten ab Drehbrücke über Seen und Kanäle der Umgebung). **Wandern**: Ausgeschilderte Wanderwege führen zu Ausflugszielen in der Umgebung.

Ein gernbesuchtes Ausflugsziel in der Umgebung von Malchow ist das **Agrarhistorische Museum in Alt Schwerin**. Besonders für Besucher, die mehr über die Geschichte und Entwicklung der Landwirtschaft in Mecklenburg-Vorpommern wissen wollen, ist dieses Städtchen am Nordufer des Plauer Sees interessant. Als einziges Museum in Deutschland bezieht das großzügig angelegte Freilichtmuseum das ganze Dorf in seine Ausstellung mit ein (April und Okt. Di–So 10–17 Uhr, Mai–Sept. tägl. 10–17 Uhr, ✆ 03 99 32/4 99 18, Fax 4 99 17). Die Ausstellung im Haupthaus in der Dorfstraße 21 vermittelt in zehn Räumen einen

Bauernstube im Agrarhistorischen Museum zu Alt Schwerin

Überblick über die 5000jährige Landnutzungs-, Produktions- und Sozialgeschichte des Gebietes. Besonderes Hauptaugenmerk gilt dabei der ritterschaftlichen Zeit des 18. und 19. Jh. sowie der DDR-Zeit. Jeden Freitag wird im Steinofen des Museumsgartens für die Besucher frisches Brot gebacken, und an bestimmten Aktionstagen werden alte Handwerke vorgeführt.

Es ist schon etwas Besonderes, daß hier in Alt Schwerin noch eine typisch mecklenburgische Gutsanlage, weitgehend im Originalzustand mit fast allen Gewerken und Nebenwohnungen, erhalten ist. So sind im ganzen Dorf verschiedene Außenobjekte zu besichtigen, die vom Leben und Arbeiten der Landwirte zeugen: Dazu gehören eine Tagelöhnerkate von 1860 und das sogenannte Holzpantinengymnasium, eine kleine einklassige Dorfschule von 1910, außerdem ein komplett eingerichtetes Neubauerngehöft von 1950 und schließlich die Wohnung eines Genossenschaftsbauern zu Beginn der 60er Jahre. Technikfans werden ihre Freude an der Traktorensammlung und den dampfbetriebenen Pfluglokomotiven haben. Im Gutshaus hat heute ein Altersheim seinen Sitz. Das prachtvolle schmiedeeiserne Eingangstor, das 1880 in Frankfurt/Oder angefertigt wurde, gewann sogar 1893 auf der Weltausstellung in Chicago einen Preis für herausragendes handwerkliches Können. Zur Gartenseite erstreckt sich ein schöner Landschaftspark mit einem kleinen See.

Camping: Camping am See, Karower Chaussee, 17214 Alt Schwerin, ✆ 03 99 32/4 20 73 (Nordufer Plauer See); FKK-Naturcamping Werder, Kastanienallee, Alt Schwerin, ✆ 4 99 07 oder 4 20 73 (auf der Halbinsel Plauer Werder, auch Vermittlung von Privatquartieren im Dorf).

Veranstaltungen und Festivals: August: Dampfkräfte in Mecklenburg (Sonderausstellung parallel zum Internationalen Dampfmodellbauer-Treffen in Malchow); September: Oldtimer-Traktorentreffen.

Tip: Frischen und geräucherten Fisch gibt es in der Fischerei in Alt Schwerin an der Anlegestelle für Fahrgastschiffe (mit Gaststättenbetrieb), in der Forellenanlage in Nossentin und im Fischereistützpunkt am Wisentgehege in Damerow.

Von Malchow führt eine Straße nach Südwesten über die A19 Rostock-Berlin und über Adamshoffnung in das Örtchen Zislow. Die Strecke verläuft auf schmaler, asphaltierter Straße durch eine abwechslungsreiche Wald- und Wiesenlandschaft und eignet sich besonders gut für eine Fahrradtour. Sehenswert ist in **Zislow** die niedliche Fachwerkkirche unten am Plauer See mit ihrem außenstehenden Holzglockenstuhl. Von innen ist der frisch restaurierte Kirchenraum überraschend weiträumig und aufgrund der natürlichen Baumaterialien wie Backstein und

Holz außerordentlich gemütlich. Das Ensemble ist von einem klitzekleinen Friedhof umgeben, auf dem im Sommer Freiluftkonzerte stattfinden. Die Gemeinde ist aktiv; während der Saison finden in der Kirche regelmäßig Ausstellungen und Diavorträge statt, außerdem werden an bestimmten Wochentagen Gutenachtgeschichten für Kinder gelesen.

3 km hinter Suckow stoßen wir auf die B198, die wir nach links Richtung Stuer und Röbel fahren. Viele Reiseführer meinen Stuer, wenn sie Bad Stuer empfehlen, und umgekehrt. Es ist jedoch wichtig, hier genau zu unterscheiden, da man sonst einige Sehenswürdigkeiten nicht findet.

Stuer, Dorfkirche

Stuer

Gleich am Eingang von Stuer steht die **Dorfkirche**, ein ausgesprochen hübscher und liebevoll restaurierter, barocker Fachwerkbau von 1750. An der Westwand rankt ein 60 Jahre alter Efeustamm empor und gibt dem Ganzen eine romantische Note. Die Stuerer Dorfkirche ist eine der letzten Ständerkirchen, die es in Mecklenburg überhaupt noch gibt. Innen hält ein Mittelständer aus Holz die Flachbalkendecke im Lot. Von der Einrichtung stammen das Gestühl und die Loggien mit ihrem schönen Wappenschmuck derer von Flotow noch aus der Erbauungszeit. Die Flotows waren ein mächtiges Adelsgeschlecht, das ein eigenes Heer stellen konnte und dem ganze Güter zwischen Malchow und Plau gehörten. Nachfahren dieser Rittersfamilie liegen auf dem Friedhof begraben. An den Kirchwänden hängen weitere 65 Wappen, gestiftet von Paaren, die hier geheiratet haben. Außerdem birgt die Kirche einen wertvollen Schnitzaltar aus der Zeit um 1500, der vermutlich vom Meister des Güstrower Domaltars stammt. Die äußere Kirchentür ist ständig geöffnet. Wen der Blick durch die innere Glastür nicht befriedigt, kann gern bei Pfarrer Kasch im Backsteinhaus schräg gegenüber klingeln (✆ 03 99 24/22 32).

Das Innenleben der Stuerer Dorfkirche

Zwischen Stuer und Stuer Vorwerk befinden sich die Überreste einer mittelalterlichen **Wasserburgruine**, des Stammsitzes der Flotows. Dazu fährt man 1 km weiter in Richtung Röbel, biegt in Stuer Vorwerk links in die Dorfstraße ein, fährt immer geradeaus, den Waldweg entlang, bis es nicht mehr geht, und läuft die restlichen Meter zu Fuß. Die einzelnen Gebäudekompartimente, wie die Vorburg und die fast quadratische Hauptburg, sind noch im Boden erkennbar. In der Mitte des Burghofs stehen noch Backsteinreste des einstigen Wohnturms. Was mit der Burg passiert, ist noch nicht geklärt; es ist davon die Rede, hier eine Heimatstube einzurichten.

Von der Burg hört man schon die Kraniche trompeten (am besten in der Morgendämmerung!), die in einem 50 ha großen Hochmoor, den **Stuerschen Torfstichen**, nisten. Diese Großvögel kommen Anfang März und ziehen Ende September wieder in den Süden. Außerdem ist das Gebiet für seine reiche Anzahl von Kreuzottern bekannt. Das Moor wurde zum Naturschutzgebiet erklärt, das nur mit einer naturkundlichen Führung besucht werden darf.

Die Tour wird wieder über die B198 zurück Richtung Plau fortgesetzt. Nach etwa 2 km führt rechts in Höhe der Bushaltestelle eine schmale Straße nach Bad Stuer.

Bad Stuer

Am südlichen Zipfel des Plauer Sees, umrahmt von Buchenwäldern, Tälern und Wasserquellen, liegt Bad Stuer. Den Bädertitel trägt der Ort seit 1842. Zu dieser Zeit nämlich entdeckte der Naturarzt Heinrich Francke die idealen Bedingungen der Landschaft um Stuer für ein **Wasserheilbad**. Bis zur Jahrhundertwende wurde in dem alten Sanatorium, das leider vor einigen Jahren abgerissen wurde, getrunken, geschwitzt und geplanscht. Einer der prominentesten Patienten war der Mundartdichter Fritz Reuter, der hier im Winter 1847/48 Aufenthalt nahm, weil er hoffte, von seinem Alkoholismus geheilt zu werden. In seinen Briefen an den Freund Fritz Peters zeigt sich, daß man ihm die gute Laune nicht wegzuwaschen vermochte: »Mein ganzer Lebenslauf ist Wasser, ich werde damit begossen wie ein Pudel, werde darin ersäuft wie junge Katzen, sitze darin wie ein Frosch und saufe es wie ein Ochs … noch

Villa Seeufer 17 in Bad Stuer

hat mich die Kälte nicht eingeschrumpft. Soviel also von mir, der ich sehr wohl und gesund bin.« In dem Roman ›Ut mine Stromtid‹ legt Reuter später dem Unkel Bräsig seine eigenen Erfahrungen in den Mund. Gegenüber einem Freund stöhnt er: »Hör mal, Korl! Naßkolt, waterig, kläterig – süh, das's gar nichts dagegen. Sie machen den Menschen rein zu 'ne Pogg (Frosch).« In dem Bäderhaus, in dem wohl auch Reuter behandelt wurde, war zu DDR-Zeiten ein Kinderferienlager untergebracht.

Momentan lebt Bad Stuer mehr von seiner interessanten Geschichte als von tatsächlichen Sehenswürdigkeiten. Das Konzept des Amtes für offene Vermögensfragen sieht vor, den Ort im Ganzen an einen Großinvestor zu verkaufen, der die Tradition wiederbeleben kann.

Während des zweiten Aufenthaltes im Winter 1868/69 logierte Reuter privat im Wohnhaus des Heilpraktikers Gustav Bardey, dem **Haus Seeblick (Seeufer 11)**. Bardey war eigentlich gelernter Gärtner, der sich nebenbei sehr für das Kneippsche Kurverfahren interessierte und derartige Anwendungen allmählich etablierte, nachdem dazu geeignete Wasserquellen in Bad Stuer entdeckt worden waren. Heute ist von der einst prächtigen Villa nicht viel übriggeblieben. Der Garten ist verwildert, eine häßliche Veranda verdirbt den Anblick, der mächtige Schornstein sowie die Plastiktüren und -fenster passen nicht zum Stil des Hauses.

Die benachbarte **Villa (Seeufer 10)** hatte sich der Sohn Hans Bardey, später leitender Kurarzt von Bad Stuer, 1896 anläßlich seiner Hochzeit errichtet. Noch heute leben Nachfahren der Familie ganz in der Nähe. Die gegenüberliegende **Villa (Seeufer 17)**, ein auffallend prachtvolles Haus mit reichem Schnitzwerk im russischen Stil, hatte der Zahnarzt Sührsen 1904 für sich und seine russische Frau als Sommerhaus gekauft. Sührsen war ein Freund Bardeys, der nach der Gründung des Deutschen Reiches im Jahr 1871 mit Erfindung und Vertrieb der ersten Prothesen viel Geld verdient hatte.

Bevor man die Villen erreicht, passiert man die Gaststätte ›Schweig mir von Rom‹, neben der ein dreiminütiger Fußweg zum **Tal der Eisvögel** ausgeschildert ist. Hier brüten Tausende der kleinen, blau gefiederten Vögel in einer hohen Lehmwand. Unten fließt ein Bach, und dies ist wichtig, denn das Überleben der Eisvögel ist an gute Brutmöglichkeiten und reichen Fischbestand gebunden.

Unterkunft: Stuersche Hintermühle ($$$), Seeufer 6, 17209 Bad Stuer, ✆ 03 99 24/22 33, Fax 23 44 (außerordentlich nette Lage am Mühlenteich und am Plauer See, Restaurant, Sauna, Fahrrad- und Bootsverleih); Pension Storchennest ($$), Plauer Str. 1, 19395 Wendisch Priborn, ✆/Fax 03 87 37/2 04 33.

Im Plauer Ortsteil **Silbermühle** biegt die Straße Richtung Plau ab. Um die Jahrhundertwende stand hier eines der ersten großen Kurhäuser. In der ehemaligen Silbermühle gab es bis 1992 eine Pelztierfarm.

Plau

Der staatlich anerkannte Erholungsort Plau kann auf eine einhundertjährige Tradition als beliebter Ferienort für erholungsbedürftige Menschen zurückblicken. Kaum war das Städtchen zur Jahrhundertwende an die Eisenbahnlinie Berlin-Rostock angeschlossen, entstanden auch schon die ersten Sommerhäuser, Pensionen und Kurhotels. Nach 1945 dienten die großen Häuser dem Gewerkschaftsbund als Ferienheime. Mittlerweile sind sie alle wieder in privater Hand.

Die slawische Herkunft des Namens Plau deutet schon die landschaftliche Lage am See an, denn *plawen* heißt Flößort. Die Ufer des Plauer Sees sind bewaldet, leicht hügelig und von breiten Schilfgürteln gesäumt. Der Plauer See ist der fünftgrößte See Deutschlands. Direkt bei Plau tritt die Elde, von der Müritz kommend, aus dem See aus und fließt weiter über Lübz und Parchim nach Schwerin.

Im 19. Jh. erlebte auch Plau seine industrielle Revolution. 1830

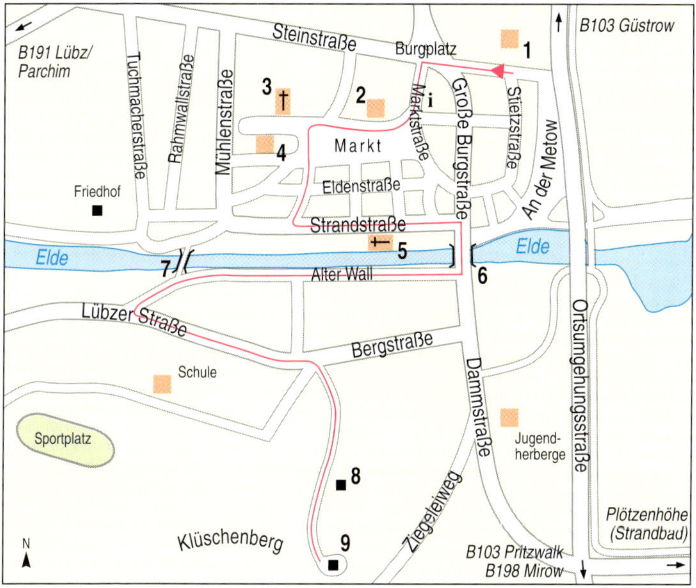

Plau am See: 1 Burgfried 2 Rathaus 3 evangelische Stadtkirche 4 Wandschneider-Museum 5 katholische Kirche (einstige Synagoge) 6 Hubbrücke 7 Hühnerleiter 8 Jüdischer Friedhof 9 Wasserturm

entstand die erste Tuchfabrik, zehn Jahre später kam die Maschinenfabrik Ernst Albans dazu, danach eine zweite Tuchfabrik, eine Stärkefabrik, ein Elektrizitätswerk, zwei Ziegeleien – und unversehens war Plau die größte Industriestadt Mecklenburgs!

Das alte Zentrum von Plau markiert der starke, runde **Burgfried** (1) auf einer aufgeschütteten Insel. Der frühere Wassergraben dient den Plauern heute als Parkanlage zum Frisbeespielen. Vom 11 m tiefen Kellerverlies bis ins zweite Stockwerk kann man den Backsteinturm hinaufgehen. Durch die Fensterchen der Aussichtsplattform im dritten Geschoß hat man einen herrlichen Blick in alle Himmelsrichtungen des Plauer Umlands. Diese strategisch günstige Lage spielte natürlich in der langen Geschichte der Burg eine wichtige Rolle, wie das Heimatkundliche Kabinett im Burgturm zeigt (April–Mai Di, Fr 10–12.30, 14–16, feiertags 10–12.30 Uhr, Juni–17. Sept.

Schnaufendes Ungetüm auf Plauer See gesichtet

Die Geschichte vom Schaufelraddampfer Alban

1841 erfand der Pfarrerssohn Ernst Alban (1791–1856) in Plau die erste Hochdruckdampfmaschine – eine Weltsensation war geboren. Der studierte Mediziner liebte die Technik und tüftelte, konstruierte und probierte so lange herum, bis »dat jroße schwarze Loch« mit dem vielen Eisengerät drumherum, wie eine »Dampfmaschine« später in dem Heinz-Rühmann-Film ›Die Feuerzangenbowle‹ erklärt wurde, funktionierte. Alban besaß eine Eisengießerei in Plau und fabrizierte die notwendigen Maschinenteile selbst. Schließlich konnte der Schaufelraddampfer Alban als erstes europäisches Personenschiff für Binnengewässer in die Fluten des Plauer Sees und der Müritz eintauchen. Zwischen Bad Stuer, Malchow, Waren und Röbel transportierte er fortan die Menschen und zuweilen auch Frachtgut. Dampfend und schnaufend durchpflügte das große Schaufelrad die Wellen – dann kam die große Krise, denn eigentlich war den Mecklenburgern dieses Ungetüm doch unheimlich, und sie stiegen wieder auf ihren altbewährten Pferdekarren um. Die Alban geriet in die roten Zahlen und mußte verkauft werden.

Heute ist Ernst Alban Ehrenbürger von Plau, und ein modernes Fahrgastschiff trägt wieder seinen Namen über alle Gewässer. Sogar das Historische Museum in München stellt eine seiner Dampfmaschinen aus. Albans Grabstein, eine schöne neugotische Eisenstele aus seiner Fabrik, findet sich auf dem Städtischen Friedhof.

10–12.30, 14–16 Uhr, 18. Sept.–Okt. Di, Fr 10–12.30, 14–16 Uhr). Schon 1287 hatte Landesfürst Heinrich Borwin I. auf dem heutigen Burgwall ein bescheidenes Schloß errichtet, das Herzog Heinrich 1550 in eine wehrhafte Festung mit immerhin 3 m dicken Wänden umbauen ließ. Die starke Umwallung der Burganlage mußte vor allem im Dreißigjährigen Krieg häufigen Belagerungen widerstehen. 1660, als modernere Waffentechniken Einzug hielten, nutzte sie niemandem mehr und wurde geschliffen; einige Reste der alten Burgmauer schließen noch heute an den Turm an. Im 19. Jh. hat man ihm schließlich die Zinnen abgetragen und das Kegeldach übergestülpt.

Zu Füßen der Burg liegt das Ortszentrum, der langgezogene **Marktplatz** (Wochenmarkt Di und Do 6–17 Uhr), umgeben von barocken und klassizistischen Bürgerhäusern und mittelalterlichen Fachwerkbauten. Das gesamte Ensemble, zu dem auch das efeubewachsene **Rathaus** (2) von 1889 gehört, schafft eine besonders intime und schöne Atmosphäre und steht geschlossen unter Denkmalschutz.

Einen Besuch wert ist die evangelische **Stadtkirche** (3), ein mächtiger dunkler Backsteinbau. Künstlerisch wertvoll sind besonders der dreiflügelige, spätgotische Lübekker Schnitzaltar aus der Zeit um 1500 sowie das bronzene Taufbekken, das der Plauer Meister Wichtendal 1570 goß (Di–Fr 10–15, Sa 9–11 und 14–16 Uhr).

Über Leben und Werk des bekannten Plauer Bildhauers Wilhelm Wandschneider (1866–1942) informiert das **Wandschneider-Museum** (4) am Kirchplatz 3 (Di–Sa 13–15 Uhr). Ausgebildet unter Fritz Schaper und Reinhold Begas an der Berliner Akademie, verbrachte ›uns lütt Michelangelo‹, wie die Plauer ›ihren‹ Wandschneider liebevoll nannten, seine letzten Lebensjahre wieder in seiner Heimatstadt. Direkt am Ufer des Plauer Sees, in der Domfurt 1, bewohnte er mit seiner achtköpfigen Familie ein bescheidenes Atelierhaus, die Casa Sabina.

Die sogenannten Wasserstraßen, die man bei den großen Stadtbränden als wichtige Zuwege für den

Plau, Fischmarkt

In Badewannen zur Plauer Hühnerleiter

Löschwassertransport benötigte, führen bergab zur Elde. Hier unten, an der Strandstraße, zeugt ein verfallener, aber genutzter Fachwerkspeicher von der Getreideverschiffung über den Fluß. In unmittelbarer Nachbarschaft steht die einstige Plauer **Synagoge** (5), ein weißes Gebäude mit spitzem Satteldach und Sprossenfenstern. 1921 verkaufte es die jüdische Gemeinde an einen Fabrikanten, der es dann an die katholische Kirche St. Paulus veräußerte. Im Innenraum erinnert noch heute ein für die katholische Liturgie umgearbeiteter Baldachin in griechischer Tempelarchitektur über dem Thoraschrein an die ursprüngliche Nutzung des Gebäudes. Die katholische Gemeinde Plau ist eben bescheiden – in einem Land, wo die meisten Menschen entweder konfessionslos oder evangelisch sind (zu den Gottesdiensten geöffnet).

Von der Synagoge aus sieht man schon die **Hubbrücke** (6), ein interessantes technisches Denkmal, das 1917 erbaut und mittlerweile renoviert wurde. An dieser Stelle kann man in aller Seelenruhe die vorbeituckernden Schiffe beobachten.

Entlang dem Alten Wall führt die Uferpromenade unter schattigen Bäumen flußabwärts zu der sogenannten **Hühnerleiter** (7), einer aufwendig gezimmerten Holzbrükke über die Elde-Schleuse.

Beim Aufgang zum Plauer Klüschenberg kommt man am früheren **Jüdischen Friedhof** (8) vorbei, der zwar vorzüglich gepflegt, aber – o Kuriosität – als Schrebergarten genutzt wird. Zwischen den wenigen noch aufrecht stehenden Grabsteinen rekeln sich Blumen, Erdbeerpflanzen und dicke Kürbisse!

Oben auf dem 95 m hohen Klüschenberg steht ein kleiner **Wasserturm** (9) aus Backstein, der von 1927 bis 1963 in Betrieb war. Ein Treppchen führt auf die Aussichtsplattform, von der man einen schönen Blick über Stadt und See hat.

Information: Touristeninformation, Marktstr. 22, 19395 Plau, ✆ 03 87 35/23 45, Fax 7 31 56.

Hotels: Landhotel Rosenhof ($$), August-Bebel-Str. 10, Plau am See/Quetzin, ✆/Fax 5 20 (Fachwerkhaus mit rustikalem Innenleben, ruhig, Seenähe, Restaurant); Motel Heidenholz ($$), Quetziner Weg, ✆/Fax 7 38 70 (im Gelände verstreute Häuschen, Restaurant, Swimmingpool). **Pensionen**: Gutshaus Barkow an der Elde ($–$$), Dorfstr. 6, 19395 Barkow, ✆ 7 37 38 (zweckmäßig eingerichtet); Pension Zur Scheune ($), Lübzer Chaussee 12, ✆ 21 80 (Ferienwohnungen und Zimmer in gemütlich umgebauter alter Scheune); Zur alten Stadtmauer ($), Töpferstr., ✆ 6 21 (modernisiert, Gaststätte und Bierpub); Hotel-Pension Marianne ($), Quetziner Str. 77, ✆ 5 75 oder 7 31 42, Fax 7 31 41 (nettes Backsteinhäuschen mit französischen Fenster-Türen, mit Wildgaststätte). **Feriendorf**: Heidenholz ($), Kantor-Ehrich-Str. 3d, ✆/Fax 3 51 oder 7 32 22 (54 Häuschen für 4–6 Pers., eigener Badestrand mit Mole, Boots- und Fahrradverleih). **Jugendherberge**: Meyenburger Chaussee 1a, ✆ 3 45.

Camping: Campingplatz Zuruf, Ortsteil Plötzenhöhe, ✆ 28 78 (Verleih von Ruder-, Paddel- und Motorbooten, Kanadiern, Wassertretern);

Saures vom Klüschenberg

An der Ortseinfahrt von Plau liegt, immerhin 95 m erhöht, der parkähnlich gestaltete Klüschenberg. Im 16. Jh. war er in Plau und Umgebung eine lokale Berühmtheit. In dieser Zeit nämlich diente der Südhang als Weinberg, der eine Plauer Spezialität, den Klüschenberger Multrecker, hervorbrachte, auf hochdeutsch ›Klüschenberger Mundverzieher‹. Darüber, ob der Wein so sauer war, daß es den Plauern beim Trinken den Mund verzog, läßt sich nur spekulieren. Tatsache ist jedenfalls, daß in den Trauben unter nordischer Sonne ein hoher Säuregehalt heranreift, der dem Wein einen ›besonderen‹ Geschmack verleiht. Möglicherweise ist der Multrecker ja auf der Weinkarte eines Plauer Gasthauses vertreten, man muß sich nur hindurchprobieren, und wenn es einem den Mund verzieht – der hat ihn gefunden!

Campingplatz Leisten, Strandstr. 2, ✆ 03 87 38/3 10 oder 0 39 91/66 50 52 (am Westufer des Plauer Sees).

Tip: Seehotel Plau am See ($$$–L$$$), Ortsteil Seelust, Hermann-Niemann-Str. 6, ✆ 5 68, Fax 22 79 (Hotel Relais du Silence mit ausgezeichnetem Service, der alles möglich macht, Gault Millau prämiertes Restaurant, Badestrand vor der Tür, Sauna, Schwimmbad, Konferenzräume, Jagdmöglichkeit, Boot- und Fahrradverleih); Hotel Seeschlößchen ($$–$$$), Hermann-Niemann-Str. 3, ✆ 58 20, Fax 22 79 (nettes Haus, das zum Seehotel Plau am See gehört).

Veranstaltungen und Festivals: Juni: Stadtfest. Juni/Juli: Plauer Badewannenrallye. Juni–August: Plauer Konzertsommer (Orgel-, Orchester- und Chorkonzerte in der Stadtkirche).

Aktivitäten: Angeln: Fischerei Müritz-Plau, An der Metow, ✆ 3 81; Angelgeschäft Schmidt, Am Markt, ✆ 38 32. **Baden**: Badewiese, Seestr. 11, dort auch Bootsverleih: ✆ 3 48; Badestelle, Hermann-Niemann-Str. **Bootsverleih**: Bootscenter Schlaak, Hermann-Niemann-Str. 15, ✆ 25 33, Fax 25 34; Plauer Wassersportverein, Herr Schult, Große Burgstr. 22, ✆ 9 68. **Fahrgastschiffahrt**: Personenschiffahrt Wichmann, ✆ 26 93 oder 01 72/7 41 51 85, Anlegestelle An der Metow (im Sommer Samstag abends Lampionfahrten). **Segeln**: Segelschule Plau, Seestr. 1a, Ortsteil Plötzenhöhe, ✆/Fax 25 39.

Verkehrsmittel: Taxi: Max Patzer, ✆ 21 32; Horst Westfahl, ✆ 7 34 77. Busse: Verbindung nach Rostock, Güstrow, Schwerin, Parchim und Lübz. Züge: Plauer See-Express, Vogelsang 13, ✆ 26 75 oder 01 72/3 05 62 56, Abfahrtstelle An der Metow (hier gibt es Stadtrundfahrten sowie Ausflugs- und Sonderfahrten per Bimmelbähnchen).

Route 2: Das nordwestliche Seengebiet

Karte in der vorderen Umschlagklappe

Unterwegs im nordwestlichen Teil der Seenplatte, wo schon Fritz Reuter in seiner ›Urgeschicht von Mekelnborg‹ den Sitz des Paradieses und den Beginn der Schöpfungsgeschichte angesiedelt hat – von der Barlach-Stadt Güstrow durch den Naturpark Nossentiner/Schwinzer Heide über das Pferdegestüt Ganschow und Kloster Dobbertin bis in die Landeshauptstadt Schwerin.

Güstrow

Die Stadt Güstrow wird häufig als ›Herz Mecklenburg-Vorpommerns‹ bezeichnet, weil sie genau im geographischen Mittelpunkt des Landes liegt. Begeisterte Mecklenburger haben Güstrow daher im Vergleich mit der französischen Metropole schon immer ein bißchen überschwenglich als ›Klein Paris des Nordens‹ betitelt. Jedoch ohne zu übertreiben, darf Güstrow mit seinen schönen Kirchen und großen Künstlern, neben Neubrandenburg, als der attraktivste kulturelle Anziehungspunkt im Raum der Seenplatte bezeichnet werden.

Die Geschichte dieser bezaubernden mecklenburgischen Kleinstadt begann um 1228, als die Siedlung Stadtrecht erhielt. Dies ging auf die Initiative Fürst Heinrich Borwin II. von Rostock zurück, denn er hatte hier zwei Jahre zuvor ein Kollegiatsstift gegründet. Als die Herzöge von Mecklenburg 1556 in Güstrow Residenz nahmen, blühte der Ort auf. Aber mit dem Aussterben der Mecklenburg-Güstrower Herrscherlinie im 18. Jh. geriet die Stadt abseits der großen Landespolitik, Güstrow wurde wieder Provinz. Durch den Anschluß an das Eisenbahn- und später auch an das Schiffahrtsnetz erlebten dann Zucker- und Holzindustrie im Laufe des 19. Jh. einen Aufschwung. Während des Zweiten Weltkrieges blieb Güstrow weitgehend von Zerstörungen verschont und genoß auch zu DDR-Zeiten das Privileg einer besonderen Pflege. Obwohl sich Güstrow in den letzten Jahren zu einem regionalen Zentrum für Verwaltung, Wirtschaft und Kultur entwickelte, hat es sich bis heute seinen ursprünglichen Charme bewahrt. Wer die engen Gassen und Sträßchen der 37 000-Einwohner-Stadt

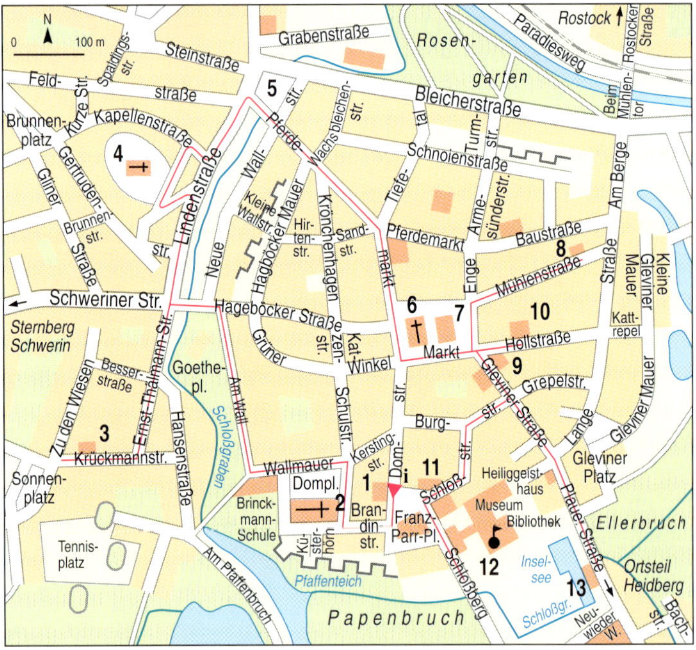

Güstrow: 1 Stadtmuseum 2 Dom 3 Zirkusmuseum Malmström 4 Gertrudenkapelle 5 Brunnen 6 St. Marien 7 Rathaus 8/9 Bürgerhaus 10 Kersting-Haus 11 Ernst-Barlach-Theater 12 Schloß 13 Barlachs Atelierhaus am Heidberg

durchwandert, bekommt die Atmosphäre einer der stimmungsvollsten Kleinstädte Mecklenburgs zu spüren.

Den Rundgang durch Güstrow beginnt man am besten auf dem Franz-Parr-Platz am Schloß, wo es auch gute Parkmöglichkeiten für PKWs gibt.

In einem stolzen barocken Bürgerhaus des 17. Jh. am Franz-Parr-Platz 7 hat das Güstrower **Stadtmuseum** (1) seinen Sitz (Mo–Do 10–12, 12.30–17, Sa 13–16, So 11–16 Uhr, ✆ 6 11 44). In Güstrow hat es immer ein wohlhabendes Bürgertum gegeben, das in guten und schlechten Zeiten gerne sammelte und so den Grundstock der Museumsbestände allmählich zusammentrug. Heute setzt der Altertumsverein diese Tätigkeit fort. So kann sich das Museum rühmen, eine der bedeutendsten Sammlungen in ganz Mecklenburg zu haben. Einen überregionalen Ruf hat die erstaunlich umfangreiche Theaterzettelsammlung mit 12 000 Programmzetteln von 1741 bis in die Gegenwart, die aber wegen Platzmangel nicht ausgestellt werden kann. Während im Untergeschoß Sonderausstellungen zu verschiedenen mecklenburgischen Themen stattfinden, präsentieren sich im Obergeschoß liebevoll arrangierte Exponate aus der allgemeinen Geschichte und Kultur der Stadt. Angeschlossen sind eine Bibliothek, eine archäologische Sammlung mit 40 000 Fundstücken vom Mesolithikum bis zur Slawenzeit und eine umfangreiche Kunstgewerbesammlung mit wertvollen Stilmöbeln, Porzellanen, Keramiken und Gläsern. Ein echter Tip für Menschen, die es kontemplativ mögen, ist der idyllische Museumsgarten. Hier hat niemand etwas dagegen, wenn man sich für ein Weilchen mit einem Buch auf einem Bänkchen niederläßt und die Welt Welt sein läßt.

Ganz in der Nähe erhebt sich in stiller und ernster Würde der Güstrower **Dom** St. Maria, St. Johannes Evangelista und St. Cäcilia (2). Wie in das Samtkissen der Natur eingebettet wirkt die Szenerie auf dem Domplatz, von lauschigen Bäumen umgeben und dem Stadtwall hinterfangen. Steht die tiefe Abendsonne auf dem dicken Backsteingemäuer, glüht der Stein in ganz

Güstrower Stadtmuseum

besonders intensivem Rot. Der Schriftsteller Uwe Johnson, der in Güstrow seine Jugend verbrachte und hier 1951 das Abitur ablegte, hat die Atmosphäre am Domplatz in seinen späteren Nachkriegsroman ›Ingrid Babendererde, Reifeprüfung 1953‹ eingebracht: »Am südlichen Rand der Stadt hielt sich der dunkle grüne Bogen des alten Walls um die weite Fläche eines Platzes, auf dem der Dom breit und zuverlässig lagerte in seinem großen ausgetrockneten Rot. Über die Bäume am Mittelschiff hob sich der Turm in den Himmel, seine groben Kanten zitterten im Licht.«

Fürst Borwin II. soll den Dom 1226 angeblich in seinem letzten

Willen gestiftet haben. Aber erst gegen 1475 erfolgten die letzten Baumaßnahmen mit der Verlängerung des Chores um ein Joch sowie der Vollendung des dreigeschossigen Westturmes.

Im Dominneren ist eine Fülle bedeutender Ausstattungsstücke zu sehen, von denen Ernst Barlachs Figur des ›Schwebenden‹, die in der nördlichen Seitenkapelle über einem schmiedeeisernen Taufgitter aus dem 16. Jh. an zwei Metallketten hängt, am bekanntesten ist. Da die Güstrower Fürsten den Dom seit der Reformation als Hofkirche und Grablege benutzten, finden sich vor allem in dem durch Stufen erhöhten Chor die Grabstätten vieler Mecklenburger Herrschaften. Insbesondere richtet sich der Blick auf das Grabmonument für Herzog Ulrich von Mecklenburg-Güstrow und seine Gemahlinnen Elisabeth von Dänemark und Anna von Pommern. Das riesige Grabmal aus teilweise goldgefaßtem Marmor ist kostbar verarbeitet. In überraschend realistischer Manier knien die drei lebensgroßen Figuren hintereinander, jede mit gefalteten Händen an ihrem Betpult, den Kopf gen Osten in Richtung Altar gewandt. Das Bildwerk Ulrichs sowie der 1585 vor ihm verstorbenen Elisabeth wurde von dem Utrechter Bildhauer und Architekten Philipp Brandin, dem Hauptmeister der Renaissance in Mecklenburg, geschaffen. Die Figur der Anna kam dann 1597 von der Hand seiner Gesellen Claus Midow und Bernd Berninger hinzu. Zur Mitte des 19. Jh. erhielt der Dom eine vollständige Innenrestaurierung, wobei die aparten Gewölbemalereien entstanden (Mo–Sa 10–12, 13–17, So 14–16 Uhr).

Güstrow, Domtür

An dieser Stelle lohnt sich ein Abstecher zu dem kleinen **Zirkusmuseum Malmström** (3), das seit 1917 unter der Adresse Zu den Wiesen 17/Ecke Krückmannstraße als Winterquartier der weltberühmten Zirkusdynastie dient. Auch nach dem Tode Herbert Malmströms, des letzten großen Artisten der Familie, macht der freundliche Schwiegersohn Wolfgang Malmström noch gern Führungen für Zirkusliebhaber (nur nach Anmeldung, ✆ 68 07 86). In Pferdestall und Garten wird die 250jährige Familiengeschichte anhand von Plakaten und Requisiten erzählt. Die Malmströms begannen als fahrendes Volk und hatten ihre große Zeit als Luftakrobaten und Varietékünstler bis in die 20er und 30er Jahre. Auch Ernst Reuter und Theodor Fontane haben die Familie gekannt. Einige Familienmitglieder arbeiten noch heute für die großen Arenen der Welt.

Barlach-Freunde kommen in Güstrow auf ihre Kosten, denn außer dem Atelierhaus am Heidberg (s. S. 100) vermittelt auch die kleine Ausstellung in der **Gertrudenkapelle** (4) einen Einblick in das Schaffen des Künstlers. Während seiner Güstrower Zeit formte der eigenwillige Expressionist fast 90 eindrucksvolle Holzskulpturen und Ehrenmale für die Toten des Ersten Weltkrieges. Ursprünglich wurde das kleine Gotteshaus, am Gertrudenplatz 1, von 1430 an für Aussegnungsfeiern des nahen Gertrudenfriedhofs genutzt, aber seitdem hier 1953 eine vielbeachtete Barlach-Ausstellung stattfand, ist es zur Gedenkstätte umfunktioniert. Die Kapelle birgt zahlreiche bekannte Holz- und Metallwerke aus der Schaffensperiode der 20er und 30er Jahre, u. a. die ›Gefesselte Hexe‹, die ›Mutter Erde‹ und den ›Zweifler‹ (März–Okt. Di–So 10–17 Uhr, Nov.–Febr. Di–So 11–16 Uhr, ✆ 68 30 01).

Noch ein zweiter Mann, der 24 Jahre in Güstrow verlebte, machte Karriere, wenn auch in einem anderen Metier. Er hieß John Brinckman und lebte hier von 1849 bis zu seinem Tode im Jahr 1870. In dieser Zeit verfaßte er sein literarisches Hauptwerk, das mit der lustigen, in Niederdeutsch verfaßten Erzählung ›Kaspar-Ohm un ick‹ berühmt wurde. Einen Steinwurf von der Gertrudenkapelle entfernt, an der Kreuzung von Stadtgraben und Pferdemarkt, erinnert ein stiller **Brunnen** (5) an Brinckman; die Brunnenfiguren Fuchs und Igel, die sich so kritisch musternd gegenübersitzen, stammen aus Brinckmans Geschichte vom schlauen Igel, der den Fuchs, aus Rache dafür, daß dieser ihn fressen wollte, sehr trickreich an die Jäger ausliefert. Die letzte Ruhestätte des Schriftstellers befindet sich auf dem Städtischen Friedhof.

Brinckman-Brunnen in Güstrow

An Güstrows Haupteinkaufsstraße, dem zur Fußgängerzone umfunktionierten **Pferdemarkt,** haben sich in letzter Zeit schon recht nette Einzelhandelsgeschäftchen etabliert. Von Kleidung über Schmuck bis zu einheimischen Spirituosen ist hier alles zu erstehen. Der Pferdemarkt führt zum **Marktplatz** im Zentrum der Altstadt. Mit seinen

Ernst Barlach

Das Nordlicht unter den Bildhauern

Man ist nicht fähig,
anders zu klingen,
als man gestimmt ist.
(Ernst Barlach)

Ernst Barlach wird 1870 im holsteinischen Wedel am Unterlauf der Elbe geboren und verstirbt 1938, fast 68jährig, in einem Rostocker Krankenhaus. Dazwischen liegen ein langes Leben in Güstrow und

Das Atelierhaus Barlachs am Heidberg (erbaut 1930/31)

kurze Studienaufenthalte in Paris, Florenz sowie im russischen Charkow – mehr oder weniger also Episoden, die es nicht vermögen, aus dem erdverhafteten, bodenständigen, mit Norddeutschland und seinen Menschen verbundenen Künstler einen Kosmopoliten zu machen.

Der wichtigste aller Auslandsaufenthalte ist zweifellos die Rußlandreise. Hier findet Barlach zu seinen Themen und Ausdrucksformen, den hilflosen Bettlern, den elternlosen Kindern und verzweifelt betenden Müttern, den unterdrückten und verarmten Außenseitern, hinter deren dumpfer Schicksalsergebenheit er eine Seele, eine menschliche Würde erkennt. Hier bildet sich sein Stil der runden Gesichter und breitknochigen Körper, den ihm die Nazis in den 30er Jahren so massiv als ›artfremd‹ und ›bolschewistisch‹ vorgeworfen haben. Schon zu Lebzeiten wird Barlachs Kunst in allen eleganten europäischen Kunstmetropolen anerkannt und geschätzt, doch ein Fremder bleibt er im Grunde seines Herzens dort immer.

Auf der Suche nach einem geeigneten Lebensort gerät er, der sich eigentlich als Urberliner fühlt, 1910 durch Zufall in die kleine Ackerbürgerstadt Güstrow. In der Schweriner Straße 6 mietet er eine Wohnung für sich, seine Mutter und den kleinen Sohn Klaus. Die Berliner Freunde zeigen sich schockiert über den Aufbruch in diese unkultivierte Provinz, und auch er selbst ist die ganzen 28 Jahre, die er hier bis zu seinem Tod verbringt, eigentlich immer entschlossen, wieder eine Veränderung herbeizuführen. Obwohl er vertraute Sympathie für die weite, leicht hügelige Landschaft und den langsamen, etwas behäbigen Menschenschlag hegt, bleibt Barlach auch in Güstrow immer ein Sonderling. Der schwierige und menschenscheue Künstler hält bewußt Abstand, und die Güstrower finden kaum Zugang zu seinen eigenwilligen Werken. Als gar der praktisch denkende Hotelier Grotefind arglos anfragt, ob Barlach ein Holzuhrenschnitzer sei, ist das peinliche Schweigen perfekt. Während des Ersten Weltkriegs bleibt das ›Güstrower Tagebuch‹ der ehrlichste und zuverlässigste Wegbegleiter des Künstlers.

Dennoch wird Barlach zum Mitglied der Preußischen Akademie der Künste in Berlin berufen. Erst als die Diffamierungen wegen seiner kriegsverneinenden Gefallenen-Denkmäler immer drastischer zunehmen, verläßt er Güstrow immer seltener. Als sich 1926 der Termin der 700-Jahr-Feier des Güstrower Doms nähert, erklärt sich Barlach bereit, rein gegen Berechnung der Materialkosten ein Ehrenmal für die im Ersten Weltkrieg gefallenen Güstrower zu schaffen – so entsteht die Figur des ›Schwebenden‹. Schon immer war der schwebende Mensch eine Lieblingsidee Barlachs. »Im Traum fliege ich oft«, schreibt er in diesen Tagen an einen Freund. Tief im inneren Gleichgewicht, die Augen geschlossen und die Hände vor der Brust verschränkt, führt diese Figur aus dem widrigen Alltag in eine andere Welt hinaus – ein Inbegriff der Konzentration. Zu Recht ist die Ähnlichkeit der Gesichtszüge mit Barlachs Akademiekollegin Käthe Kollwitz bemerkt worden. Barlach hat das wohl nicht beabsichtigt, sich aber im nachhinein dazu bekannt.

1931 gibt Barlach die Wohnung in der Stadt auf und zieht mit seiner Lebensgefährtin, der Bildhauerin Marga Böhmer, in das Wohnhaus am Güstrower Heidberg. Seine Arbeit setzt er im neuerbauten Atelier nebenan fort. In den folgenden Jahren isolieren ihn die Nationalsozialisten von seinem Publikum. 1937 wird der ›Schwebende‹ aus dem Güstrower Dom entfernt und infamerweise für Rüstungszwecke eingeschmolzen. 1937 ist das schlimmste Jahr, es geht Schlag auf Schlag: Erst wird seine Post zensiert, dann wird ihm Besuchsverbot erteilt, anschließend wird ihm der Austritt aus der Akademie der Künste nahegelegt, 381 Werke werden als ›entartet‹ beschlagnahmt, in Lübeck, Kiel, Güstrow und Hamburg werden seine Mahnmale entfernt, schließlich wird er in der Münchner Ausstellung ›Entartete Kunst‹ als ›Kulturschänder‹ diffamiert, und um das Maß vollzumachen, streicht ihn die Reichsschrifttumskammer noch aus ihrer Mitgliederliste, um die lebensnotwendigen Einkünfte aus seiner literarischen Tätigkeit als Dramatiker zu unterbinden. Barlachs religiös-humanistische Welteinstellung hilft ihm nur bedingt über seinen Kummer hinweg, die innere Einsamkeit wächst, ein Herzleiden verstärkt sich, und als schließlich noch eine Lungenentzündung dazukommt, ist es vorbei.

Doch Barlachs Kunst sollte den längeren Atem haben und die Schändung überleben. Es sollte kommen, wie er selbst an seinen Freund, den Verleger Reinhard Piper, schrieb: »Ich bin entschlossen zu trotzen, sie sollen nicht triumphieren...« Und tatsächlich: Ein Abguß vom Originalmodell des ›Schwebenden‹ beispielsweise hat sich auf Umwegen erhalten. Nach 1942 ließ sich die Antoniterkirche in Köln einen Zweitguß anfertigen und machte schließlich 1953 der Güstrower Domgemeinde eine weitere Abformung zum Geschenk. Im Dezember 1981 gelangte der ›Schwebende‹ wieder einmal in den Blickpunkt der Weltöffentlichkeit, als Bundeskanzler Helmut Schmidt, ein erklärter Barlach-Liebhaber, Güstrow in Begleitung Erich Honeckers besuchte. Heute spricht Barlach, der lange so brutal zum Schweigen gebracht wurde, besonders in Güstrow durch seine zahlreichen Werke wieder zu den Menschen.

Weltberühmt: Barlachs ›Der Schwebende‹ im Güstrower Dom

Der Güstrower Marktplatz

schönen klassizistischen, größtenteils schon restaurierten Häusern ringsherum stellt er eines der schönsten baulichen Ensembles Norddeutschlands dar. Mitten auf dem Platz, sozusagen Rücken an Rücken, stehen Marienkirche und Rathaus.

Die ältesten Bauteile der Stadtpfarrkirche **St. Marien** (6) gehen auf das Jahr 1298 zurück. Nach mehrmaligem Umbau erhielt das Gotteshaus 1880 seine endgültige Gestalt einer dreischiffigen Hallenkirche aus rotem Backstein (Mo 10–12, 14–16, Di–Sa 10–12, 13–16, So 14–16 Uhr). Herausragend ist die Gestaltung des Altarraums, der in ein angenehm warmes und mildes Licht getaucht ist. Die hoch aufgehängte Triumphkreuzgruppe aus gefaßtem Eichenholz mit Christus in der Mitte gelangte vermutlich 1516 aus einer Rostocker Werkstatt hierher; kunsthistorisch interessant ist die ansonsten unübliche Erweiterung der Figuren um Adam und Eva neben Maria und Johannes. Hauptstück der Ausstattung aber ist der Brabanter Flügelaltar von 1522 aus der Werkstatt des Bildschnitzers Jan Borman; figurenreich und lebendig sind hier Passionsszenen aus dem Leben Jesu dargestellt. An bestimmten kirchlichen Feiertagen werden die vier Altarflügel ausgeklappt, dann sind die reichen Tafelbilder des Brüsseler Meisters Bernart van Orley in ihren warmen, erdigen Farben zu bewundern.

Die andere Seite des Marktes dominiert dekorativ geschmückt und strahlend hell das **Rathaus** (7). Ursprünglich bestand das Gebäude aus vier einzelnen Giebelhäusern. Wer genau hinschaut, kann diese Struktur heute noch erkennen. 1798 vollendete David Anton Kufahls, ein Schüler des Frühklassizisten Friedrich Gilly, den Umbau in eine 13achsige Schaufassade. In Mecklenburg sind nur sehr wenige klassizistische Bauwerke in dieser Louis-seize-Stilvariante zu finden.

In den acht Straßen, die vom Marktplatz in alle Himmelsrichtungen ausgehen, besonders in der Mühlenstraße 17 (8) und in der Gleviner Straße 1 (9), finden sich noch sehr schöne alte **Bürgerhäu-**

ser. Vor allem die gut erhaltenen barocken Haustüren bilden einen optischen Blickfang. Der kräftige Farbanstrich und die aufgelegten schnörkeligen Verzierungen strahlen ihre ganze Schönheit auf die Umgebung aus. Dies ist der Erfolg einer beispielhaften Initiative, die die Güstrower Bürger vor einigen Jahren mit Unterstützung der Denkmalpflege zur Verschönerung ihrer alten, wertvollen Haustüren starteten.

In dem niedlichen, denkmalgeschützten Fachwerkhaus Hollstraße 6 kam der Maler Georg Friedrich Kersting (1785–1847) zur Welt. Von seinem Vater, der das Handwerk der Glasmalerei betrieb, erlernte Kersting das Malen im Biedermeierstil. Mit 33 Jahren verließ er seine Heimatstadt und besuchte die Kunstakademie in Kopenhagen, bevor er sich in Meißen niederließ und dort als Malervorsteher an der Königlich-Sächsischen Porzellanmanufaktur arbeitete. In bescheidener Huldigung seiner Heimatstadt entwarf er dort einen Porzellanpfeifenkopf mit der beschaulichen Ansicht von Güstrow. Seine enge Freundschaft zu Caspar David Friedrich führte ihn in den Kreis der deutschen Romantiker, so daß sich sein Œuvre stilgeschichtlich am Übergang zwischen beiden Kunstrichtungen befindet. Heute ist das **Kersting-Haus** (10) nur noch von außen zu betrachten, da die frühere Gedenkstätte aus bautechnischen Gründen schließen mußte. Einige Exponate hat das Stadtmuseum in der Domstraße (s. S. 88) übernommen.

In der schmalen Schloßstraße, gleich neben der Güstrow-Information, steht das **Ernst-Barlach-Theater** (11), das sich rühmen kann, der älteste klassizistische Theaterbau Mecklenburgs zu sein. Er wurde 1829 von dem Architekten Georg Adolph Demmler errichtet. Gelegentlich werden hier auch Dramen von – wie könnte es anders sein? – Ernst Barlach aufgeführt (Kartenvorverkauf ✆ 68 41 46).

Das stattliche Güstrower **Schloß** (12) am Franz-Parr-Platz 1 darf den Rang eines kunsthistorischen Renommierstückes für sich beanspru-

Barocke Haustür in Güstrow

chen, denn die einstige Vierflügelanlage ist immer noch die größte und interessanteste Schöpfung der norddeutschen Renaissance überhaupt. Stolz und mächtig erhebt sich auf einer kleinen Anhöhe die helle, lebendig gestaltete Putzfassade mit den Erkern und Rundtürmen. Unweigerlich fühlt man sich an die Loire-Schlösser erinnert. Diese Mischung aus schlesischen, französischen, niederländischen und italienischen Einflüssen kommt nicht von ungefähr. Erst ließ der Auftraggeber, Herzog Ulrich, 1558 den Süd- und Westtrakt von dem schlesischen Architekten Franz Parr erbauen, während der Norditaliener Hans Strol die Innenausstattung entwarf. 1594 schlossen der Niederländer Philipp Brandin und sein Schüler Claus Midow mit der Ergänzung des Nord- und Ostflügels sowie der Schloßkapelle ab. Zur Besichtigung durchschreitet man zuerst das barocke Torhaus mit der langen Schloßbrücke; diese beiden Elemente vollendete der Franzose Charles Philippe Dieussart 1671 als letzte Zutat zu der Gesamtanlage.

1628 erhielt Güstrow Besuch von keinem Geringeren als Albrecht von Wallenstein, der als Herzog von Mecklenburg für drei Jahre im Schloß residierte, und 1712 traf sich hier Zar Peter der Große mit seinem Verbündeten

Güstrower Schloß

Schloßhof mit Loggien

August dem Starken von Sachsen, um einen Frieden im Krieg gegen die Schweden auszuhandeln. Nach dem Aussterben der Güstrower Herzogslinie verlor auch das Schloß als Residenz an Bedeutung und verfiel zusehends, bis schließlich der Ostflügel und ein Teil des Nordflügels abgetragen werden mußten. Ein dunkles Kapitel in der Schloßgeschichte ist die Zeit von 1817 bis 1945, als hier das Landarbeitshaus untergebracht war, ein Gefängnis der schlimmsten Art, in dem man Bettler, ›widerspenstige‹ Mädchen mit unehelichen Kindern und andere unliebsame Personen einfach einkerkerte. Im Zweiten Weltkrieg blieb das Bauwerk unzerstört. Anschließend wurden die großzügigen Räume als Altenpflegeheim genutzt. Durch umfassende Restaurierungen in den Jahren 1963 bis 1980 konnte vieles wieder hergestellt werden. In den Blickpunkt der Öffentlichkeit rückte das Schloß zur 1000-Jahr-Feier von Mecklenburg-Vorpommern, als hier eine große Ausstellung zur

Landesgeschichte stattfand. Seitdem hat sich das Schloß zu einem richtigen Kultur- und Besucherzentrum entwickelt.

Bei einem Rundgang durch das Schloßmuseum gelangt der Besucher auch in den großen Festsaal im Südflügel (Di–So 10–18 Uhr, ✆ 50 21). Staunenswert ist die Feinheit des Stuckfrieses, den Christoph Parr, der Bruder des Schloßbaumeisters, 1571 anfertigte. Parr arbeitete die Hirsche und Rehe halbplastisch heraus und setzte ihnen echte Geweihe auf. Die eindrucksvolle Kassettendecke führte gut 50 Jahre später der Stukkateur Daniel Ackermann aus. 43 Bildfelder dekorierte er nach niederländischem Vorbild mit Jagdszenen, mythologischen und allegorischen Darstellungen.

Mit einem Spaziergang durch den Schloßgarten, der in jüngster Zeit wieder in einen blumenreichen Barockgarten zurückverwandelt wurde, kann der Schloßrundgang ausklingen. Besonders bei schönem Wetter ist ein Besuch im Schloßcafé Philipp Brandin sehr angenehm, denn angesichts der eleganten Renaissance-Loggien im Schloßhof kann man ganz behaglich einen Eiscafé schlürfen (Sa und So mit klassischer Piano-Musik live).

Etwas weiter außerhalb, am Ostufer des Inselsees, in **Barlachs Atelierhaus am Heidberg** (13), findet sich der größte Teil seines Schaffensnachlasses (März–Okt. Di–So 10–17, Nov.–Febr. Di–So 11–16 Uhr, ✆ 8 22 99, Fax 8 24 87). Hier zog der Künstler 1931 ein und bewohnte das Nachbarhaus. In einer Dauerausstellung in Haus und Garten sind nahezu 300 von Barlachs Skulpturen, 430 Graphiken, Skizzenbücher und Briefe zu sehen. Das Atelier ist ein heller, lichtdurchfluteter Raum, übersät mit Tonreliefs und bronzenen Plastiken. Darunter befinden sich sein letztes Werk ›Die lachende Alte‹ und seine Entwürfe für den ›Fries der Lauschenden‹. Alle Werke beeindrucken durch eine schlichte und klare Formsprache. Immer stand bei Barlach die Würde des Menschen im Mittelpunkt der Aussage; seine Stärke war es, innere Würde im Bild auszudrücken, derweil sie im praktischen Leben mit Füßen getreten wurde.

Information: Güstrow-Information, Domstr. 9, 18273 Güstrow, ✆ 0 38 43/68 10 23, Fax 68 20 79.

Hotels: Best Western Hotel Stadt Güstrow ($$$–L$$$), Pferdemarkt 58, ✆ 78 00, Fax: 78 01 00 (denkmalgeschütztes Haus direkt an der Pfarrkirche St. Marien, Hotelhalle als Kunstgalerie, Restaurant, Konferenzräume); Landhotel Kuhs ($$–$$$), Güstrower Str. 39, 18276 Kuhs, ✆ 03 84 54/ 31 00, Fax 2 07 60 (schickes, reetgedecktes Bauernhaus in ruhiger Lage); Hotel Rubis ($$), Schweriner Str. 89, ✆ 6 93 80, Fax 69 38 50 (zentrale Lage, Garagen, Restaurant); Hotel Altstadt Garni ($$), Baustr. 8–10, ✆ 68 60 03, Fax 68 61 06 (Stadtzentrum). **Pensionen:** Pension Kleinekorte ($$), Ulmenstr. 4, Eingang Elisabethstr., ✆ 68 48 66,

Bei den Meckis auf dem Gestüt Ganschow

Südlich von Güstrow, inmitten weiter Wiesen und Koppeln, liegt der Fohlenhof Ganschow. Er ist neben den Hengststationen im brandenburgischen Neustadt Dosse, im sächsischen Moritzburg und im mecklenburgischen Redefin das jüngste der vier staatlich geführten DDR-Gestüte, die die Wende überlebt haben. Seit 1964 werden in Ganschow auf einem Weideland von 130 ha die berühmten Mecklenburger gezüchtet. Die Meckis, wie die Pferde mit dem M unter der Krone im Brandzeichen kurzerhand genannt werden, haben einen lieben und robusten Charakter. Sie sind vielseitig einsetzbar, sowohl für die Dressur als auch zum Fahren oder Springen.

Neben der Mecki-Zucht hat sich Ganschow nach 1945 vor allem um das Überleben der Trakehner verdient gemacht. Diese etwas zierlichere Rasse mit der Elchschaufel im Brandzeichen hatte einst ihren Stammsitz im ostpreußischen Trakehnen. 1732 war das Gestüt eigens von Friedrich Wilhelm I. gegründet worden und hatte große Erfolge in der Aufzucht von Kavallerie- und leichten Wagenpferden. Vor dem Einmarsch der Russen wurden die Tiere nach Redefin und später nach Ganschow überführt und die Zucht durch polnische und russische Hengste veredelt. Heute haben die Ganschower Star-Deckhengste Ustinor, Monjul und Lamarc gut zu tun: Jede der 80 Stuten soll einmal im Jahr fohlen, dazu muß im Januar/Februar und im Mai/Juni gedeckt werden.

Seit kurzem wird der Fohlenhof privat von Friedhelm Mencke und Jürgen Harnack geführt, zwei kenntnisreichen Pferdezüchtern, die ihre Lehrausbildung im Landesverband Mecklenburg von der Pike auf absolviert haben. Neben der Zucht werden Reit- und Voltigierpferde ausgebildet, vereinzelt können auch Fohlen gekauft werden. Ein Höhepunkt ist das alljährliche Schauprogramm im August, bei dem sogar 21-Spänner im Geschicklichkeitsfahren die Kurven kratzen.

(Gestüt Ganschow, 18276 Ganschow, ✆/Fax 03 84 58/2 02 26, mit Unterkunft und Gästeboxen.)

Fax 68 25 22 (Hotel Garni); Pension zum Landhaus ($$), Schwaaner Str. 14, ✆ 21 12 03 (neu eröffnet, ungarische Küche); Pension Camenz ($), Lange Stege 13, ✆ 21 49 93, Fax 21 25 41; Pension Fünf Linden ($$), Krakower Chaussee, 18273 Klüß, ✆ 0 38 43/21 32 01 (mit Gaststätte).

Camping: Campingplatz am Garder See, 18276 Lohmen, ✆ 03 84 58/2 07 22 (tägl. 8–18 Uhr).

Restaurants und Lokale: Erbgroßherzog, Im Hotel Stadt Güstrow, Am Markt 2–3, ✆ 78 00 (vom Gault Millau gelobte regionale und internationale Küche, modern gestylte Atmosphäre); Barlach-Stuben, Hageböcker Str. 109, ✆ 68 48 81 (Alt-Mecklenburger und internationale Küche); Bölkower Bauernstuben, Dorfstr. 57, 18276 Bölkow, ✆ 0 38 43/8 21 44 (Mecklenburger Hausmannskost, 9 km außerhalb im Fachwerkhäuschen); Marktkrug, Markt 14, ✆ 68 12 82 (gutbürgerliches Restaurant und Café); Wiener Café-Conditorei, Gleviner Str. 29, ✆ 68 67 33 (mit Biergarten).

Disco: Fantasy-Klub, Goldberger Str. 84, ✆ 3 20 76.

Souvenirs/Einkaufen: Mecklenburger Spirituosenfabrik G. Winkelhausen, Pferdemarkt 24 (regionale Liköre und Weinbrände).

Veranstaltungen und Festivals: Juni bis August: Festspiele Mecklenburg-Vorpommern (hochrangige Konzerte im Schloß und in den Kirchen). Juli: Güstrower Orgeltage (traditioneller musikalischer Höhepunkt von internationalem Rang in allen Kirchen); Tierparkfest (traditionelles Volksfest im Natur- und Umweltpark, erstes Wochenende). August: Inselseefest (Spaßwochenende mit Spiel, Sport, Musik und Feuerwerk, erstes Wochenende). September: Güstrower Wollmarkt (Verkauf von einheimischen Kunsthandwerksprodukten, Folkloreveranstaltungen).

Aktivitäten: Baden: Freibad am Inselsee, Heidberg (mit Boots- und Fahrradverleih). **Fahrradverleih:** Walter Meiser, Bachstr. 1a, ✆ 8 22 48; Herr Dräger, Am Bahnhof, ✆ 68 40 10.

Verkehrsmittel: Autovermietung: Europcar, Neukrugerstr. 62, ✆/Fax 21 00 26. Taxi: Bahnhofsvorplatz, ✆ 68 20 33, Taxi-Funk 211212. Züge: Bahnhof mit D-Zug-Anschluß.

Von Güstrow führt die gut ausgebaute B103 nach Süden Richtung Krakow am See. Kurz vor Krakow kommt man durch die Ortschaft **Charlottenthal,** benannt nach dem gleichnamigen Gut, das man schon von der Bundesstraße aus sieht. Eigentlich hieß das ritterschaftliche Gut früher Grube und wurde als Meierhof von dem nahen Gut Groß-Grabow aus bewirtschaftet. Den Namen Charlottenhof erhielt es erst 1795, als es der Besitzer Conrad Hahn, ein preußischer Beamter, der es durch Güterspekulation zu Reichtum gebracht hatte, in Erinnerung an seine Frau umbenannte. Das heutige Herrenhaus, das wie einige andere mecklenburgische Gutshäuser im Stil einer neugotischen Burg mit Zinnen und Türmchen errichtet wurde, stammt von 1843. Unzählige Male wechselte dann das Gut den Besitzer, bis es gegen Ende des Jahrhunderts schließlich der General von Schmidt-Pauli erwarb. Dieser war ein fanatischer und berühmter Rennreiter, der hier ein Vollblutgestüt mit einer Trainierbahn aufbaute und 1881 durch die Gründung der Berliner Trabrennbahn Karlshorst bekannt wurde. 1945 wurde die Familie enteignet, und sogenannte Neubauern zogen in die Gebäude ein. Was mit dem Anwesen weiterhin geschehen soll, steht noch in den Sternen, zur Zeit sind Herrenhaus und Wirtschaftsgebäude von mehreren Privatfamilien bewohnt.

Krakow am See

Seit 1956 führt die Stadt Krakow am See den Titel Kurort, seit 1993 wegen ihrer sauberen Luftverhältnisse sogar den eines Luftkurortes. Die verschlafene Kleinstadt mit knapp 3500 Einwohnern hat ein etwas unscheinbares Zentrum, was daran liegt, daß mehrere Stadtbrände im Laufe der Jahrhunderte fast die gesamte mittelalterliche Bausubstanz vernichteten. Für Urlauber, die die großen Touristenströme meiden und ihre Ruhe haben wollen, ist Krakow daher ideal, zumal das Städtchen direkt am Krakower See in einer zauberhaften, waldbestandenen Hügellandschaft liegt. Der See selbst ist äußerst buchtenreich und bietet Ausblicke auf zahlreiche Inselchen. Den schönsten Blick über die Stadt- und Seenlandschaft hat man vom Aussichtsturm auf dem 100 m hohen Jörnberg.

Drei Jahre nach dem letzten Brand anno 1759 entstand am Markt auf dem Standort der alten Pfarrkirche die barocke **Stadtkirche.** Dabei wurde der reichgeschmückte Ostgiebel des alten Gotteshauses in den Neubau miteinbezogen. Auch der Altaraufsatz, der die Kreuzigung Christi vor der Stadtkulisse darstellt, sowie die schöne Kanzel stammen noch aus dem Vorgängerbau (Gottesdienst So 10–11 Uhr).

Wenn das Wetter mal nicht mitspielt, bietet sich ein Besuch im **Multikulturellen Zentrum** der ehemaligen Krakower Synagoge am Schulplatz an (Mo–Fr 9–18, Sa–So 9–12 Uhr). Neben der Krakow-Information finden im früheren Betsaal Ausstellungen, Buchlesungen und Konzerte statt. Das kleine, hellgelbe Klinkergebäude strahlt eine selbstbewußte Würde aus. 1865 wurde es errichtet, mußte aber 1920 wegen zu hoher finanzieller Belastung der mittlerweile stark zusammengeschrumpften Gemeinde an die Stadt verkauft werden – allerdings nur unter der Bedingung, daraus eine öffentliche Turnhalle zu machen.

Ebenso zentral gelegen ist der **Jüdische Friedhof.** Das kleine, unter Denkmalschutz stehende Gräberfeld ist in den städtischen Alten Friedhof an der Plauer Chaussee

Fischerhütte am Krakower See

integriert. Hier, unter Ebereschen, Ahornbäumen und Hainbuchen, liegt das von einer Fliederhecke umrahmte Terrain. 52 Grabstellen sind noch zu erkennen, zahlreiche Säulen und Epitaphien aus poliertem Granit und Sandstein stehen noch. Die meisten stammen aus dem 19. Jh. und zeigen biedermeierliche oder klassizistische Formen.

Ein nettes Ziel für eine beschauliche Wanderung am Ufer des Krakower Sees entlang ist der **Fritz-Reuter-Gedenkstein** an der Südspitze der Halbinsel Lehmwerder. Reuter lobte die Gegend von Krakow in seiner ›Urgeschicht von Mekelnborg‹ und meinte, hier sei das Paradies auf Erden. Der Stifter des kleinen Denkmals war Josef Nathan, ein wohlhabender Krakower Textilhändler und ein großer Reuter-Fan, der selbst zahlreiche Gedichte in plattdeutscher Mundart verfaßte.

Ausflüge in die Umgebung von Krakow

Wer Krakow nach Südosten verläßt und auf der Höhe des Bahnhofs links den Weg nach Linstow einschlägt und immer der Hauptstraße bis über die Brücke hinweg folgt, befindet sich unversehens mitten im **Naturschutzgebiet Krakower**

Obersee. Nach 300 m trifft man rechts auf einen handgeschnitzten Wegweiser mit der charmanten Aufschrift »Lustweg nach Dobbin«. Während man der Frage nachsinnen kann, ob hier vielleicht ein längst vergangenes Vokabular höfischer Sprache wieder neu kultiviert werden soll, kann man sich auf den Trampelpfad machen, der am schilfbestandenen Ufer des Krakower Obersees entlang tief in das Naturschutzgebiet hineinführt. Der Krakower Obersee ist ein Klarwassersee. Die 868 ha große Feuchtregion ist ein international bekanntes Rast- und Brutgebiet für Wasservögel; Motorbootfahren ist daher nicht erlaubt. Mitten im Gekreisch Hunderter von Möwen und umhüllt von einer Farbkomposition blühender Akazien, Erlen, Weißdorne und Schlehen, beginnt man die Berechtigung des Namens »Lustweg« zu ahnen.

Von Krakow ist es nur ein Katzensprung über die Brücke der Autobahn Berlin–Rostock nach **Linstow,** wo das Wolhynier-Umsiedler-Museum, der erste denkmalgeschützte Freilandmuseumshof Deutschlands, zu sehen ist (Mi–Fr 15–16, Sa–So 14–16 Uhr, ✆ 03 84 57/24 21). In einem bescheidenen, schilfrohrgedeckten Holzhaus, einem sogenannten Wolhynischen Wohnhaus mit Stall, erzählt eine Ausstellung von der wechselvollen Geschichte der Deutschen, die seit dem 13. Jh. nach Rußland auswanderten, dort Siedlungen gründeten und während der letzten hundert Jahre ohne Entschädigung enteignet und wieder vertrieben wurden. Zum Kriegsende 1945 flüchteten viele Frauen mit ihren Kindern nach Linstow, wo dann 1947 dieses erste Haus der Wolhynier entstand und sogar bis 1987 bewohnt wurde.

Wer an dieser Stelle noch Lust auf einen Ausflug hat, dem sei ein Abstecher ins nördlich von Kuchelmiß gelegene Dorf **Hinzenhagen** ans Herz gelegt. Auf einem alten Bauernhof betreiben die Geschwister Ulrike und Sven Beseler eine Töpferei. Hier entstehen auf der ewig rotierenden Scheibe keramisches Gebrauchsgeschirr, Biskuitporzellan und Fayencen, größtenteils Unikate, die durch ihre Handbemalung besonders attraktiv wirken (Töpferseminare und Unterbringung in kleinen Wohnungen auf dem Bauernhof für max. 6 Personen möglich, ✆ 03 84 56/2 56).

Information: Krakow-Information, Schulplatz 1, 18292 Krakow am See, ✆ 03 84 57/22 58, Fax 36 13.

Hotels: Ich weiß ein Haus am See... ($$), Altes Forsthaus 2, ✆ 2 32 73, Fax 2 32 74 (ruhig, direkt am Wasser, Restaurant); Nordischer Hof ($$), Markt 3, ✆ 32 94, Fax 23 04 (Restaurant, auch griechische Küche, Tagungsmöglichkeit); Seehotel Krakow ($$), Goetheallee 1, ✆/Fax 23 78 (direkt am Wasser, Restaurant); Zum Forsthof Blechernkrug ($), Güstrower Chaussee 31, ✆ 35 20 (Wildgaststätte, Grillstube, schwimmender Biergarten, Bootsverleih); Mecklenburger Hof ($), Dorfstr., Groß-Grabow, ✆ 01 61/5 40 67 68 (Re-

Kiefern, Seeadler und glasklare Seen

Der Naturpark Nossentiner und Schwinzer Heide

Der 1990 entstandene Naturpark Nossentiner und Schwinzer Heide erstreckt sich auf einer Fläche von etwa 320 km² zwischen Dobbertin im Westen und Jabel am Kölpinsee im Osten. Den größten Anteil von 55% machen die riesigen Kiefernwaldflächen aus. Darüber hinaus hat der Naturpark weitere Superlative aufzuweisen, nämlich mehr als 50 Seen und Bäche, ungezählte Moore, 7500 ha Wiesen und Äcker sowie viele abwechslungsreiche Kleinbiotope. Die Wasserqualität ist meistens ausgezeichnet; hier gibt es glasklare Seen, auf deren 8 m tiefen Grund man ohne weiteres sehen und deren Unterwasserleben man bewundern kann.

Innerhalb des Parks gibt es zwölf Naturschutzgebiete von sehr unterschiedlichem Charakter. So sind beispielsweise der Große und Kleine Serrahn bei Goldberg verlandete Seen, sogenannte Verlandungsmoore, mit ausgedehnten Röhrichtflächen, während nur wenig weiter, bei Dobbertin, das Waldgelände des Jellen liegt, bekannt für seine alten Kiefernbestände mit vielen Wacholderbüschen. Eine geologische Besonderheit ist das Durchbruchstal der Mildenitz, ein Flußtal mit terrassenartig geschichteten Ufern. Von der Alten Mühle bei der Ortschaft Kläden, nördlich vom Dobbertiner See, führt ein ausgewiesener

staurant, Minigolfanlage). **Pensionen:** Pension Kristinhorst ($), Dorfstr. 4, 18292 Neu Dobbin, ✆ 26 78 (ruhige Lage, Bungalowvermietung, Gaststätte); Alte Poststation, Forststr. 17, 18292 Linstow/Bornkrug ($), ✆ 27 32 (Pferdepension, Restaurant, Tennis, Angel- und Jagdmöglichkeit). **Feriendörfer:** Feriensiedlung Kiefernhain, Familie Schmid, Am Borgwall, ✆ 0 38 43/27 37 (im Wald, Seenähe, Kinderspielplatz, Grill); Feriendorf Nebeltal, Familie Reinhard, 18292 Serrahn, ✆/Fax 03 84 56/3 88 (ruhige Lage in Wald- und Seenähe, ideal mit Kindern).

Camping: Naturcampingplatz Krakow a. S., Am Windfang, ✆ 24 69.

Lehrpfad entlang der Mildenitz als Rundwanderweg bis zum Rastplatz am Schwarzen See.

Besonders schöne Momente zur Beobachtung in der Natur sind die frühen Morgen- und die Abendstunden, nämlich dann, wenn Tausende von Enten und Gänsen ein lautes Naturspektakel am Ufer der Seen veranstalten. Wenn man Glück hat, sieht man am Ufer einen nach Nahrung kreisenden Seeadler, denn in diesem Naturpark lebt der dichteste Bestand an Brutpaaren in ganz Mitteleuropa. Die Horste befinden sich fast immer in absolut ruhigen Waldgebieten und werden von der Parkverwaltung ganz besonders geschützt.

Ein gut ausgebautes Netz von 12 sorgfältig ausgeschilderten Wanderrouten und Radwegen durchzieht den Naturpark, ab und zu kommt man durch kleine Walddörfchen wie Kleesten, Schwinz, Neu Sammit und Wooster Teerofen; und dies ist keine Selbstverständlichkeit, denn der Naturpark ist einer der am dünnsten besiedelten von allen, mit seinem Flächenanteil an Orten von nur 1,9% – das will in dem generell dünn besiedelten Mecklenburg schon etwas heißen! Bisweilen trifft man auch auf einen Gasthof, in dem meist noch der Charme des Unvollkommenen regiert. Da heißt es, selbst etwas Genießbares einzupacken. Überall sind Natur-Rastplätze ausgewiesen, an denen man ein Päuschen einlegen kann.

Information: Naturparkverwaltung Nossentiner und Schwinzer Heide, Ziegenhorn 1, 19395 Karow, ✆ 03 87 38/2 92 (mit Informationszentrum, geführte Radexkursionen, spezielles Angebot auch für Kinder).

Veranstaltungen und Festivals: Juli: Fischerfest, Heimat- und Dorffest, Museumsfest.

Aktivitäten: Angeln: Angelscheine erhältlich bei: BIMES – Fischerei Krakow am See, Goetheallee 2, ✆ 22 04; Dieter Evert, Am Borgwall, ✆ 24 22; Angelgeschäft Quaß, Ernst-Thälmann-Str., ✆ 34 94. **Baden:** Freibadeanstalt, Jörnbergweg 15. **Bootsverleih:** Feriensiedlung Kiefernhain, Am Borgwall, ✆ 27 37. **Fahrgastschiffahrt:** Dampferanlegestelle an der Seepromenade (Anmeldung in der Krakow-Information oder ✆ 0 38 43/3 23 46). **Fahrradverleih:** Fa. Kenning, Ernst-Thälmann-Str. 4, ✆ 24 77; Deutsche Bahn AG, Bahnhofsplatz, ✆ 23 07. **Kutschfahrten:** Kremserfahrten Bülau, Krakower Str. 18, 18292 Kuchelmiß, ✆ 03 84 56/3 13. **Reiten:** Gestüt Ganschow, 18292 Alt Sammit, ✆ 03 84 57/28 70 (mit Ferienwohnungen); Reiterhof Lerchenhof (unter $), Haus Nr. 34, 18292 Alt-Sammit, ✆ 03 84 57/33 32 (Pferdepension in See- und Waldnähe, Kutschfahrten). **Wandern:** Rund um Krakow existiert ein Netz beschilderter Wanderwege; die Krakow-Information hält eine Karte bereit.

Verkehrsmittel: Taxi: Gebr. Will, Inh. Klopsch, Jörnbergweg 8, ✆ 22 80; Fa. Anhorn, Güstrower Str. 31, ✆ 2 85.

Die Fahrt geht von Krakow weiter auf der B103 Richtung Karow. Nach 4 km führt in Bossow ein asphaltierter Waldweg nach rechts Richtung Dobbertin. Dieser Weg ist die einzige, für ein Auto ohne Allradantrieb fahrbare Ost-West-Verbindung zwischen Krakow und Dobbertin, die zudem mitten durch den Naturpark Nossentiner und Schwinzer Heide führt. Am Nordufer des Goldberger Sees gelangt man in die kleine Ansiedlung Schwinz, die durch ihre gepflegten Fachwerkhäuser besticht.

Nur wenig weiter südlich, auf der Höhe von Karow, verläuft die mecklenburgische Hauptwasserscheide: Während die Nebel und die Mildenitz als die größten Flüsse des nordwestlichen Teils in die Warnow und weiter in die Ostsee gelangen, streben alle Flüsse des südwestlichen Teils in den Kölpin-, den Fleesen- und den Plauer See, um von dort über die Elde und die Elbe in die Nordsee zu fließen.

Dobbertin und Goldberg

Kloster Dobbertin

Der Ort Dobbertin wird geprägt von dem gleichnamigen Kloster, das in einem ganz unregelmäßigen Gesamtbild betörend reizvoll am Nordufer des Dobbertiner Sees liegt.

Die Abtei wurde um 1220 von Fürst Heinrich Borwin I. als Mönchskloster gegründet, schon wenige Jahre später aber als Benediktinerinnenkloster weitergeführt. 1572 erfolgte die Umwandlung in ein adliges Damenstift. Dazu entstanden im Laufe der Jahrzehnte die kleinen spätbarocken und klassizistischen Wohnhäuser rund um den **Klosterhof.** Seit Ende der 40er Jahre ist hier ein psychiatrisches Pflegeheim der Diakonie untergebracht, zur Zeit wird auch eine Behindertenwerkstätte errichtet. (Das Gelände ist durchgehend geöffnet, Innenräume können Di–So 11–18 Uhr nur nach vorheriger Anmeldung besichtigt werden, ✆ 62 23.) In einem Wirtschaftsgebäude betreiben die Bewohner des Pflegeheims ein bescheidenes **Klostercafé;** seine Gartenterrasse bietet einen herrlichen Ausblick auf den Dobbertiner See.

Dobbertin, Klosterkirche

Am Rande des großen Klosterhofs präsentiert sich die hochaufgerichtete **Klosterkirche,** die seit 1977 bauaufsichtlich gesperrt ist. 1955 wurde bereits mit der Sanierung begonnen. Der Ursprung dieses langgestreckten Backsteinbaus stammt aus dem 14. Jh. 1837 wurde er nach Plänen Karl Friedrich Schinkels in enger Anlehnung an seine Friedrichswerdersche Kirche in Berlin im neugotischen Stil umgebaut und kann sich seitdem rühmen, die einzige Doppelturmanlage in ganz Mecklenburg zu sein. In den vier Jochen des hohen, schlanken Hauptschiffs ist noch die Nonnenempore zu sehen. Außen stehen zahlreiche Grabsteine aus dem 15. bis 18. Jh. Der schönste zeigt eine Platte aus dem Jahr 1417 mit einer Priesterfigur unter einem gotischen Baldachin. Spitzwinklig zur Kirche liegt der **Kreuzgang,** dessen vier Flügel zu unterschiedlichen Zeiten errichtet wurden und noch in Gänze erhalten sind. Die Wandkonsolen sind mit Sprüchen und Blattwerk verziert.

Hotel: Zwei Linden ($$), Platz der Arbeit 1, 19399 Dobbertin, ✆ 03 87 36/62 72 (Tagungsräume).

Camping: Zeltplatz Dobbertiner See, Herr Schukalla, 19399 Dobbertin, ✆ 62 01.

Aktivitäten: Angeln: Drum, Schulstr. 14, 19399 Dobbertin, ✆ 03 87 36/62 19.

Von Dobbertin kann man einen kurzen Abstecher nach Goldberg machen. Dazu fährt man auf der B192 in südöstlicher Richtung um den Dobbertiner See herum.

Goldberg

Wer hört, daß Goldberg zwischen dem Großen Medower See, dem Woostener See, dem Dobbertiner See und dem Goldberger See liegt und zudem auch noch die Mildenitz hindurchfließt, die die beiden letztgenannten Seen miteinander verbindet, ahnt schon zu Recht, daß die nähere Umgebung gar nicht anders als moorig sein kann. Das beschauliche Städtchen, in dem ansonsten nicht viel los ist, hat sich daher zum beliebten Ausgangspunkt für Wanderungen in den Naturpark Nossentiner und Schwinzer Heide oder in das Mildenitztal entwickelt. Mit spektakulären Goldfunden hat die Stadt allerdings nichts zu tun. Wie viele mecklenburgische Städte hat auch Goldberg einen slawischen Ursprung und leitet sich von *glocze* ab.

Im Jahr 1248 erhob der Parchimer Fürst Pribislaw I. Goldberg zur Stadt und verlieh ihm natürlich auch das Parchimer Stadtrecht. Wirtschaftlich gesehen lag Goldberg recht günstig am Kreuzungspunkt zweier Handelsstraßen. Als zeitweiliger Sitz der mecklenburgischen Fürsten von Werle/Goldberg stand ab 1316 auf der Stelle des heutigen **Amtshauses** in der Amtsstraße/Ecke Müllerstraße einst eine Residenz, von der ein großer Teil 1842 abgerissen wurde, denn mit dem Aussterben dieses Geschlechts geriet Goldberg zunehmend in Vergessenheit; der alte Gebäudekern hat sich noch in dem Backsteinbau der heutigen Berufsschule erhalten.

Goldberger Heimatmuseum

1816 entdeckten die Goldberger eine **Stahlquelle,** und prompt avancierte man zum Bad. In diesen Jahren lebte hier der plattdeutsche Lyriker und Erzähler John Brinkman (1814–70), ein Mecklenburger, der in der Welt herumkam, denn er verbrachte sieben Jahre als Sekretär der brasilianischen Gesandtschaft in New York. 1846 kehrte Brinkman zu seinem eigentlichen Beruf als Lehrer in das mecklenburgische Parchim zurück und veröffentlichte hier seinen Erzählungsband ›Kasper Ohm un ick‹.

Der Backsteinbau in der Jungfernstraße dient seit 1925 als **Katholische Kirche Heilige Familie** (Messe Sa 18.30–19.30, So 10–11 Uhr). Auffällig ist der schöne gotisierende Treppengiebel an der Frontseite. An der seitlichen Hauswand erinnern zwei Tafeln daran, daß das Gebäude 1845 ursprünglich als Synagoge der Jüdischen Gemeinde errichtet wurde, die es 1925 an die Katholiken verkaufte.

Im Müllerweg 2 ist Goldbergs **Heimatmuseum** in einem ausgesprochen niedlichen Häuschen, dessen Fachwerk mit rotem Backstein gefüllt ist, untergebracht (Mo–Fr 9–12, 13–17, So 10–12, 14–17 Uhr, ✆ 8 16). 1959 kaufte die Stadt die ehemalige Wassermühle an der Mildenitz zu diesem Zweck. Die Sammlung ist ausgesprochen vielfältig. Ein Schwerpunkt ist der Nachlaß des Goldberger Kunstmalers Heinrich Eingrieber (1896–1979), der zugleich der Museumsgründer war. Seine Landschaften und Porträts in Aquarell- und Öltechnik erzählen von seiner mecklenburgischen Heimat. Eine andere Abteilung beschäftigt sich mit der Geschichte des früheren Kreises Lübz, vor allem mit archäologischen Zeugnissen, mecklenburgischer Keramik und Glasware sowie mit Zinnfiguren und Zinnfigurendioramen. Beeindruckend ist die naturhistorische Abteilung mit einer bunten Sammlung von tropischen Schmetterlingen, Käfern und Insekten sowie von einheimischen Vögeln und Säugetieren. Der Hit ist ein ausgestopfter, sechsjähriger Wolf, den man 1952 im nur 48 km entfernten Bützow gefangen hat. Das Museum kann sogar mit einer eigenen Präparationswerkstatt aufwarten. Eine kleine Idylle hinter dem Haus ist der Museumsgarten, wo auch schon mal die Enten schnattern. In dem vorbildlich angelegten und buchsbaumumrankten Kräutergarten geht es quer durch das Refugium der Heilpflanzen und Gewürze.

Außerhalb der Altstadt liegt auf einer Anhöhe die evangelische **Stadtkirche** (Gottesdienst So 9.30–10.30 Uhr, gelegentlich in plattdeutscher Sprache!). Der rechteckige und kompakte Saalbau aus Backstein stammt im Kern aus dem 13. Jh. Eine Restaurierung im Jahr 1842 veränderte die Kirche jedoch sehr und beließ von den alten Formen nur noch das Südportal (Schlüssel im Pfarrhaus gegenüber).

In der Umgebung von Goldberg kann man Wasservögel besonders gut aus nächster Nähe in den **Langenhägener Seewiesen** betrachten. Dieses renaturierte Feuchtbiotop westlich von Goldberg ist mit dem Auto auf der Straße nach Terchentin und Mestlin zu erreichen. Ein ausgewiesener Naturlehrpfad führt rund um die Seen.

Information: Fremdenverkehrsamt, Lange Str. 66, 19399 Goldberg, ✆ 03 87 36/71 21, Fax 71 25.

Hotels: Hotel Seelust ($$), Am Badestrand 4, ✆ 7 44 03 oder 71 56, Fax 71 58 (an Wald und Wasser, Sauna, Restaurant, mecklenburgisches Hochzeitszimmer); Hotel Zur Sonne ($), Lange Str. 64, ✆ 2 11, Fax 72 11 (Appartements). **Pensionen:** Landgasthof Zur Schwinzer Heide ($), Hauptstr. 20, Wendisch Waren, ✆ 73 46; Brunnenhotel ($), Lange Str. 103, ✆ 9 16 (Etagenbad).

Camping: Waldsee-Camp Diana, Wooster Teerofen, ✆ 77 48 (netter, familiengeführter Platz mitten im Heidegebiet des Naturparks Nossentiner und Schwinzer Heide); Campingplatz Goldberger See, Kirchenstr. 22, Goldberg, ✆ 01 72/3 92 63 57.

Aktivitäten: Reiten: Pferdepension Uwe Ritter, Tannenweg 35a, 19399 Below, ✆ 01 61 44/0 84 71 (auch Kutschfahrten); Pferdepension Wolfgang Kring, Seestr. 6, 19399 Neu Damerow, ✆ 03 87 38/13 21 (Kutschfahrten, Ferienwohnungen, Indianershow und Übernachtungen im Tipi für Kinder).

Der Mecklenburger Wald

Der Mecklenburger Wald bestand ursprünglich aus Buchen, Traubeneichen und Kiefern. In grauer Vorzeit, als die Menschen noch bescheiden als Jäger und Sammler lebten, war das Land fast vollständig von Wald bedeckt. Aber schon im Mittelalter war die Waldfläche auf einen Gesamtanteil von nur 10% zusammengeschrumpft. Dafür war einerseits natürlich der Ackerbau, andererseits aber auch ungehemmte Brandrodung und der Holzverbrauch verantwortlich.

Besonders im 18. und 19. Jh. begann der Raubbau an der Natur: Teeröfen und Glashütten verbrauchten enorm viel Brennholz. Ortsnamen wie Nossentiner Hütte oder Wooster Teerofen erinnern noch an diese Zeit. Nach dem Abholzen wurden planmäßig wieder Kiefernforste zum erneuten Abholzen angelegt, denn auf den unfruchtbaren Sandböden brachte die Holzgewinnung mehr ein als der Ackerbau.

Dieses Wiederaufforsten wird bis heute betrieben. Aufgeforstete Wälder erkennt man leicht an ihrer Monostruktur. Reine Kiefernwälder beispielsweise bilden kein intaktes Ökosystem. Sie sind anfällig für Schädlinge, produzieren wenig Humus und knicken bei Sturm leicht um. Deshalb sind die Förster bemüht, den Laubbaumanteil allmählich zu erhöhen, zumal der artenreiche Mischwald in ökologischer Hinsicht für Pflanzen und Tiere die ideale Waldform darstellt.

Die B192 von Dobbertin nach Sternberg führt auf der linken Seite zunächst eine Zeitlang parallel zur Mildenitz. Auf der rechten Seite erstreckt sich zwischen den Örtchen Neuhof und Neu Woserin der Woseriner See. In Borkow geht eine Brücke über die Mildenitz; zu DDR-Zeiten war der Ort für große Kinderferienlager bekannt. Von Borkow sind es nur noch 11 km bis Sternberg, am Südufer des gleichnamigen Sees, der immerhin eine Fläche von 3 km² hat und zum Wassersport einlädt.

Sternberg und Umgebung

Sternberg

Sternberg ist eine Kleinstadt mit knapp 5000 Einwohnern, die auf eine bewegte Geschichte zurückblicken kann. 1248 gründete Fürst Pribislaw I., ein Urenkel des letzten Slawenfürsten Niklot, die Stadt und verlieh ihr das Parchimer Stadtrecht. Die Blütezeit begann nach einem schlimmen Stadtbrand im

Jahr 1309, als Heinrich II., genannt der Löwe, Sternberg zu seinem Lieblingsaufenthalt machte und hier bis 1329 residierte. Das schachbrettartige Straßennetz der alten Anlage kann man noch heute gut erkennen. Hinter der Kirche sind Reste der alten **Wallmauer** erhalten, und ganz in der Nähe zeugt das **Mühlentor,** ein schlichter gotischer Backsteinbogen, noch von dieser Zeit. Nett anzuschauen sind auch die schmucken **Fachwerkhäuser** in der Altstadt. Zwischen Erd- und Obergeschoß tragen viele von ihnen das typische Sternberger Band, einen hölzernen Zierstreifen mit Rautenmuster.

Sternberg, Mühlentor mit Wallmauer

Gleich an der Kirche, in der Mühlenstraße 6, hat das **Heimatmuseum** seinen Sitz in einem netten Fachwerkhaus, das wiederum seine eigene, ganz interessante Geschichte hat (April–Okt. Di–Fr 10–12, 13–16, So 14–16 Uhr, Nov.–März Mi 10–16 Uhr, ✆ 21 62). Es wurde ursprünglich als Wirtschaftsgebäude des Fürstenhofs Heinrich II. des Löwen errichtet. Der Hof fiel 1741 einem Stadtbrand zum Opfer, nur dieses Häuschen blieb stehen. Die Bestände erklären die Sternberger Stadtgeschichte, die Ur- und Frühgeschichte dieser Gegend und zeigen auch viel von der bürgerlichen und handwerklichen Wohn- und Arbeitskultur des 19. und 20. Jh., sogar ein ureigener Brief von Martin Luther ist dabei. Eine Sonderausstellung führt durch das jugendstil-

Der Sternberger Kuchen

Ein Gebäck, das man nicht essen kann

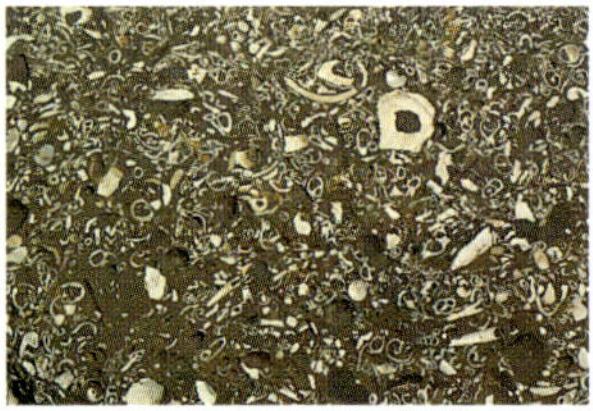

Keineswegs ein süßes und leicht verdauliches Gebilde meint, wer vom Sternberger Kuchen spricht. Das berühmte Stückchen ist eher ein bräunliches Tertiärgeschiebe, für das sich nicht die Naschkatzen, sondern die wissenschaftlich arbeitenden Geologen interessieren.

Vor 30 Millionen Jahren hatte die Natur ein besonderes Rezept für diese mecklenburgische Originalspeise: Gemischt wurden Krebse, Haifischzähne, Schneckenhäuser, Korallen, Seesterne, Holzreste sowie alle möglichen Arten von Fischen. Dann wurde das Ganze ordentlich durchgeknetet und mit eisenhaltigem Sandstein gebunden. Nun mußte der Ballen 30 Millionen Jahre unter Druck ruhen und wurde ab und zu mit etwas Wasser übergossen.

Genauestens erklärt wird die Entstehung dieses fossilen Gesteins vor dem größten bekannten Exemplar von acht Zentnern im Sternberger Heimatmuseum. Wer kein Finderglück in der Umgebung von Sternberg hat, kann sich ein kleineres Erinnerungsklümpchen aus dem Heimatmuseum mit nach Hause nehmen.

möblierte Arbeitszimmer des Sternberger Heimatforschers Johannes Dörwaldt. Der Museumshof ist ein Freilichtgarten, in dem bäuerliches und handwerkliches Arbeitsgerät zu besichtigen ist. Hier werden in den Sommermonaten gelegentlich Museumsfeste veranstaltet.

Ein wenig angenehmes Kapitel der Stadtgeschichte ist die Sternberger Hostienschändung im Jahre 1492. Die Ratsakten berichten, daß der Jude Eleasar vom Meßpriester geweihte Oblaten erhalten und diese zerschnitten habe, worauf das ›Heilige Blut‹ aus ihnen geflossen sein soll. Um die Hostien zu beseitigen, soll Eleasars Frau versucht haben, sie ins Wasser zu werfen, und dabei in einen Stein eingesunken sein. Im Nu war unter den Katholiken eine Judenverfolgung ausgelöst, durch die allein in Sternberg 27 Juden verbrannt wurden. Das Ketzergericht wurde auf dem Judenberg, nahe dem Luckower See, vollzogen. Das Pogrom griff immer mehr um sich und endete schließlich mit einem 200jährigen Siedlungsverbot für Juden in ganz Mecklenburg. Sternberg war fortan ein vielbesuchter Wallfahrtsort, dem ein Pilgerstrom aus ganz Europa einen gewissen Reichtum und viele Geschenke bescherte. Den schlagkräftigen ›Beweis‹ der Schändung, nämlich einen Stein, der zwei Fußabdrücke in Schuhgröße 49 zeigt, mauerte man in die Außenwand am Südportal der Heiligen Blutskapelle der Stadtkirche **St. Maria und St. Nikolaus** ein.

Besonders schön und harmonisch gestaltet ist der Innenraum dieser frühgotischen Backsteinhallenkirche aus dem Ende des 13. Jh. (im Sommer Mo–Sa 11.30–12, 13–15 Uhr, Gottesdienst So 10 Uhr). Das rot übermalte Gemäuer reflektiert das Licht auf angenehme und warme Art. Das Kreuzrippengewölbe ruht auf schlanken Pfeilern und Diensten, verbunden durch zierliche Schildbögen. Das große Altargemälde und die Kanzel stammen, genau wie außen der Helm des kräftigen Turms, aus barocker Zeit. In der Turmhalle sticht das großformatige Wandfresco des an der Berliner Akademie ausgebildeten Malers Fritz Greve ins Auge; dieses Historienbild von 1896 stellt die Einführung der Reformation in

Heilige Blutskapelle: ›Fußbeweis‹

Stadtkirche von Sternberg

Mecklenburg durch die Ständeversammlung an der Sagsdorfer Brükke dar. Wer absolut möchte, kann den Turm ersteigen, denn von hier oben hat man eine der besten Aussichten über die Sternberger Seenlandschaft (Schlüssel direkt gegenüber in der Küsterei).

Nur wenige Schritte weiter befindet sich der Marktplatz, der 1850 an seiner Nordseite ein schönes **Rathaus** im neogotischen Stil erhielt.

Die Umgebung von Sternberg

Nahe Sternberg gibt es weitere interessante und geschichtsträchtige Objekte zu besichtigen, die sich sehr gut in kleinen Tagestouren erschließen lassen:

Auf dem Wege nach Bützow z. B., 3 km nördlich von Sternberg, führt eine Abzweigung nach links Richtung Groß Görnow in den Ort Sagsdorf. An der **Sagsdorfer Warnow-Brücke** erinnert ein Gedenkstein an die mecklenburgische Ständevertretung, die hier 1549 unter freiem Himmel tagte und dabei die lutherische Lehre für das ganze Land annahm. Dieser ständische Landtag, bestehend aus Fürsten, Rittern, Geistlichen und Ständevertretern, hatte sogar bis 1918 in Sternberg seinen Sitz.

Am Landgut in Groß Görnow leitet ein Hinweis bis zu einem Parkplatz, wo ein Rundwanderweg in das **Warnowdurchbruchtal** beginnt. Das 80 ha große Naturschutzgebiet ist eine einmalig schöne, bis zu 30 m tiefe Landschaftsrinne, die vor 25 000 bis 10 000 Jahren während der Weichselvereisung entstand, als das Eis zwischen den Endmoränen eine

Groß Raden, Altslawischer Tempelort

lange Gletscherzunge hindurchschob und so eine Abflußmöglichkeit für das Tauwasser der Gletscher schuf.

Mittlerweile über Mecklenburg hinaus bekannt ist der altslawische Tempelort **Groß Raden,** nur 5 km nördlich von Sternberg. In Sternberg fährt man erst immer Richtung Bützow, der Weg ist dann gut ausgeschildert. Auf einer flachen Landzunge in dem Groß Radener See haben Schweriner Archäologen mit der Unterstützung einheimischer Betriebe zwischen 1973 und 1980 einen kompletten frühgeschichtlichen Siedlungskomplex von immerhin 7000 m^2 ausgegraben und ab 1987 rekonstruiert. Dabei kamen nicht weniger als 95 000 Einzelfunde zutage. Dieses archäologische Freilichtmuseum

teilt sich in einen Museumsbereich und eine Freilichtanlage (April–Okt. tägl. 10–17.30 Uhr, Nov.–März nur für Gruppen nach Voranmeldung, ✆/Fax 0 38 47/22 52). Im Museumsgebäude wird eine einmalige Dokumentation zur Geschichte und Kultur der Nordwestslawen vom 7.–12. Jh. präsentiert. Auf dem Freigelände kann man zwei Siedlungsphasen voneinander unterscheiden. Da gibt es einmal die Palisadenmauer, den Sohlgraben, mehrere Flechtwandhäuser und den Tempel aus dem 9. Jh.; aus dem 10. Jh. stammen die Blockhäuser, die Brücke mit Brückenhaus, der Burgwall und technisches Gerät.

Information: Fremdenverkehrsamt Sternberg, Mühlenstr. 14, 19406 Sternberg, ✆/Fax 0 38 47/ 45 10 12.

Hotels: Seehotel Sternberg am See ($$$), Johannes-Dörwald-Allee 1, ✆ 4 31 20, Fax 43 12 16 (ausgezeichnet geführtes, modernes Hotel Relais du Silence, ruhig und am See gelegen, große Sonnenterrasse, bestes Restaurant der ganzen Umgebung, Sauna, Pool, Fahrrad- und Bootsverleih, Tagungsräume). **Pensionen:** Kiek up'n See ($), Kastanienallee 36, 19406 Groß Raden, ✆/Fax 0 38 47/31 10 78 (Restaurant, behindertengerecht, strandnah, Fahrradverleih); Pension Luckower See ($), Maikamp, ✆ 28 72; Pension Wagner ($–$$), Seestr. 5, 19406 Kukuk, Am Klein Pritzer See, ✆ 03 84 85/2 00 26; Ferienparadies Klein Pritz, 19406 Klein Pritz, ✆ 03 84 85/2 52 96 (ganzjährig Pensionszimmer).

Camping: Campingplatz Luckower See, ✆ 25 34, Fax 53 76 (direkt am Wasser).

Restaurants und Lokale: Gaststätte Am Markt, Am Markt 8, ✆ 23 41; Seeperle, Am Maikamp, ✆ 27 34; Heidberghotel, Güstrower Chaussee, ✆ 22 85; Gaststätte Zum Burgwall, Groß Raden, ✆ 24 61 (mit Biergarten); Waldschänke, Borkow, ✆ 03 84 85/2 03 24; Waldeslust, Dabel, ✆ 03 84 85/2 04 72.

Souvenirs/Einkaufen: Fischerei Rettig, Seestr. 13, ✆ 28 84 (Fisch zum Mitnehmen); Teichwirtschaft Frischke, Am Karpfenteich 1, ✆ 24 93 (Fisch zum Mitnehmen).

Veranstaltungen und Festivals: April: Osterschießen der Sternberger Schützengilde (Ostersamstag). Mai: Frühjahrsregatta des Sternberger Seglervereins. Juni: Sternberger Heimatfest (Flohmarkt, Disco, Lesungen auf plattdeutsch, Orgelkonzerte). Juli: Fischerfest, Museumswoche im altslawischen Tempelort Groß Raden (Töpfern, Weben, Spinnen, Korbflechten, Bronzeguß und Brotverkostung). Dezember: Weihnachtsmarkt.

Aktivitäten: Angeln: Seenfischerei, Seestr. 13, ✆ 28 84; Forellenangeln im Teich, Am Karpfenteich 1, ✆ 24 93. **Baden:** ortsnahe Strandbäder am Großen Sternberger See, Dörwald Allee, und am Luckower See. **Bootsverleih:** am Sternberger See und am Luckower See. **Reiten:** Reiterhof Deutschkämer und Knak, Gägelower Weg 1, 19496 Dabel, ✆/Fax 0 38 47/31 19 38 (Voltigieren, Planwagen, Gastpferde); Ferienhof Hildebrandt, Dorfstr. 34, 19406 Pastin, ✆/Fax 0 38 47/28 02 oder 31 15 87 (Übernachtungsmöglichkeit, Gastboxen, Ponyreiten); Galloway Hof, Lindenhof 1, 19412 Sülten, ✆ 01 61/4 40 55 75 (mit Unterkunft, Reithalle, Dressurplatz, Ponyreiten, Gastboxen). **Wandern:** Das Fremdenverkehrsamt verschickt auf Anfrage eine Wanderkarte von Sternberg und Umgebung.

Verkehrsverbindung: mit der Bahn: DB AG, Auskunftsschalter, Bahnhofstr., ✆ 23 36. Taxi: Günter Bauer, ✆ 23 68; Marko Dombrowski, ✆ 27 68; Adelheid Pilz, ✆ 28 17.

Ein Ausflug nach Schwerin

Schwerin wird wegen seiner unübersichtlichen und zerfransten Lage an zwölf verschieden großen Seen und seiner weiten Park- und Baumlandschaften zu Recht als Stadt der Seen und Wälder bezeichnet. Die mecklenburgische Kapitale ist die älteste deutsche Stadtgründung rechts der Elbe, mit ihren nur 130 000 Einwohnern allerdings wiederum die kleinste aller deutschen Landeshauptstädte. Das kleinteilige Stadtbild besticht durch ein Nebeneinander verschiedenster Baustile; da gibt es ein hutzeliges Fachwerkhäuschen neben einer eleganten Stadtvilla. Zwischen 1160 und 1918 war Schwerin fast durchgehend Residenzstadt des Mecklenburger Fürstenadels. Zwei kurze Unterbrechungen gab es einmal durch Wallenstein, der das Land zwischen 1629 und 1631 von Güstrow aus regierte, und ein anderes Mal zwischen 1756 und 1837, als die Herzöge von Mecklenburg-Schwerin ihre Residenz nach Ludwigslust verlegten.

Vermutlich befand sich schon in früher Zeit eines der heidnischen Stammesheiligtümer der slawischen Obotriten auf der Stelle des heutigen Doms. Bischof Thietmar von Merseburg jedenfalls berichtet in seiner Chronik schon um das Jahr 1000 von der slawischen Fürstenburg *Zuarin* auf der Schloßinsel. Doch im 12. Jh. bereiteten die Christianisierungsversuche der deutschen Fürsten dem slawischen Heidentum ein Ende. 1154 ist die erste christliche Gemeinde auf der Stelle des slawischen Kultplatzes bezeugt, und als 1160 Heinrich der Löwe, Herzog von Sachsen und Bayern, mit Heeresgewalt in das Land einbricht und den Slawenfürsten Niklot unterwirft, brennt die Burg *Zuarin* nieder und wird durch die Neugründung einer Stadt ersetzt. Neben Lübeck und Ratzeburg stiftet Heinrich in Schwerin ein drittes Bistum im norddeutschen Raum. Zunächst macht er den Braunschweiger Ritter Gunzelin von Hagen zum Statthalter. Als aber Niklots Sohn Pribislaw den christlichen Glauben annimmt, wird er als Heinrichs Vasall zum Herrscher über das einst von seinem Vater regierte Gebiet eingesetzt. So lenkten Niklots Erben bis 1918 die Geschicke des Landes,

Schweriner Dom

erst als Grafen von Schwerin, ab 1348 als Herzöge und seit 1915 als Großherzöge.

Einen Rundgang durch die Schweriner Altstadt beginnt man am besten am **Pfaffenteich** (1), der einst dem Schweriner Domkapitel gehörte. Der angestaute See mit seinen Wasserspielen und Uferpromenaden erinnert die Hamburger meist an ihre Binnenalster (Parkmöglichkeit am Spieltordamm und am Bahnhof, die Altstadt ist teilweise für Autos gesperrt).

Am südlichen Rand des Pfaffenteichs liegt das kastellartige **Arsenal** (2), 1844 ursprünglich vom Hofbaumeister Georg Adolph Demmler als Zeughaus, Hauptwache und Militärgericht erbaut. Heute hat hier das Innenministerium des Landes seinen Sitz.

Vom östlichen Ufer des Pfaffenteichs grüßt der Turm der Kirche **St. Nikolai** (3) auf dem Schelfmarkt. Wer schon asphaltmüde Füße hat, kann kurz mit der Fähre hinüberfahren. Die Schelfstadt (*schelf* = flache Insel) ist eine geschlossene barocke Siedlung mit vielen hübschen Fachwerkhäusern. Dieses stimmungsvolle Viertel ist wegen seines Verfalls das interessanteste Sanierungsgebiet der nächsten Jahre. Das stolze backsteinerne Gotteshaus, auch einfach Schelfkirche genannt, wurde 1713 von Leonhard Christoph Sturm vollendet.

Über die Bischofstraße gelangt man zum **Dom** St. Maria und St. Johannes (4) mit seinem etwa 118 m hohen Turm, dem beherrschenden Bauwerk der Innenstadt (Mo 10–13, 14–16, Di–Sa 10–13, 14–17, So 13–17 Uhr). Die 220 Stufen hohe Aussichtsplattform dieses höchsten Kirchturms des Landes Mecklenburg bietet einen wundervollen Blick über die Dächer der Stadt. Die dreischiffige Ba-

Schwerin: 1 Pfaffenteich 2 Arsenal 3 St. Nikolai 4 Dom 5 Neues Gebäude 6 Altstädtisches Rathaus 7 Schlachtermarkt 8 Kollegiengebäude 9 Altes Palais 10 Mecklenburgisches Staatstheater 11 Staatliches Museum 12 Schloß

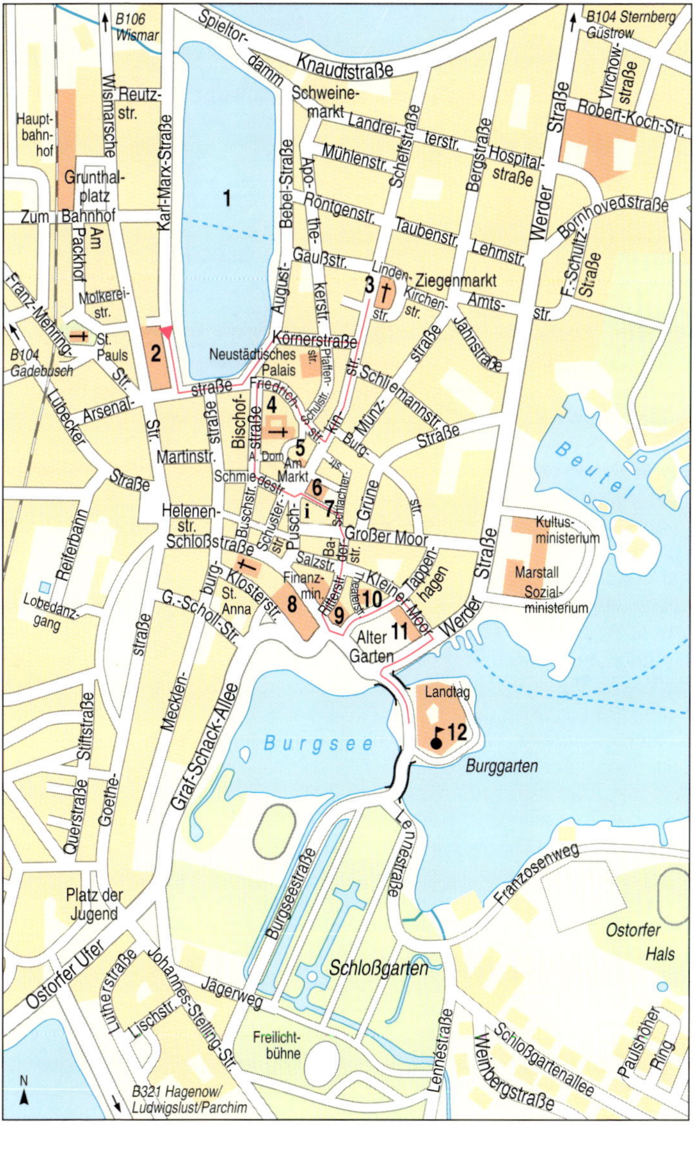
B106 Wismar
Spieltor-damm
Knaudtstraße
B104 Sternberg Güstrow
Virchow-straße
Robert-Koch-Str.
Haupt-bahn-hof
Wismarsche
Reutz-str.
Karl-Marx-Straße
Schweine-markt
Landrei-terstr.
Mühlenstr.
Schelfstraße
Bergstraße
Hospital-straße
Straße
Werder
Bornhovedstraße
Grunthal-platz
Zum Bahnhof
Am Packhof
1
Bebel-Straße
Apo-the-kerstr.
Röntgenstr.
Taubenstr.
Lehmstr.
Gaußstr.
August-
Linden-str.
3
Ziegenmarkt
Kirchen-str.
Amts-str.
F.-Schultz-Straße
Franz-Mehring-Str.
Molkerei-str.
St. Pauls Str.
B104 Gadebusch
2
Körnerstraße
Neustädtisches Palais
Pfaffen-str.
Schulstr.
Klosterstr.
Friedrich-str.
straße
Jahnstraße
Schliemannstr.
Münz-Straße
Lübecker Straße
Arsenal-str.
Bischof-straße
4
5
A. Dom
Am Markt
Burg-
Martinstr.
Schmiedestr.
6
7
i
Schlachter-str.
Grüne Str.
Beutel
Helenen-str.
Schloßstraße
Buschstr.
Schuster-str.
Puschkin-
Großer Moor
Ba-der-str.
Salzstr.
Kultus-ministerium
Marstall
Sozial-ministerium
Reiferbahn
Lobedanz-gang
G.-Scholl-Str.
Klosterstr.
St. Anna
8
Finanz-min.
Ritterstr.
9
Theaterstr.
10
Kleiner Moor
Tappen-hagen
Werder Straße
11
Alter Garten
Landtag
12
Mecklen-burg-straße
Graf-Schack-Allee
Burgsee
Burggarten
Stiftstraße
Querstraße
Goethe-str.
Lennéstraße
Franzosenweg
Burgseestraße
Platz der Jugend
Ostorfer Ufer
Schloßgarten
Ostorfer Hals
Lutherstraße
Johannes-Stelling-Str.
Lischstr.
Jägerweg
Freilicht-bühne
Schloßgartenallee
Weinbergstraße
Paulshöher Ring
N
B321 Hagenow/ Ludwigslust/Parchim

silika mit dem mächtigen Querhaus wurde etappenweise zwischen 1270 und 1417 errichtet, der Turm kam erst 1892 dazu. Bedeutende Kunstschätze im Inneren sind die hoheitlichen Grabmäler verschiedener mecklenburgischer Fürsten, der gotische Flügelaltar von 1480 und die majestätische Ladegastorgel, die 5197 Pfeifen aufweisen kann (Orgelmusik Mo 14.30 Uhr).

Gleich hinter dem Dom öffnet sich der **Marktplatz,** an dessen Rand das **Neue Gebäude** (5) steht. In der Säulenhalle dieses markanten schmalrechteckigen Baus fand von 1785 bis hinein ins 20. Jh. der Schweriner Markt statt. Die stimmungsvollen Kellerräume des Hauses bergen das Gewölberestaurant mit einer empfehlenswerten Fischküche (Di–Sa 12–22, So 12–21 Uhr, ✆ 56 51 66).

Rechtwinklig dazu liegt das **Altstädtische Rathaus** (6). Das strahlend helle Gebäude hat einen mittelalterlichen Kern. Hinter der einheitlichen Fassade, die Georg Adolph Demmler 1835 im Stil der Tudorgotik vorblendete, verbergen sich vier barocke Fachwerkhäuser. Hoch oben auf den Zinnen reitet der Stadtgründer Heinrich der Löwe als goldene Statuette. An der Rückseite des Rathauses befindet sich ein Glockenspiel, das zu jeder vollen Stunde Mecklenburgs beliebtestes Volkslied, ›Von Herrn Pasturn sien Kauh‹, spielt.

Auf dieses Lied bezieht sich auch der Reliefschmuck am Brunnen mitten auf dem **Schlachtermarkt** (7) (Durchgang links vom Rathaus). Im Schatten der hohen Linden bieten hier die Obst- und Gemüsehändler auf dem Schweriner Wochenmarkt ihre Waren an (Di–Fr 8–17, Sa 8–13 Uhr). Eine Gedenktafel erinnert an die Synagoge, die im Garten des Privathauses Nr. 3 stand und in der Pogromnacht vom 9. auf den 10. November 1938 verwüstet wurde.

Ochsenbrunnen in Schwerin

Am Ende der Schloßstraße liegt das klassizistische **Kollegiengebäude** (8), das heute als Staatskanzlei dient. Hier hat der amtierende Ministerpräsident Berndt Seite seinen Sitz. Die Schweriner betiteln den seitlichen Durchgang zur Klosterstraße nicht ohne Grund als Beamtenlaufbahn, denn sie spielen damit auf Schwerins angeknacksten Ruf als entscheidungsunfreudige und schwerfällige Beamtenstadt an.

Gegenüber steht das **Alte Palais** (9), ein großer Fachwerkbau, der 1799 für den Mecklenburger Erbprinzen Friedrich Ludwig und seine 15jährige Gemahlin, die russische Zarentochter Helena Paulowa Romanowa, errichtet wurde. Als Helena nur vier Jahre später starb, diente es in den nachfolgenden Jahren mehreren Herzoginnen als Witwensitz.

An dieser Stelle öffnet sich der **Alte Garten,** ein großer Platz, wegen seiner repräsentativen Randgebäude auch häufig als die gute Stube Schwerins bezeichnet. Tatsächlich befand sich hier nach 1633 ein großes Gartengelände, das aber bald zum Exerzierplatz umfunktioniert wurde.

1886 hob sich der erste Vorhang im **Mecklenburgischen Staatstheater** (10), einem außen wie innen prächtig dekorierten Traditionstheater. Das Haus war schon zu DDR-Zeiten durch seine mutigen Inszenierungen bekannt und macht auch heute wieder durch außerordentliche Aufführungen über die Landesgrenzen hinaus von sich reden, entweder im Großen Haus mit Oper, Konzert und Ballett, in der Kammerbühne mit Schauspiel oder in der Niederdeutschen Bühne Fritz Reuter (Theaterkasse ✆ 5 30 01 23).

Am Kopf des Platzes neben dem Theater führt eine breite Freitreppe hinauf in einen griechischen Tempel, den Großherzog Friedrich Franz II. im Jahre 1882 als Museum erbauen ließ. Heute hat hier das **Staatliche Museum** (11) seinen Sitz. Die prächtige und reiche Kunstsammlung beherbergt eine der bedeutsamsten deutschen Sammlungen holländischer, altniederländischer und flämischer Malerei und Grafik des 17. Jh., darunter so bekannte Maler wie Frans Hals, Carel Fabritius und Peter Paul Rubens. Die Bestände werden ergänzt durch eine Impressionisten-Sammlung von Weltrang, eine Kollektion Meißner Porzellans, kostbare Möbel und Goldschmiedearbeiten, mittelalterliche Kunst aus Mecklenburg und Werke der DDR-Kunst (Di 10–20, Mi–So 10–17 Uhr, ✆ 59 24 00).

Schwerin, Staatliches Museum

Über die von schönen Kandelabern gesäumte Schloßbrücke geht es hinüber auf die Schloßinsel, wo sich das **Schloß** (12), Wahrzeichen der Stadt Schwerin, erhebt. Es ist ein bedeutendes und glanzvolles Baudenkmal des Historismus und wird wegen seiner vielen Baustile von Spöttern auch gern als ›mecklenburgisches Neuschwanstein‹ bezeichnet. Vorherrschend ist der Stil der Neorenaissance. Die heutige Schloßansicht entstand zwischen 1845 und 1857, als Großherzog Paul Friedrich aus Ludwigslust zurückkehrte und auf den kaum bewohnbaren Zustand seiner Schweriner Residenz mit einer Generalüberholung reagierte. Baumeister Demmler ließ sich vom französischen Schloß Chambord an der Loire inspirieren. Der Berliner Architekt Friedrich August Stüler vollendete das Bauwerk. Als der Großherzog 1918 abdankte, ging das Schloß in Staatsbesitz über. Später hatte hier bis 1981 die Pädagogische Schule zur Kindergärtnerinnenausbildung ihre Lehrräume. Seit 1990 hat nun hier der Landtag seinen Sitz.

Einen Besuch im Schloßmuseum sollte man sich keinesfalls entgehen lassen (Di–So 10–18 Uhr, ✆ 56 57 38). Während in der Beletage die äußerst geschmackvollen Wohnräume der Großherzogin zu besichtigen sind, präsentieren sich in der Festetage die Prunk- und Gesellschaftsräume des Großherzogs mit dem Thronsaal als Höhepunkt. Besonders kostbar sind die Decken und Intarsienfußböden. Wie überall in der Stadt begegnet auch bei einer Schloßführung die Geschichte vom Petermännchen, einem fidelen, à la Musketier gekleideten Zwerg, der jahrhundertelang als guter Schloßgeist gespukt und – zum Spaß der Kinder – allen Bösewichten heimlich Ohrfeigen versetzt haben soll. Zum Museum gehört auch die Galerie Malerei in Mecklenburg, die in den ehemals herzoglichen Kinderzimmern bis zu 200 Jahre alte Werke von einheimischen Künstlern ausstellt.

Über eine nicht mehr funktionstüchtige Drehbrücke an der Lennéstraße gelangt man in den barocken Schloßgarten. Zwischen Kreuzkanal, Lindenalleen und Skulpturenkopien des Barock-Bildhauers und Architekten Balthasar Permoser, der mit dem Dresdener Zwinger sein bekanntestes Werk schuf, kann man sich von der Asphaltlauferei auf angenehme Weise erholen.

Information: Schwerin-Information, Am Markt 11, 19053 Schwerin, ✆ 03 85/56 09 31; Zimmerreservierungen: ✆ 56 51 23, Fax 55 50 94; Stadtführungen: ✆ 55 50 82, Fax 56 27 39. **Stadtrundfahrten:** Petermännchen, Am Wasserturm 5, ✆/Fax 71 60 41 (Abfahrt tägl. 10.30, 12.30, 14, 15.30 und 16.30 Uhr ab Markt). **Kulturprogramm:** ›Schwerin Magazin‹ mit Tips für jeden Tag kostenlos in Schweriner Buchhandlungen erhältlich.

Hotels: Plaza Schwerin ($$$–L$$$), Am Grünen Tal, ✆

Innenhof im Schweriner Schloß

3 48 20, Fax 34 10 53 (zentral, luxuriös, Zimmer mit Fax, Fitneßraum, Piano-Lounge); Hotel Arte ($$$–L$$$), Dorfstr. 6, Schwerin-Krebsförden, ✆ 6 34 50, Fax 6 34 51 00 (ästhetisch eingerichtete Zimmer im Provence-Stil, Gartenterrasse, Bar, Fitneßbereich, Restaurant, Konferenzräume); Hotel Zur guten Quelle ($$–$$$), Schusterstr. 112, ✆/Fax 56 59 85. **Pensionen:** Hospiz am Pfaffenteich ($–$$), Gaußstr. 19, ✆ 56 56 06, Fax 56 96 13 (Hotel Garni); Hotel am Heidberg, Rogahner Str. 20, ✆ 61 11 36, Fax 61 11 20 (Hotel Garni). **Feriendorf:** Erholungszentrum Retgendorf, Kiefernweg 1, 19067 Retgendorf, ✆/Fax 0 38 66/417 (familienfreundliche Ferienwohnungen im Grünen, mit Restaurant).

Camping: Campingplatz Süduferperle, 19065 Raben Steinfeld, ✆ 0 38 60/3 12.

Tip: Hotel Christinenhof ($$$), Schweriner Str. 9, 19067 Cambs, ✆ 0 38 66/6 60, Fax 66 55 (Geheimtip,

12 km außerhalb, am Cambser See, individuell eingerichtete Zimmer, z. T. rollstuhlgerecht, Seminarräume, empfehlenswertes Restaurant, Pianobar, Terrassen).

Restaurants und Lokale: Primavera, im Hotel Plaza Schwerin, Am Grünen Tal, ✆ 3 48 20 (inspirierte italienische Küche in gehobenem Ambiente); Weinhaus Uhle, Schusterstr. 13–15, ✆ 56 29 56 (Traditionshaus in repräsentativen Räumen, umfangreiche Weinkarte und regionale Spezialitäten); Alt Schweriner Schankstuben, ✆ 56 51 14 (Weinstube und Grillrestaurant, kleine Karte, preiswerte und ordentliche Küche); Brasserie France, im Europa Hotel, Werkstr. 2, ✆ 6 34 00; Jagdhaus, Güstrower Str. 109, ✆ 56 12 16 (Wildspezialitäten, eine Kochmütze vom Gault Millau).

Bars und Discos: Piano-Bar Casablanca, Margaretenhof, ✆ 4 40 11; Bar Phillies, Wittenburger Str., ✆ 7 13 01 01; Diskothek YoYo, Berliner Platz, ✆ 37 51 66.

Souvenirs/Einkaufen: Keramikwerkstatt Birke Kästner, Großer Moor, ✆ 56 41 51; Schweriner Antiquariat, Puschkinstr. 59 (Bücher mit den Schwerpunkten DDR und Norddeutschland); Mecklenburg-Schweriner Fischerei, Schusterstr. 3 (frischer Fisch zum Mitnehmen).

Veranstaltungen und Festivals: April: Flottenparade (Eröffnung der Fahrgastschiffahrtssaison). Juni–August: Schweriner Kultursommer (Folklore-Veranstaltungen, Klassik- und Rockkonzerte); Musiksommer Mecklenburg (Klassische Konzerte an historischen Spielstätten). Juni: Töpfermarkt. Juli: Moormarkt (Künstler-Verkaufsausstellung in der Straße Großer Moor); Fünf-Seen-Lauf (Treff für ca. 2000 Läufer aller Altersklassen aus deutschen Landen). August: Schloßtriathlon (3,8 km Schwimmen im Schweriner See, 180 km Radeln um den See und 42 km Laufen im Schloßgarten). September: Winzerfest. Oktober/November: Kammermusiktage (abwechslungsreiches kammermusikalisches Programm unter wechselndem Motto). Dezember: Weihnachtsmarkt.

Aktivitäten: Angeln: Am Ankerplatz, Am Werder 20, ✆ 5 81 29 17; Binnenfischerei Schwerin, Bornhövedstr. 65, ✆ 86 45 06. **Baden:** Strandbad Zippendorf; Insel Kaninchenwerder. **Bootsverleih:** Marine Krüger, Hafenstr. 9, ✆ 56 30 13; Petermännchen-Segelschule, Platz der Freiheit 1, ✆ 73 43 93. **Fahrradverleih:** Hauptbahnhof, tägl. 8.30–19 Uhr, ✆ 8 35 23; Stricker, Alte Dorfstr., Schwerin-Zippendorf, ✆ 2 18 12 58. **Reiten:** Reiterhof Mecklenburg, Am Kamp 7, 19079 Sukow; Reitverein Hubertus, Raben Steinfeld, ✆ 21 14 04; Tilos Zucht- und Reitsportzentrum Zum Poggenhof, 19089 Demen, ✆ 01 61/6 30 61 72. **Rundflüge:** Fliegerclub Schwerin-Pinnow e. V., ✆ 0 38 60/2 15. **Schiffstouren:** Weiße Flotte-Fahrgastschiffahrt, Anlegestelle Schloß, ✆ 5 81 15 96 (Rund- und Charterfahrten auf dem Schweriner Innen- und Außensee). **Segeln:** Schweriner Yachtclub, Franzosenweg 17b, ✆ 81 25 63; Schweriner Segelverein, Werderstr., ✆ 81 26 74.

Verkehrsverbindungen: Autovermietung: Europcar, Grevesmühler Str. 18, ✆ 4 11 33; Hertz, Wittenburger Str. 116, ✆ 7 85 19 41. Busverbindung: Vom Hbf. nach Parchim, Plau, Neubrandenburg, Güstrow. Taxi-Ruf: ✆ 5 55 66.

Route 3: Die Kleinmecklenburger Seenplatte

Karte in der hinteren Umschlagklappe

Eine Rundfahrt durch das Land der dreihundert kleinen und allerkleinsten Seen tief im Süden des Landes bis hinein ins Brandenburgische – eine gemütliche und naturbelassene Landschaft, Urbild provinziellen Charmes. Die Tour beginnt auf der romantischen Schloßinsel in Mirow, führt vorbei an Wäldern und Seen, über Schiffsschleusen und entlang der Deutschen Alleenstraße in so idyllische Kleinstädtchen wie Wesenberg und Userin. Ein Abstecher in die glückliche Kronprinzenzeit Friedrichs des Großen auf Schloß Rheinsberg ist auch dabei.

Von Mirow nach Diemitz

Mirow

Die Kleinstadt Mirow, an der Südostseite des langgestreckten Mirower Sees gelegen, bildet das Tor zur sogenannten Kleinmecklenburger Seenplatte. Das ist eine wassergesprenkelte Gegend ungefähr zwischen der Müritz im Nordwesten, Neustrelitz im Nordosten und Fürstenberg im Südosten. Mirow liegt am Müritz-Havel-Kanal, ist für die Wassersportler also wie ein kleiner Schalthebel zwischen Berlin und der Ostsee.

Schon 1227 ließen sich die Ritter des Johanniterordens in Mirow nieder, um das von Slawen bewohnte Gebiet zu christianisieren. Aus dieser Absicht leitet sich auch der Ortsname her, denn altslawisch *mir* heißt übersetzt ›Frieden‹. Im 14. Jh. erlangte der Orden unter dem Komturherrn Liborius von Bredow großen Reichtum. Ländereien wurden gekauft und bewirtschaftet, neben dem Ordenshaus Schweine und Schafe gezüchtet. Dieser Wohlstand lockte Handwerker und Bauern, die sich entlang dem Seeufer ansiedelten, und allmählich entstand der Ort Mirow. Als sich der Orden 1587 auflöste, bezog Herzog Karl von Mecklenburg das Ordenshaus als Residenz.

Bei einem Spaziergang durch die Altstadt längs der Schloßstraße sieht man viele niedrige **Bürger-**

häuser (1) aus verputztem Fachwerk, die alle aus der Zeit nach dem großen Stadtbrand von 1730 stammen.

Lauschig und romantisch ist es auf der Schloßinsel im Mirower See, die durch eine kurze Feldsteinbrücke mit dem Ort verbunden ist. Empfangen wird man von einem weißen **Torhaus** (2), dem ältesten Gebäude in Mirow, dessen Bau Herzog Karl 1588 anordnete. Über der Durchfahrt und der Fußgängerpforte prangt das herzogliche Wappen mit dem mecklenburgischen Stier und dem pommerschen Greifen in den Farben Schwarz, Rot, Grün und Gold.

Mirow, Kirche der ehemaligen Johanniter-Komturei

Links am Weg liegt die wieder aufgebaute **Kirche der ehemaligen Johanniter-Komturei** (3), die, schwer umkämpft von Deutschen und Russen, in den letzten Tagen des Zweiten Weltkriegs bis auf die Umfassungsmauern zerstört wurde. Die Kirche ist zugleich Grablege für alle Herrscher des Hauses Mecklenburg-Strelitz, die im 18. und 19. Jh. gelebt haben. 1704 hatte Herzog Adolf Friedrich II. das Mirower Erbbegräbnis durch den Anbau der Familiengruft an das Gotteshaus begründet (in den Sommermonaten tägl. 14–17 Uhr). Hier liegt also auch die Mumie Adolf Friedrich IV., den Fritz Reuter in seinem Roman ›Dörchläuchting‹ so wenig charmant charakterisierte.

Als Adolf Friedrich II. im Jahre 1708 starb, nahm seine dritte Frau Christiane Emilie Antoinie von Schwarzburg-Sondershausen ihren Witwensitz in Mirow und ließ sich anstelle des Ordenshauses ein Schloß, heute Unteres Schloß genannt, erbauen. Nachdem dieses 1742 durch einen Blitzeinschlag niedergebrannt war, entstand zwischen 1749 und 1760 nur wenige Meter entfernt das heutige **Schloß** (4) und gegenüber das Kavalier- und Küchengebäude (5). Das Schloß ist gut erhalten, erste Sanierungsarbeiten sind im Gange. Der zartgelbe Putzbau über H-förmigem Grundriß stammt vermutlich von dem herzoglichen Baumeister Christoph Julius Löwe. Der Innenausbau lag in den Händen so bedeutender Potsdamer Bildhauer

Mirow:
1 Bürgerhaus
2 Torhaus
3 Kirche der ehemaligen Johanniter Komturei
4 Schloß
5 Kavalier- und Küchengebäude
6 Liebesinsel

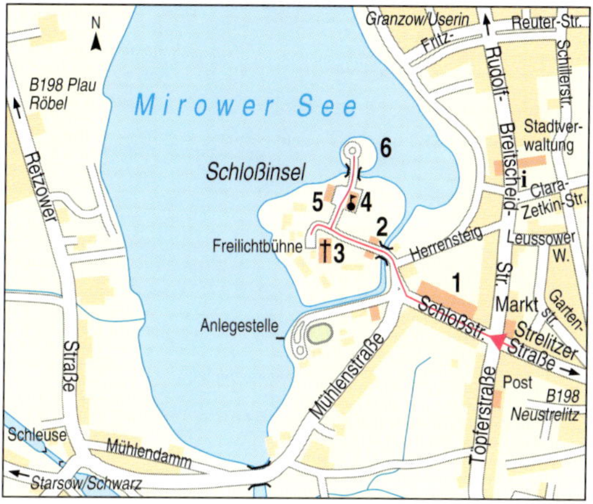

und Tischler wie Johann Melchior Kambly und Peter Schwitzer. Die Deckenstukkaturen, Holzschnitzereien und Marmorintarsien an Wänden und Türen, auch die Seidentapeten der meisten Räume sind noch erhalten. Besonders prächtig sind der Große Gartensaal im Erdgeschoß sowie der Festsaal und der Rote Salon im Obergeschoß.

Als man 1760 die Hofhaltung endgültig nach Neustrelitz verlegte, wurde Schloß Mirow zum zweiten Mal Sitz einer Prinzessinnenwitwe, diesmal von Herzogin Elisabeth Albertine von Sachsen-Hildburghausen. Schon im Jahr darauf starb die Prinzessin, und Mirow versank in eine 200jährige Bedeutungslosigkeit, die nur durch gelegentliche Sommeraufenthalte und die Beisetzungsfeierlichkeiten der herzoglichen Familie unterbrochen wurde. In den 70er Jahren unseres Jahrhunderts drehte die DEFA hier einige Filme. Nach der Sanierung ist eine Nutzung des Schlosses als Museum und als Ort kultureller Veranstaltungen geplant.

Seitlich führt eine zierlich gebogene Brücke mit kunstvoll geschmiedetem Geländer auf die **Liebesinsel** (6), wo Adolf Friedrich VI., der letzte regierende Großherzog von Mecklenburg-Strelitz, begraben liegt. Der Grund für die Wahl dieses unüblichen Bestattungsortes, abseits der Familiengruft in der Johanniterkirche, muß wohl der Selbstmord des Großherzogs gewesen sein. Er nahm sich 1918 das Leben, als er keinen Ausweg mehr aus einer unglücklichen, weil unstandesgemäßen Liebe wußte und sich zudem noch einer Spionageanklage nicht gewachsen fühlte, denn man vermutete die Weiterga-

Grabmal von Herzog Adolf Friedrich VI. auf der Mirower Liebesinsel

be von Informationen an seinen Bruder Michael, der General in russischen Diensten war. Die gebrochene Säule des Grabmonuments symbolisiert das unerfüllt gebliebene Leben des Großherzogs.

Information: Fremdenverkehrsbüro, Rudolf-Breitscheid-Str. 24, 17252 Mirow, ✆ 03 98 33/2 80 22, Fax 2 20 97.

Hotels: Seehotel Ichlim ($$), Am Nebelsee, 16909 Sewekow, ✆ 03 39 66/2 53, Fax 2 64 (nettes, privat geführtes Mittelklassehotel, sehr schöner und intimer Privatbadestrand, Restaurant, Surfbrett-, Boots- und Fahrradverleih, ideal für Familien); Mecklenburger Hof ($$), Töpferstr. 1, ✆ 2 03 02 (zentral, Restaurant, Terrasse). **Pensionen:** Pension Schloßinsel ($$–$$$), Schloßinsel Nr. 3, ✆ 2 03 46, Fax 2 21 80 (Seelage, Restaurant, Boots- und Fahrradverleih); Fischerhaus ($$), 17237 Blankenförde, ✆ 03 98 29/ 2 02 12 (Badestrand, Restaurant). **Feriendorf:** Granzow ($), Dorfstr., 17252 Granzow, ✆ 2 03 10, Fax 2 03 24 (am See, zweckmäßig eingerichtet, im Stil skandinavischer Blockhäuser). **Jugendherberge:** Retzower Str., ✆ 2 07 26 (inmitten von Wald und Wiesen, direkt am Mirower See, 6-Bett-Zimmer in Bungalows, geführte Kanadiertouren, Verleih von Ruderbooten, Fahrrädern, Iglu-Zelten).

Camping: Lahn Tours Mirow, Retzower Str., ✆ 2 20 98 (Wasserwander-Camp mit Kanuverleih).

Restaurants und Lokale: Blaue Maus, Schloßstr. 11, ✆ 2 17 35 (traditionsreiche Mirower Gaststätte, regionale Küche); Zum goldenen Löwen, Strelitzer Str., ✆ 2 03 01; Landgasthaus Peetsch, Dorfstr. 21, Peetsch, ✆ 2 04 91.

Veranstaltungen und Festivals: Juli: Mirower Inselfest (Volksfest mit Shows, Disco, Feuerwerk etc.).

Aktivitäten: Angeln: Sport und Freizeit, Schloßstr. 16, ✆ 2 02 65. **Baden:** Strandbad in Mirow, Strandstr. (Bootsverleih). **Bootsverleih:** Kanustation Granzow, Alter Badeaufsichtsturm, 17252 Granzow, ✆ 03 98 33/ 2 20 03, im Winter 0 40/6 92 81 04 (vorbildlich organisierter Verleih von Kanus, Kajaks und Fahrrädern, Zeltplatz, naturkundliche Führungen zu Wasser und zu Land). **Fahrradverleih:** Fahrradhaus Liebling, Rudolf-Breitscheid-Str. 12, ✆/Fax 2 05 19 (Mo–Fr 9–18, Sa 9–13 Uhr). **Kanuverleih:** Bootswerft Rick, Schloßinsel 6, ✆/Fax 2 05 13. **Reiten:** Reiterhof Schwarz, Dorfstr. 13, 17252 Schwarz, ✆ 03 98 27/4 60/4 55 (mit Unterkunft). **Schiffstouren:** Mirower Schiffahrtsgesellschaft, Am Wallgraben, ✆/Fax 2 22 70 (tägl. Rundfahrten ab Wallgraben über Seen und Kanäle der Umgebung).

An der südlichen Ausfahrt von Mirow fahren wir über die **Schleuse Mirow** am Müritz-Havel-Kanal, wo täglich zwischen 7 und 19 Uhr die Schiffe und Boote zwischen dem Elde- und Havelwasserspiegel hin- und hergeschleust werden. Der Schleusenmeister erzählt gern vom Bau der Anlage im Jahr 1935 und von den unendlich vielen Kubikmetern Müritzwasser, die hier in DDR-Zeiten hindurchflossen, wenn das frühere Atomkraftwerk

Mirower Schleuse

Rheinsberg wieder einmal Kühlung benötigte.

Hinter dem nächsten Ort Starsow begleitet eine stolze, silbrig glänzende Pappelallee die Landstraße und wird dann von weiten Kornfeldern und Obstbäumen abgelöst. Nach wenigen Kilometern ist **Schwarz** erreicht. Der kleine, gepflegte Ort fällt sofort wegen seiner sauberen Straßen, frisch gemähten Rasen und ordentlichen Blumenbeete auf. Proper ist es hier, aber nicht spießig. Links an der Straße steht das barocke Dorfkirchlein aus dem Jahr 1767. Teile der Ausstattung, der Kanzelaltar mit der Rokokoornamentik und das seitliche Pastoren- und Patronatsgestühl, stammen noch aus der Erbauungszeit (Schlüssel im Pfarrhaus oder der Küsterei gegenüber der Post). Einen netten Eindruck machen die etwa aus derselben Zeit stammenden Vierseithöfe rechts und links des Weges. Efeubehangene Backsteinfassaden oder Fachwerkbauernhäuser vom Typ des mitteldeutschen Ernhauses, manchmal sogar reetgedeckt, wenden sich zur Straße und schaffen eine schöne Dorfatmosphäre.

Weiter geht es auf der Landstraße nach Süden Richtung Diemitz. Ein erster Stopp lohnt schon nach etwa 2 km an dem Naturcampingplatz. Vor der großen Linkskurve um das Südende des Zethner Sees gibt es einen landschaftlich besonders schönen Ausblick auf den **Mirower Holm,** eine große Halbinsel am gegenüberliegenden Ufer, die im Westen vom Fehring-, vom Schwarzen und vom Zethner See umgeben ist, dazu im Süden vom Vilz- sowie im Osten vom Zotzen- und vom Mössensee. In den Wipfeln der alten Bäume nisten gelegentlich auch Adler.

Die Landstraße führt weiter am Ufer des Vilzsees entlang. Wir passieren dürre Kiefernwälder, die im Sommer vor Trockenheit nur so knistern und ihren markanten Harzgeruch verströmen. Gleich danach bieten sich weite Wiesen, auf denen ganze Heerscharen von Butterblumen die Landschaft gelb färben.

Der nächste Ort ist **Diemitz.** Mitten auf dem Dorfanger steht eine unauffällige barocke Backsteinkirche aus dem Jahr 1765. Auffällig ist eher die bedenklich schiefe Halterung der Wetterfahne auf dem Westturm. Von innen ist das Gotteshaus zwar renovierungsbedürftig, im großen und ganzen aber gut in Schuß, was bei so armen Gemeinden wie in Mecklenburg keine Selbstverständlichkeit ist. Eine gemütliche und warme Ausstrahlung hat die mit Holzbohlen bezogene Decke (Schlüssel bei Frau Leonhard, letztes weißes Haus links Richtung Mirow).

Nach 2 km nehmen wir an der Weggabelung den Lehmweg Richtung Canow und Wesenberg. Nach wenigen hundert Metern gelangen wir an die **Schleuse Diemitz,** die den Höhenunterschied zwischen Vilzsee und Labussee täglich von 7 bis 19 Uhr für den Schiffsverkehr regelt – wie schon in Mirow wohlgemerkt per Handbetrieb!

Nach Überquerung der Schleusenbrücke teilt sich die Straße nach 1 km. Wer einen Abstecher von etwa 12 km hinein ins Brandenburgische nach Schloß Rheinsberg machen möchte, hält sich am besten rechts und biegt hinter Grünplan auf die Landstraße Richtung Rheinsberg ab. Wem die ländliche mecklenburgische Idylle mehr zusagt, sollte links abbiegen und in dem nächsten Dörfchen Canow am Labussee in Richtung Wesenberg fahren.

Schloß Rheinsberg

Ein Ausflug nach Rheinsberg

Nur 25 km von Mirow entfernt, in der wald- und seenreichen Landschaft der Ruppiner Schweiz, liegt das brandenburgische Städtchen Rheinsberg. Es gehört zwar nicht mehr zu Mecklenburg-Vorpommern, stellt aber – durch die Brille des Geologen betrachtet – doch einen der südlichsten Ausläufer der Seenplatte dar. Tatsächlich gab es auch in der Historie enge Verbindungen zwischen den Preußen und Mecklenburgern, sprich zwischen Rheinsberg und Mirow. So war Friedrich der Große, der in Rheinsberg seine glücklichsten Kronprinzenjahre verlebte, häufig im herzoglichen Schloß in Mirow zu Gast.

Schloß Rheinsberg hat Friedrich Wilhelm I., genannt der Soldatenkönig, seinem Sohn 1734 zur Versöhnung gekauft. Vorausgegangen war der grausame Streit zwischen Vater und Sohn, in dessen Folge sich der junge Friedrich mit seinem Freund Katte auf die Flucht gemacht hatte. Doch der Vater erwischte beide, ließ Katte vor den Augen Friedrichs hinrichten und kerkerte den eigenen Sohn auf der Festung Küstrin so lange ein, bis dieser endlich Gehorsam geschworen hatte. In Rheinsberg konnte Friedrich dann endlich, fernab der väterlichen Fuchtel, eine unbeschwerte Zeit verbringen.

Der Architekt Knobelsdorff baute ihm die alte Wasserburg am Grienericksee in eine repräsentative Dreiflügelanlage mit Ehrenhof, Rundtürmen und Säulenkolonnade um. Das mythologische Deckengemälde im Konzertsaal ›Apoll vertreibt die Finsternis‹ stellt einen versteckten Affront gegen den tyrannischen Vater dar (Di–So 9.30–15.30 Uhr, Führungen jede halbe Stunde). In Rheinsberg schuf sich Friedrich einen regelrechten Musenhof; hierhin lud er Freunde ein, musizierte auf der Querflöte, korrespondierte mit Voltaire und verfaßte den ›Anti-Machiavell‹. Als Friedrich 1740 den Thron in Berlin bestieg, verschenkte er das Schloß an seinen jüngeren Bruder Prinz Heinrich, der hier bis zu seinem Tod im Jahr 1802 lebte und in einer Grabpyramide im Schloßpark beigesetzt wurde. Nach Heinrichs Tod geriet Rheinsberg in Vergessenheit, und erst Kurt Tucholsky machte es 1912 mit seiner Erzählung ›Rheinsberg, ein Bilderbuch für Verliebte‹ zu einem Stück Weltliteratur; dem Schriftsteller ist im Schloß eine kleine Dauerausstellung gewidmet.

Neben dem Schloß hat auch die Stadt einiges zu bieten. Der **Triangelplatz** mit der Postmeilensäule ist das Zentrum einer geschlossenen barocken Stadtanlage, die Knobelsdorff nach dem großen Brand von 1740 neu entwarf. Die einheitliche Bebauung in rechtwinkligen Straßenkarrees ist als Ensemble noch weitgehend erhalten und stellt ein einmaliges Zeugnis friderizianischer Stadtplanung dar. Im **Ratskeller,** wo schon Fontane einst auf das Wohl der Stadt trank und an seinen ›Wanderungen durch die Mark Brandenburg‹ schrieb, kann man auch heute noch märkische Lekkereien – wie ein schmackhaftes Aalrauchsüppchen oder gebratenen Havelzander mit Specksalat – zu sich nehmen (tägl. 11–23 Uhr, ✆ 22 64).

Information: Touristeninformation, Markt-Kavalierhaus, 16831 Rheinsberg, ✆ 03 39 31/20 59.

Souvenirs/Einkaufen: Carstens-Keramik, Rhinstr., 16831 Rheinsberg, ✆ 20 03 (Verkaufsausstellung einheimischer Keramik, tägl. 10–18 Uhr).

Über Wesenberg und Userin zurück nach Mirow

Wesenberg

Weiter geht die Fahrt entlang der Deutschen Alleenstraße über Wustrow nach Wesenberg am Ufer des Woblitzsees. Obwohl Kleinstadt mit immerhin 3000 Einwohnern, hat Wesenberg einen wohltuend dörflichen Charakter. Auf irgendeinem Hinterhof kräht ein Hahn, zwei Katzen schleichen über das Pflaster des Gäßchens, und der ruhige Marktplatz brütet in der Mittagssonne vor sich hin.

Im hinteren Winkel des Marktplatzes führt ein kurzer Weg auf einen Hügel, wo die inzwischen gründlich restaurierten Reste der ehemaligen **Burg** zu sehen sind. In der Südostecke steht noch aus dem späten 13. Jh. der Fangelturm, im Unterteil quadratisch, im Oberteil rund; hier wird gerade eine Wendeltreppe eingebaut, damit die Besucher einen Blick über die Landschaft werfen können. Wieder rundherum vervollständigt wurde kürzlich die Umfassungsmauer. Aus späterer Zeit stammen das alte, fast zur Unkenntlichkeit umgebaute Gutshaus und die zwei Wirtschaftsgebäude in der Mitte des Burghofs; deren eines soll demnächst das Standesamt beherbergen.

Wesenberg wurde vermutlich um 1250 durch Fürst Nikolaus I. von Werlen im Schutz der Burg gegründet. Wie so viele der märkisch-mecklenburgischen Grenzstädte wechselte auch dieses Städtchen häufiger seinen Besitzer, bis es 1323 endgültig an Mecklenburg fiel. Von der Planmäßigkeit der Anlage zeugt der ovale Grundriß der Altstadt. Rund um den Marktplatz bilden hübsche Fachwerkhäuser und verputzte Bürgerhäuser im klassizistischen Stil ein fast geschlossenes Ensemble. Auf einer kleinen Anhöhe wurde hier die evangelische Stadtkirche **St. Marien** gut 50 Jahre nach der Stadtgründung erbaut. Das Langhaus wurde Anfang des 15. Jh. zwischen Westturm und Chorraum erneuert (Mo–Do 10–11, 14.30–15.30, Fr 10–11 Uhr). Der imposante Lindenbaum neben der Kirche wurde wegen seines geschätzten Alters

Wesenberg, Fangelturm

von ungefähr 600 Jahren zum Naturdenkmal erklärt.

Information: Fremdenverkehrsverein Seen- und Havellandschaft e. V., Markt 3, 17255 Wesenberg, ✆ 03 98 32/2 02 12, Fax 2 10 61.

Hotels: Seehotel Borchard's Rookhus ($$), Am Großen Labussee, ✆ 5 00, Fax 5 01 00 (kleines, modernes Haus, am Wasser); Hotel zum Löwen ($$), Dorfstr. 41, 17255 Strasen, ✆ 03 98 28/2 02 85. **Pension:** Ferienhaus Labussee ($), 17255 Klein Quassow, ✆ 2 04 88.

Camping: Campingpark Havelberge, 17237 Groß Quassow, ✆ 0 39 81/20 45 31.

Restaurants und Lokale: Strandgaststätte Weißer See, ✆ 2 04 05; Waldrestaurant Johannesruh, ✆ 039828 /2 02 26 (auch Hotelzimmer und Appartements); Gaststätte Waldlust, 17255 Wustrow, ✆ 03 98 28/2 02 27 (auch Hotelzimmer).

Aktivitäten: Angelkarten: Horst Bork, ✆ 2 02 68; Hans Mohnke, 17255 Ahrensberg, ✆ 2 02 30; Wolfgang Bork, 17255 Canow, ✆ 03 98 28/2 04 76. **Fahrradverleih:** Kurt Rehfeld, Hohe Str., ✆ 2 04 30.

Am Südufer des Woblitzsees fahren wir weiter die B198 Richtung Neustrelitz. Hinter der Abzweigung nach Klein Trebbow folgen wir der Hinweistafel, die rechts in den Wald zur Wasservogelwarte führt. Nach 2 km beginnt an einem Parkplatz der **Lehrpfad Kalkhorst,** ein Wanderweg durch das Naturschutzgebiet. Schon im Mittelalter wußten die Strelitzer, daß man aus dem Walduntergrund Kalk gewinnen kann. Auf die Tiere des Waldes und die Blumen und Bäume am Wegesrand wird durch Hinweistafeln aufmerksam gemacht. Goldnessel, Waldmeister, Fichtenspargel und Leberblümchen sind nur ein Bruchteil der artenreichen Flora. Der 3,2 km lange Wanderweg führt schließlich zur Wasservogelwarte, die von freiwilligen Helfern des Naturschutzbundes am Nordufer des Tiefen Trebbow geleitet wird. Eine Aussichtskanzel mit Hinweistafeln lädt zur Beobachtung der Vögel ein (Fernglas mitnehmen!).

Zurück auf der B198, biegen wir kurz vor Neustrelitz nach links auf die Wesenberger Chaussee ab, passieren das Neustrelitzer Gewerbegebiet und nehmen an der Waldkreuzung die linke Abzweigung Richtung Café Prälank. In Lindenberg führt eine Straße in die Ortschaft **Prälank Kalkofen** zu einem Findlingsgarten. In einer Freiluftschau auf der grünen Wiese des Buteberges haben Neustrelitzer Schulklassen eine Bildungseinrichtung der Gesellschaft für Umwelt und Natur Neustrelitz geschaffen. Sage und schreibe 80 dicke und weniger dicke Findlingssteine wurden hier zusammengeschleppt und wie die Zinnsoldaten im Spalier aufgestellt. Den Grundstock bilden Steine, die hier 1920 erstmals entdeckt und in einer Art Aberglauben als Höhlenreste des Räubers Bute,

Steinreich – und doch bettelarm

Wohin man in Mecklenburg seinen Fuß auch setzt oder das Auge wendet, man tritt und trifft auf Steine, Steine, Steine. Als große und kleine Überbleibsel der Eiszeit sind im ganzen Land weitgereiste Findlingsblöcke aus Skandinavien zu finden, in der Gegend um die Müritz beispielsweise bei Klink, Userin oder Schwarz. So mancher Bauer oder LPG-Genosse hat schon mächtig den Teufel verflucht, der ihm wieder mal einen Stein aus dem Acker hat wachsen lassen, um den Pflug stumpf zu machen.

Findling im Naturschutzgebiet Kalkhorst

Die großen Findlinge gebrauchten unsere Vorfahren seit der Jungsteinzeit vor 5000 Jahren zu Großsteingräbern. Der größte deutsche Einzelfindling überhaupt steht – mit 500 t Masse – am Klosterhof von Altentreptow, nördlich von Neubrandenburg. Die älteste Form, der Urdolmen, besteht aus zwei mächtigen Trägersteinen, über denen ein großer Deckstein liegt. Dazu gibt es überall Steinkreuze, Turmhügel, steinerne Ringwälle, Halbkreiswälle und Burgwälle, im Teterower See sogar eine 1000 Jahre alte slawische Burgwallinsel.

Viele dieser ehemals zigtausend Gräber sind längst verschwunden. Sie fielen im 19. Jh. dem Besiedlungsfortschritt zum Opfer. Noch heute kann man beobachten, daß viele Kirchen einen Feldsteinsockel haben, und auch das Pflastergestein, über das Autos in den Dörfern holpern, sah einmal anders aus. Mittlerweile sind sie als archäologische Bodendenkmäler geschützt. Spötter können sich daher die spitzfindige Bemerkung, Mecklenburg sei eben ein ›steinreiches‹ Land, kaum verkneifen.

der hier hauste, gedeutet wurden. Es finden sich Brocken aus Granit, Sandstein, Porphyr, Gneis, Glimmerschiefer, Basalt und Diabas, die alle vor 1,5 Millionen Jahren aus Finnland, aus Schweden und aus Dänemark mit der Eiszeit nach Mecklenburg geschoben wurden.

Von Prälank ist es nicht weit bis **Userin.** Der Ort liegt am Rand des Müritz-Nationalparks, in einer unbeschreiblich schönen Lage am Ostufer des weiten Useriner Sees. Wer im Ort die Abzweigung nach rechts nimmt und dann in die Sackgasse hinein bis hinunter an den See findet, wird für die eventuelle Sucherei reichlich entschädigt. Das flache Ufer eignet sich hervorragend zum Baden, und ein Uferbänkchen ist immer frei, um mit den pensionierten Einheimischen, die hier ihre Gärten haben, über die Vor- und Nachteile der Wende zu diskutieren oder einfach die Bootsfahrer auf der glitzerigen Wasserfläche zu beobachten und das Gemüt von der Sonne fröhlich stimmen zu lassen.

Der bekannteste Useriner ist der Lehrer Bernd Schmidt, wegen seiner Liebe zu ausgestopften Tieren. Hier unten am Seeufer hat er in einem hübschen reetgedeckten Haus mit steilem Giebel seit 1982 seine Vylym-Hütte eingerichtet und präsentiert seinen Besuchern den reinsten Zoo präparierter einheimischer Tiere – selbstredend nur solche, die auf natürliche Art zu Tode gekommen sind (Mai–Sept. Do 19–21, So 10–11.30 Uhr, Gruppen können sich unter der Adresse Bauernende 18 anmelden). *Vylym* ist die alte slawische Bezeichnung für den Useriner See. Schmidt präpariert alle Tiere selbst und weiß immer allerhand Geschichten zu erzählen. In der Hauptsache gibt es vom Aussterben bedrohte Vögel zu sehen; eine Schleiereule, ein Eisvogel und auch ein Wendehals sind dabei.

Auf der Landstraße Richtung Mirow gelangt man nach 2 km an die Abzweigung nach Qualzow. Im Ort biegen wir erst rechts, dann links ab und fahren hinter dem letzten Haus des Ortes 12 km tief in den Wald bis zum **Waldpark Erbsland**, einem der ältesten und dendrologisch interessantesten Forstanbaugebiete in Deutschland. Man sollte aufmerksam auf die Beschilderung achten, denn die grünen Hinweistäfelchen sind im Wald leicht zu übersehen. Der Waldpark zieht sich bis hinunter zum Mirower See. Früher bauten die Bauern des Dorfes Qualzow hier Erbsen an.

Das Waldgebiet entstand vor gut 100 Jahren, als der Mirower Forstmeister Friedrich Scharenberg (1821–1901) inmitten trockener Kiefernwälder ein 7 ha großes Terrain aus fruchtbarem Geschiebelehm mit ausländischen Baumarten bepflanzte, um deren Eignung für die deutsche Forstwirtschaft zu erproben. Solche Versuche hatte es schon seit der Mitte des 19. Jh. gegeben, denn man war sich darüber im klaren, daß die einst viel reichhaltigere europäische Flora und

Fauna durch die Eiszeit verarmt war. Nach Scharenbergs Tod geriet sein Anbauversuch in Vergessenheit und wurde erst 1968 zum ersten Mal wissenschaftlich ausgewertet. So konnte über Jahrzehnte ganz ungestört ein Arboretum entstehen, in dem sich fremde Baumarten, vor allem aus Nordamerika und Asien, mit einheimischen Stieleichen, Weißbuchen, Eschen, Ulmen, Moorbirken und Roterlen mischen. Zu den größten Sehenswürdigkeiten zählen die fast 47 m hohen Küstentannen, vermutlich die stärksten Exemplare Mitteleuropas.

Ein Spaziergang im Erbsland ist zu allen Jahreszeiten empfehlenswert. Entweder blühen im Frühjahr Vogelkirsche und Tulpenbaum und leuchten mit dem frischen Hellgrün der Tannentriebe um die Wette oder im Sommer gedeiht die Robinie, während im Herbst das Goldgelb der Hickorynuß zwischen dem Rot der Scharlacheiche leuchtet. Im Winter erstrahlen dann die vielen exotischen Kiefern, Fichten, Zypressen und Riesenlebensbäume wie in einem Märchenwald (Wanderheft mit Lageplan im Fremdenverkehrsbüro Mirow).

Auf der Rückfahrt nach Mirow kommen wir an Granzow vorbei. Hinter diesem Ort liegen links von der Straße die sogenannten **Eierberge**, eine seltsam aussehende, bewaldete Hügellandschaft, einmalig im Kreis Neustrelitz. Dabei handelt es sich um eiszeitliche Binnendünen, die der Wind auftürmte. Ihren Namen erhielten die Eierberge vermutlich von den Slawen, die die Hügel zum Trudeln von Ostereiern benutzten. Bei der Einfahrt nach Mirow fährt man durch die sogenannte **Siedlung**, einen ausgesprochen hübschen Stadtteil, der in den 30er Jahren aus netten Einfamilienhäusern erbaut wurde.

Route 4: In der Feldberger Seenlandschaft

Karte in der hinteren Umschlagklappe

Natur pur in den östlichen Gefilden der Mecklenburgischen Seenplatte – hinein in den Naturpark Feldberger Seenlandschaft, wo die saubersten Seen und die reinste Luft die Sinne klären, hinein in das Land von Hans Fallada, auf einen Besuch in den ältesten Buchenwäldern Deutschlands und in der brandenburgischen Uckermark

Wer seine absolute Ruhe haben will, ist hier richtig. Im Raum der Feldberger Seenlandschaft kann man noch sicher sein, daß außer endlos weiter Natur, hie und da versehen mit kulturellen Einsprengseln, kaum etwas los ist. Großstadtgenervte und einsamkeitsbedürftige Menschen finden hier zu ihrem normalen Pulsschlag zurück. Es ist eine zutiefst beschauliche Landschaft mit märchenhaften, türkis glitzernden Seen, die man in tiefer Stille der Natur oft genug für sich ganz allein hat. Eine Besonderheit dieser Region ist, daß hier alle typischen Landschaftsformen der Eiszeit auf relativ kleinem Raum von 75 km² vorkommen. Acht große und ungezählte kleine Seen, hübsch in Landschaftsmulden gebettet, gehören dazu. Die großen muß man einfach kennen: Es sind der Breite und der Schmale Luzin, der Haussee, der Lütte See, der Carwitzer See, der Zansen, der Dreetz und der Wootzen.

Feldberg

Feldberg mit seinen 3000 Einwohnern ist das Zentrum für sämtliche Dörfchen und Ortschaften im südlichen Bereich des Naturparks bis hinein ins Brandenburgische. Man sollte aber nicht glauben, hier aufregendes urbanes Leben vorzufinden, denn Feldberg ist eine Kleinstadt ohne wirklich städtischen Charakter. Reizvoll plaziert in einer malerischen Landschaft, am Westufer des Haussees, ist sie schon von ferne an dem spitzen Kirchturm auszumachen. So kam es, daß die Feldberger erst 1919 das Stadtrecht erhielten und damit unversehens in der kleinsten Stadt Mecklenburgs

Feldberg, Heimatstube

wohnten. Dabei wurde der Marktflecken mit der Burg Veldberge schon 1256 erstmals urkundlich erwähnt. 1450 wurde der Besitz der Familie Veldbergk aufgeteilt. Auch hier wütete der Dreißigjährige Krieg aufs Grausamste, 1640 war Feldberg auf neun Einwohner zusammengeschrumpft.

Schon seit Urzeiten befand sich am Südufer einer bergigen Halbinsel, dem sogenannten Amtswerder, fast 30 m über dem Haussee, ein Kultplatz. Zwischen dem 7. und 9. Jh. stand hier vermutlich die slawische Stammesburg der Redarier, die Keimzelle der späteren Stadt Feldberg. Lange Zeit glaubte die Forschung, hier die gesuchte slawische Tempelburg Rethra gefunden zu haben, was sich jedoch als falsch erwies. Von der Redarier-Burg ist heute nichts mehr zu sehen, dafür steht am Amtsplatz 8–9 noch ein Stumpf des mittelalterlichen **Burgturms** aus dem Jahr 1236. Um die Burg entstand die Siedlung Feldberg, die sich allmählich immer weiter bis aufs Festland ausbreitete.

Unmittelbar daneben steht die frühere **Drostei**. In dem Fachwerkgebäude, das 1782 auf den Grundmauern des zwölf Jahre zuvor abgebrochenen Schlosses errichtet wurde, hatte der Drost, wie man damals den Verwalter eines Amtes nannte, seinen Sitz. Die massiven Kellergewölbe des einstigen Schlosses sind noch vorhanden. Zu DDR-Zeiten wurde die Drostei als Grundschule genutzt, seit der Wende steht das Haus leer.

Im Laufe des 19. Jh. entwickelte sich Feldberg immer mehr zu einem beliebten Erholungsort, und schon 1855 wurde gar eine Wasserheilanstalt für die Gäste gebaut. An diese Tradition knüpfte man 1972 an und machte die Stadt zum ersten staatlich anerkannten Erholungsort des Bezirks Neubrandenburg.

Wer sich in Ruhe über die Geschichte Feldbergs informieren will, sollte der **Heimatstube** am Amtsplatz 13 einen Besuch abstatten (Mo, Mi, Fr 10–11.30, Sa, So 10–12 und 14–16 Uhr, ✆/Fax 2 06 76). In dem ehemaligen Spritzenhaus aus dem Jahr 1827 mit seinem putzig heruntergezogenen Glockendach leistet sich die Stadtverwaltung eine Mini-Ausstellung mit Gebrauchsgegenständen aus dem ländlichen Alltagsleben. Unter Anleitung des Ortschronisten Albert Pfitzner erfährt man beispielswei-

Am Schmalen Luzin bei Feldberg ▷

se, wo bronzezeitliche Hügelgräber und slawische Burgreste in der Umgebung zu finden sind.

Mitten im Zentrum erhebt sich die **Stadtkirche**, ein kreuzförmiger Backsteinbau, der 1875 vollendet wurde (Gottesdienst So 9.30 Uhr). Die Stilsprache verrät die späte Nachfolge des bedeutendsten preußischen Baumeisters Karl Friedrich Schinkel, wodurch die Kirche kunsthistorisches Interesse verdient. Aus der Erbauungszeit stammt auch das Altargemälde des Malers Georg Kannengießer (1814–1900), der lange Jahre in Neustrelitz die Großherzogin von Mecklenburg-Strelitz unterrichtete und in dieser Zeit viele Kirchen der Umgebung mit seinen Gemälden ausstattete.

Am nördlichen Stadtrand, im Karree zwischen Schlichter Straße und Kastanienallee, liegt der Feldberger **Wiesenpark**. Auf einem Spaziergang in diesem ›Wiesenmuseum‹, für den man sich am besten über das Verkehrsbüro einer naturkundlichen Führung anschließt, erfährt man, wie vielfältig sich unterschiedliche Nutzungsformen einer Wiese auf die darin lebende Tier- und Pflanzenwelt auswirken können. Vom Haupteingang an der Kastanienallee führt ein 1 km langer Holzsteg als Rundweg durch vier Wiesenlandschaften, nämlich erst durch eine nährstoffreiche Feuchtwiese, die zweimal im Jahr gemäht wird, dann durch eine nährstoffarme Sumpfwiese, die nur einmal im Jahr die Sense sieht, anschließend durch eine dreijährige Brachfläche, in der das Schilf schon mannshoch steht, und zuletzt durch eine zehnjährige Brache, die schon hie und da von Weidengebüsch durchsetzt ist. In verschiedenster Weise brüten hier Vögel, gaukeln Schmetterlinge und wachsen Kräuter – ein artenreiches Nebeneinander unterschiedlichster Strukturen, das im Frühling und im Frühsommer besonders üppig zu erleben ist.

Nach dem Zweiten Weltkrieg wurde sogar der Schriftsteller Hans Fallada, der im nur 6 km entfernten Carwitz lebte, für kurze Zeit von den Sowjets als Bürgermeister von Feldberg zwangsverpflichtet. Etwas außerhalb, in der Eichholzstraße 3, dem hübschen ehemaligen Wohnhaus des Naturforschers Reinhard Barby, hat das **Hans-Fallada-Archiv** seinen Sitz (Mo–Fr 9–13 Uhr, Anmeldung erbeten, ✆ 2 05 60). Neben anderen Autoren aus der Region wie etwa Brigitte Reimann (1933–73), die posthum mit ihrem Roman ›Franziska Linkerhand‹ bekannt wurde, führt das Archiv den Nachlaß und eine umfangreiche Sekundärliteratursammlung von Hans Fallada. Außerdem sind hier auch sämtliche Romanverfilmungen sowie eine Bibliothek mit über 20 fremdsprachigen Ausgaben seiner Werke gelagert.

Information: Verkehrsbüro Feldberger Seenlandschaft e. V., Strelitzer Str. 15a, 17258 Feldberg, ✆/Fax 03 98 31/2 03 43 (Termine der geführten Wanderungen in die Naturparks hier zu erfragen).

Hotels: Hotel Iris ($$), 17258 Cantnitz, ✆ 0 39 64/21 02 22/21 02 23, Fax 21 02 24 (nettes Backstein-Fachwerkhaus, schlichte Kiefernholzzimmer, Seminarräume, Restaurant); Hotel Deutsches Haus ($$), Strelitzer Str. 15a, ✆ 2 03 40, Fax 2 09 72; Forsthaus St. Hubertus ($$), 17259 Lichtenberg, ✆ 03 98 31/2 03 44, Fax 2 09 46 (zweckmäßig, rustikal, im Wald am Lütten See). **Pensionen**: Mecklenburger Hof ($$), Fürstenberger Str. 13, ✆/Fax 2 01 (netter, ländlicher Gasthof, Ortszentrum); Stieglitzenkrug ($$), Klinkekken 7, ✆ 2 04 20 oder 2 03 75, Fax 2 03 74 (schlichtes, freundliches Haus, gutbürgerliche Küche, Bungalows, Sauna, Biergarten). **Jugendherberge**: Klinkecken 6, ✆ 2 05 20.

Camping: Campingplatz am Scholverberg, Feldberg, Eichholz 1a, ✆/Fax 2 10 84.

Souvenirs/Einkaufen: Fischräucherei Asmuss, Amtsplatz, ✆ 2 08 76.

Veranstaltungen und Festivals: Mai/Juni: Orchideenblüte im Wiesenpark. Juni: Wikingerfest. Juli: Fallada-Tage (Lesungen und Gespräche im Literaturzentrum Fallada-Archiv und Fallada-Haus in Carwitz); Luzinfest (Volksfest des Fremdenverkehrsvereins). Jedes zweite Wochenende im Sommer: Schauveranstaltung des Feldberger Wasserskiclubs auf dem Haussee, große Tribüne auf dem Amtswerder.

Kultur: Kleine Galerie des Kunstvereins Feldberger Land e. V., Amtswerder 3, ✆ 2 07 03 (Verkaufsausstellungen, bildende Kunst aus der Region in Verbindung mit Literatur und Musik); Galerie Tiedt, Fürstenberger Str. 2, ✆ 2 03 56; Sommergalerie im Juli und August in Lichtenberg, Uwe Maroske, ✆ 2 06 96.

Aktivitäten: Angeln: Fischermeister Frankiw, Amtsplatz 2, ✆ 2 02 05; Fischer Asmuss, Amtsplatz 16. **Bootsverleih**: Firma Eberhardt, Strelitzer Str., ✆ 2 02 75; Am Schmalen Luzin, Herr Karzikowski, ✆ 2 08 14 (Ruderboote, Kajaks, Elektroboote). **Reiten**: Reiterhof Püttmer, Neuer Landweg 13, ✆ 1 05 94 (auch Kutschfahrten). **Schiffsrundfahrten:** Familie Eberhardt, Strelitzer Str., ✆ 2 02 75.

Auf den Hüttenberg und zu den Heiligen Hallen

Von Feldberg aus empfiehlt sich eine etwa 45minütige Wanderung Richtung Nordosten auf den 145 m hohen **Reiherberg** oder seinen direkten Nachbarn, den 125 m hohen **Hüttenberg** (vom Marktplatz aus ca. 2,5 km). Vom Hüttenberg hat man einen herrlichen Blick auf Grabenwerder und die Liebesinsel im Haussee.

Über den südwestlichen Ortsausgang von Feldberg, am Bahnhof vorbei, führt die Landstraße in den Ortsteil Neuhof. Wer hier rechts in den Herrenweg abzweigt, gelangt mitten in den ältesten Buchenwald Deutschlands, genannt die **Heiligen Hallen** (Auto am Herrenweg abstellen, dann 3 km Fußweg, Führungen über das Naturparkamt; eine Alternative zur kombinierten

Wo Fischotter sich wohl fühlen

Der Naturpark Feldberg-Lychener Seenlandschaft

Der Naturpark Feldberg-Lychener Seenlandschaft oder einfach Feldberger Seenlandschaft, wie ihn die Mecklenburger der Einfachheit halber gern nennen, umfaßt ein Gebiet von rund 1100 km^2 im Osten der Seenplatte. Eckpunkte sind die Städte Neustrelitz, Woldegk, Templin und Fürstenberg, Feldberg und Lychen hingegen liegen mittendrin. Dabei ist nur ein knappes Drittel des Naturparks echt Mecklenburger Boden, der größte Teil gehört zur brandenburgischen Uckermark.

In dieser Gegend spielt das Wasser eine ganz besondere Rolle, zusammengenommen machen alle Seen ein gutes Fünftel der Feldberger Seenlandschaft aus. Nicht umsonst begeisterte sich der Dichter Hans Fallada, der hier in den 30er Jahren lebte: »Von allen Fenstern aus sehen wir Wasser…« Die Eiszeit hinterließ Grundmoränen, Stauchmoränen und Talrinnen, die das abwechslungsreiche Landschaftsbild ausmachen. Zwei größere Endmoränenbögen z. B. bilden das rechte und linke Ufer des Breiten Luzins bei Feldberg.

Um die artenreiche Flora und Fauna optimal schützen zu können, wurden innerhalb des Naturparks bisher 28 kleinere Naturschutzgebiete ausgewiesen, meist einzelne Seen, Moore und Wälder. Besonders stolz ist das Naturparkamt auf ›seine‹ Fischotter, deren Anwesenheit in jedem Fall für die Qualität des Wassers spricht. Diese Marderart, die so scheu ist, daß man sie kaum zu Gesicht bekommt, gehört zu den seltensten Säugetieren Europas, denn sie braucht große, fischreiche und somit absolut intakte Gewässer.

Das Naturparkamt Feldberg-Lychener Seenlandschaft bietet interessante Wanderungen und Radtouren an, beispielsweise eine ›Vogelstimmenexkursion‹, ›Spuren der Eiszeit‹ oder ›Der lange Weg zum Urwald‹ (17237 Serrahn, ✆ 03 98 21/2 02).

Auto- und Wandertour ist der 5-km-Fußweg von Feldberg über Lüttenhagen). Das Naturschutzgebiet mit den vielen Buchen, von denen die ältesten auf 330 Jahre geschätzt werden, blieb seit Jahrzehnten von der Försterei fast gänzlich unangetastet. Wenn die Bäume ihr Höchstalter erreicht haben, sterben sie einen natürlichen Tod. Die freien Stellen werden jedoch sofort wieder von jungen Sämlingen besetzt, und so geht der Kreislauf von Zerfall und Verjüngung seinen ungestörten Gang.

Von Neuhof verläuft die Landstraße Richtung Carwitz einige Zeit parallel zum **Schmalen Luzin**, einem flußartigen Rinnensee, der in der Form seinem Namen alle Ehre macht. Mit seinen bewaldeten Steilufern, seinen ›Felsen‹, wie man in Mecklenburg die eiszeitlichen Steine nennt, und dem verlockend grünlich schimmernden Wasser wurde auch dieser See zum Naturschutzgebiet erklärt.

Carwitz

Carwitz, ein Ortsteil von Feldberg, ist ein niedliches und ruhiges, langgezogenes Straßendorf, das in erster Linie Weltruhm erlangte, weil der Schriftsteller Hans Fallada hier zwölf Jahre seines Lebens verbrachte.

Gleich am Ortseingang liegt der **Dorffriedhof**. Neben hübschen Eisenkreuzen aus dem 19. Jh. befindet sich hier, hoch oben mit Panoramablick über dem Schmalen Luzin, die letzte Ruhestätte Falladas. Gleich daneben und doch in wohlbedachtem Abstand (s. S. 152) liegen Falladas erste Frau Anna Margarete, wegen ihrer ›Susigkeit‹ von allen Suse genannt, das gemeinsame Töchterchen Lore, genannt Mückchen, und Falladas Mutter Elisabeth.

Neben dem vielbesuchten **Fallada-Haus** hat Carwitz eine schöne **Dorfkirche** vorzuweisen. Der turmlose rechteckige Fachwerkbau stammt aus dem Jahr 1706. Kunstgeschichtlich interessant ist der acht Jahre später entstandene Kanzelaltar. In den architektonischen Aufbau des Kanzelkorbes sind übermalte spätgotische Schnitzfiguren und Flügel eines älteren Altars eingearbeitet. Besonders auffällig ist die qualitätsvolle Figur des heiligen Valentin, die ein Schnitzer aus Lübeck anfertigte (Gottesdienst nur an manchen Sonntagen, 13.30 Uhr).

Von Carwitz aus führt ein schöner Wanderweg nach Feldberg. Auf einer Staubstraße geht es über den **Hauptmannsberg**, wo man von einem 120 m hohen Aussichtspunkt über den Carwitzer See und den Zansen blicken kann. Weiter kommt man in das **Naturschutzgebiet Hullerbusch**, wo am sogenannten Hünenwall mehrere Hünengräber zu besichtigen sind. Vor dem Hotel Hullerbusch führt ein 3-Minuten-Fußweg bergab durch den Wald zu der handbetriebenen Personenfähre über den Schmalen Luzin (Fährzeiten in den Sommermonaten: von 10–18 Uhr, halbstündig). Am anderen Ufer gelangt man auf der Promenade zum Luzin in wenigen Minuten nach Feldberg.

Hotel: Hotel Hullerbusch ($$), 17258 Carwitz, ✆/Fax 03 98 31/ 2 02 43 (kleines klassizistisches Guts-

Ein Schriftstellerleben auf dem Lande

Hans Fallada in Carwitz

Hans Fallada alias Rudolf Ditzen, um 1940

Nach einer höchst problematischen Kindheit, einer Einweisung in die Nervenheilanstalt, einer Rauschgift- und einer Alkoholentziehungskur sowie zwei Gefängnisaufenthalten wegen Unterschlagung wird der völlig verarmte, aber immerhin glücklich verheiratete Schriftsteller Rudolf Ditzen (1893–1947) 1932 unter dem Pseudonym Hans Fallada mit seinem Arbeitslosenroman ›Kleiner Mann – was nun?‹ schlagartig weltberühmt. Fallada kommt mit dem unerwarteten Erfolg nicht zurecht, fängt wieder an zu trinken und wirft das Geld zum Fenster hinaus. Da lanciert ihn seine Frau Anna geschickt in ein kleines Dorf in Mecklenburg.

In seinem kleinen autobiographischen Büchlein ›Heute bei uns zu Haus‹ schildert Fallada auf mitreißende Weise, wie er in Mahlendorf – so heißt Carwitz in dem Erinnerungsbändchen – ein reichlich verfallenes Bauernhaus, die Büdnerei 17, kauft. Sie liegt im Unterdorf, direkt am Zugang zu einer idyllischen Halbinsel, dem Bohnenwerder: »…in völliger Ahnungslosigkeit hatte ich einen der schönsten, stillsten Erdenflecken eingehandelt … Was ich dir nicht schildern kann, lieber Leser, das ist die Lage dieses Landhauses, ein wenig abseits vom Dorf, zwischen Obstbäumen, von hohen Tannen beschirmt, am Ufer eines großen Sees. Der See ist sehr tief, sein Wasser kristallklar, noch in der stärksten Sommerhitze bleibt es kühl.« Begeistert schwärmt er von den Vorzügen seines Hauses am Carwitzer See: »Ist im August der Tag sehr heiß, ist es beinahe Essenszeit, so stürzen, gesotten vom Küchenherd, Hausfrau und Haustöchter erst noch einmal in den See. Ein wenig feucht, aber kühl und lächelnd setzen sie sich an den Tisch. Und dieser See an meiner Tür ist nur einer von fünf Seen, an denen Mahlendorf liegt.« Daß die Leute im Dorf ihn freilich für verrückt halten, erfährt Fallada dann bei einem Besuch im Gasthof: »Ein paar Leute sitzen da, ich kenne sie nicht, sie kennen mich nicht, ich bin ein Kurgast für sie. Eine Stimme erhebt sich und spricht: ›Da hat ja so'n Berliner Dösbartel das Haus in Mahlendorf gekauft. Zwölftausend Mark soll er dafür gegeben haben. Daß die Dummen nicht alle werden!‹ ›Dat segg man, Päule!‹ stimmt der Wirt eifrig zu. ›Zwölfdusend Mark – und is doch bloß ne Baracke, die alle Tage einfallen kann! Herrgott, wie groß ist dein Tiergarten!‹ ›Meine Herren!‹ sprach ich hoheitsvoll. ›Der Dösbartel aus unsers Herrgott Tiergarten – der bin ich!‹ Sah sie alle der Reihe nach an und verschwand unter tiefem Stillschweigen.«

Nur zwei Autostunden von Berlin und doch zurückgezogen von der Welt lebt Fallada mit seiner Frau Anna und den Kindern Uli, Lore, genannt Mückchen, und Armin zwölf Jahre in Carwitz. Gelegentlich kommen Freunde, darunter auch Falladas Verleger Ernst Rowohlt, zu Besuch. Hier verfaßt der disziplinierte, fast pingelig an ein tägliches Arbeitspensum gebundene Schriftsteller weitere 14 Romane und Geschichten, bedeutende darunter: ›Wer einmal aus dem Blechnapf frißt‹, ›Wolf unter Wölfen‹ und ›Jeder stirbt für sich allein‹ oder die Kindererzählungen ›Hoppelpoppel, wo bist du?‹ und ›Geschichten aus der Murkelei‹. Fallada schreibt humorvoll, volkstümlich und zeitnah. Er hat ein Auge für das Leben der kleinen Leute in den wirren Jahren zwischen den beiden Weltkriegen. Mit erbarmungslos sachlicher Genauigkeit beschreibt er ihre Freuden und Nöte. Schon damals erkennen die Germanisten einen der bedeutendsten deutschen realistischen Schriftsteller in ihm.

Mit der Zeit vergrößert sich der Carwitzer Hausstand. In ›Heute bei uns zu Haus‹ schildert Fallada die häusliche Mittagsrunde mit dem treuen Gärtner Onkel Herbert und der zickigen Hausdame Fräulein Bäht. In Hütte, Stall und Immenhaus leben der Neufundländer Brumbusch, die Kuh Olsch, zig Hühner und zehn Bienenvölker. Unermüdlich rackern die Ditzens und verwandeln den gammeligen Hof zum Erstaunen des ganzen Dorfes in ein blühendes Anwesen. Zentnerweise werden Kohl und Äpfel geerntet, wo vorher nur Sandwüste war und kein Bienlein die Obstbäume bestäubte.

Doch nicht nur vor sich selbst, auch vor den Nazis ist Ditzen nach Mecklenburg geflüchtet. Schon 1933 hatte ihn die SA einmal kurzerhand im KZ Berkenbrück inhaftiert. Bis nach Carwitz verfolgen ihn die wütenden Attacken im ›Völkischen Beobachter‹. Immer wieder wird

Fallada wegen seiner Sozialkritik auf das Schärfste angegriffen. Innerlich zerquält, schreibt er 1942 an einen Freund: »Sie fragen an, warum mir das Leben auf dem Lande inmitten von Äpfeln etc. nicht schmekken will? ... die Äppel sind da ... genau wie im Paradiese, aber genau wie im Paradiese haben wir auch unsere Schlange, und nicht nur eine...« Ditzen ist bestürzt. Eingeschüchtert weicht er der Problematik des sozialen Realismus vorübergehend aus – und macht schließlich vor den Nazis einen ›Knicks‹, wie er selbst es empfindet.

Anders als in ›Heute bei uns zu Haus‹ ist das Ende der Geschicht' von Haus und Hof in Carwitz ein ausgesprochen Trauriges. Ditzen beginnt ein Verhältnis mit Ursula Losch, einer 30 Jahre jüngeren und attraktiven, aber alkohol- und morphiumsüchtigen jungen Witwe. 1944 erfolgt die Scheidung von Anna und die Zwangseinweisung in die Neustrelitzer Heilanstalt. Im Jahr darauf wird Ursula Losch seine Frau, und als Fallada mit nur 53 Jahren in Berlin stirbt, ist sie die legitime Erbin des schriftstellerischen Nachlasses. Sie verkauft das Werk an Privatleute, 1978 erwirbt es die Akademie der Künste der DDR und übergibt es dem Literaturzentrum Neubrandenburg zur archivalischen Aufarbeitung.

Das Wohnhaus geht zunächst an Anna. 1965 veräußert sie es an den Kinderbuchverlag Berlin, der es bis 1977 als Ferienhaus für Autoren nutzt. Nach der Wende geht das Haus in den Besitz der Gemeinde Feldberg über. Heute ist Falladas Wohnhaus eine Gedenkstätte (Di–So 10–12 und 14–16 Uhr, Führungen 11 und 15 Uhr, ✆ 03 98 31/2 03 95). Im Arbeitszimmer sind des Dichters Bibliothek, seine alte Schreibmaschine, biographische Dokumente und Fotos zu besichtigen.

haus im Park, Restaurant, Terrasse); Begegnungsstätte Haus Thomsdorf ($), 17268 Thomsdorf, Nr. 17a, ✆ 03 98 89/7 24 (schlicht, direkt am Carwitzer See, ideal für Gruppen, behindertengerecht, Hallenbad, Sauna, Fitneß).

Camping: Campingplatz Am Carwitzer See, Dorfstr. 19, Carwitz, ✆ 03 98 31/2 11 60 (moderne Sanitäranlagen, Vermietung von Wohnwagen); Campingplatz Am Dreetzsee, 17268 Thomsdorf, ✆ 03 98 89/7 46 (Gaststätte, Tauchschule, Boots- und Fahrradverleih).

Restaurants und Lokale: Mitten in't Dorp, Carwitz 24, ✆ 2 04 65 (Eiscafé, rustikales Restaurant); Dorfgaststätte Zum Krog, Carwitz 25, ✆ 2 04 83 (Biergarten, Eiscafé); Biergarten Köpke, Carwitz 26, ✆ 2 09 92; Landgasthaus Hardenbeck, Hauptstr. 6, 17268 Hardenbeck, ✆ 03 98 89/5 32 (gutbürgerliche Bauern- und Jägerstube).

Aktivitäten: Angeln: Fischer Krüger, Carwitz 8b. **Baden**: Badestrand am Schmalen Luzin; FKK-Strand am Krüselinsee.

Am Südrand von Carwitz beginnt das Land Brandenburg, doch geologische Urzeitphänomene wie die Eiszeit konnten sich nicht um spätere Landesgrenzen scheren, und daher scheint ein Ausflug in die südöstlichsten Gefilde der Seenplatte, auch wenn sie schon in der brandenburgischen **Uckermark** liegen, nur gerechtfertigt. Der Landstrich hat seinen Namen von der Uecker, die durch die Seenkette bis ins Oderhaff fließt. Dieser Fluß teilt eine Hochfläche, die aus vereinzelten Endmoränen besteht. Die lebendig gewellten Hügel bilden eine besonders augenfällige Landschaftsform.

Auf einem holprigen Sandweg, der durch einen dichten Kiefernwald und schließlich an Korn- und Maisfeldern vorbeiführt, geht die Fahrt weiter Richtung Thomsdorf. Kurz vor dem 150-Seelen-Dörfchen gelangt man an eine lange Obstbaumallee. Hier machen Einheimische wie Touristen gern halt, um sich die Münder voller Süßkirschen zu stopfen. Über die Ortschaften Rosenow und Hardenbeck geht es nach Boitzenburg, das hier wegen seiner überaus netten Atmosphäre als echter Insidertip empfohlen sein soll.

Von Boitzenburg zum Naturschutzgebiet Wacholderberg

Boitzenburg

In dem alten Klosterort und Herrensitz Boitzenburg wurde schon 1252 auf einer Insel des Tytzen-Sees eine Wasserburg angelegt. Jahrhundertelang war die Stadt Streitobjekt, denn sie lag im Grenzgebiet zwischen der mecklenburgischen, der brandenburgischen und der pommerschen Herrschaft. Die-

se Tatsache erklärt auch den häufigen Besitzerwechsel über drei Jahrhunderte, bis sich 1528 die Familie von Arnim dauerhaft in der Burg niederließ und hier ihren Stammsitz begründete, den sie zum zweitgrößten **Schloß** der Mark Brandenburg ausbauen ließ und bis 1945 durchweg bewohnte. 1571 kam es zu einer Erbteilung; der Besitz wurde unter den beiden Söhnen in das ältere, sogenannte Unterhaus (Vorburg) und einen Renaissance-Neubau, das Oberhaus, unterteilt. Im Jahre 1737 erfolgte aber die Wiedervereinigung unter einer Linie, und 1882 wurde das Unterhaus zugunsten eines einheitlichen Gesamtbildes im Stil der Neurenaissance überformt.

Über Jahrhunderte traten die Boitzenburger Schloßherren in Brandenburg-Preußen als fähige Politiker hervor und hatten hohe Militär- und Ministerämter inne. So war der gebildete Diplomat und Befehlshaber Hans Georg von Arnim (1582–1642) während des Dreißigjährigen Krieges enger Vertrauter und später erbitterter Widersacher Wallensteins, der 1628 einmal das Schloß besuchte, um die Munitionsvorräte in Augenschein zu nehmen. Einer der ältesten und wertvollsten Innenräume, den Feldmarschall von Arnim bei italienischen Stukkateuren in Auftrag gab, ist das barocke Jagdzimmer mit reichem Stuckdekor an Deckengewölben und Kamin. Zur Zeit ist die Treuhand um den Verkauf des Schlosses bemüht. Es kann daher momentan nur von außen besichtigt werden.

Boitzenburg, Schloßgarten

Bei einem Spaziergang durch den englischen Landschaftsgarten trifft man auf die vielen Kleinbauten, die sich die NVA Ende der 50er Jahre errichtete, als sie das Schloß zum Erholungsheim umfunktionierte. Reste der Gestaltung durch Peter Joseph Lenné, den Generaldirektor der königlichen Gärten in Preußen, sind noch zu erahnen. Haus und Garten sind reich mit Plastiken von namhaften Vertretern der Berliner Bildhauerschule geschmückt. Zum Park gehören auch verschiedene Kleinarchitekturen auf der anderen Seite des Teiches, z. B. der klassizistische Schlangentempel, ein privates Erbbegräbnis für den preußischen Finanzminister Friedrich Wilhelm von Arnim.

Wie ein Pendant zum Schloß erhebt sich im Ort die höchst baufällige Kirche **St. Marien auf dem Berge** mit ihrem breit ausladenden Querschiff (Gottesdienst So 9.30 Uhr). Der Kern des Gemäuers stammt aus dem 13. Jh., wurde jedoch im 19. Jh. überbaut. Im Inneren befinden sich mehrere eindrucksvolle Epitaphien derer von Arnim, denn die Familie hatte das Patronat für die Kirche übernommen. Eindrucksvoll ist das lebensgroße Marmorstandbild Georg Dietloff von Arnims (1679–1753), des preußischen Staatsministers.

Neben dem Wohnhaus August-Bebel-Straße 3 führt ein schmaler Weg hinab zu den großen **Forellenteichen**. Die Zucht der Regenbogenforelle und der Lachsforelle hat in Boitzenburg eine über 100jährige Tradition. Wer mag, kann sich hier ein frisch gefangenes oder ofenfrisch geräuchertes Abendessen abholen oder im sogenannten Jackpot-Teich sogar selbst erangeln. Für Profi-Angler stehen aber andere Gewässer zur Verfügung, in denen Karpfen, Schleie, Hechte, Zander und Aale schwimmen (Öffnungszeiten der gesamten Anlage: Sa–Do 6.30–16, Fr 6.30–14 Uhr, ✆ 2 81).

Ein wenig außerhalb, am östlichen Stadtrand, liegt auf der flachen Wiese die **Klosterruine** der Zisterzienserinnen, ältestes Gebäude Boitzenburgs und um 1280 schon eine bedeutende Ordensanlage. Wie bei Frauenklöstern allgemein üblich, war die Kirche einschiffig. Typisch für den Baustil der Zisterzienser war die Form des Chors, das Fehlen einer Krypta und der Verzicht auf jegliche schmückkende Ornamentik. Der Backsteinruine, für die der Landeskonservator ein Wiederaufbauprogramm gestartet hat, ist das große Vorbild von Kloster Chorin bei Berlin noch anzusehen.

Nebenan, am Ufer eines Stauchteichs, liegt die wasserbetriebene Klostermühle. In dem netten Fachwerkgebäude ist das **Produktionsmuseum Klostermühle** zu besichtigen (Öffnungszeiten: Di–So 10–17 Uhr, ✆ 03 98 89/2 36). Erst 1978 wurde hier die Produktion von täglich 5 t Mischfutter eingestellt. Das völlig verfallene Gebäude aus dem Jahr 1640 wurde noch zu DDR-Zeiten von dem letzten Müller und langjährigen Museumsleiter Willi

Die Boitzenburger Klosterruine

Witte in leidenschaftlicher Kleinarbeit und mit gelegentlicher Unterstützung einer Feierabendbrigade von Grund auf hergerichtet. Auf einem Hausrundgang kann man sich die urgemütliche und authentische Küche sowie ein proper eingerichtetes Müller-Wohnzimmer ansehen.

Restaurants und Lokale: Wirtshaus zur Klostermühle, Mühlenweg 5, 17268 Boitzenburg, ✆ 03 98 89/8 36 (rustikal-gutbürgerliche Gastlichkeit).

Aktivitäten: Kutsch- und Kremserfahrten: Werner Zimmermann, Goethestr. 18, ✆ 2 38.

Das nächste Ziel ist Woldegk, die Stadt am östlichen Rand der Seenplatte. Wer sein Auto liebt, nimmt

die Landstraße nach Westen über Hardenbeck und dann nach Norden über Conow, Weggun und Fürstenwerder. Wem das kilometerlange Geschuckel auf einer ziemlich abenteuerlich gelöcherten Staubstraße nichts ausmacht und wer zudem noch quer durch die Natur möchte, dem sei der Weg empfohlen, der an der Boitzenburger Kirche nach Norden Richtung Weggun geht.

Nach etwa 2 km streift man rechts die ehemalige Waldarbeitersiedlung Zerwelin. Wie am Ende der Welt liegt hier das **Naturschutzgebiet Zerweliner Heide**. Eine Vielzahl vom Aussterben bedrohter Tierarten lebt in den Brüchen, Wiesen und Mooren, u. a. Zebraspinnen, Zaunkönige und Waldeidechsen.

Über Weggun und Parmen geht es weiter nach **Fürstenwerder**. Die kleine Stadt ist von zwei Seen umgeben, dem Großen See und dem Dammsee. Die Stadtmauer mit ihren niedlichen Wiekhäuschen sowie dem Woldegker und Berliner Tor zeugt noch von der mittelalterlichen Funktion als brandenburgische Grenzstadt gegen mecklenburgische Eroberungsgelüste.

Woldegk

Von Fürstenwerder führt die Landstraße Richtung Norden direkt an der Grenze des Feldberger Nationalparks entlang. Vorbei an Göhren geht es nach Woldegk, das weithin als ›Stadt der fünf Windmühlen‹ bekannt ist. 1236 wurde das Städtchen unter dem Namen Waldecke gegründet, heute hat es 3500 Einwohner. Kein anderer Ort in Norddeutschland kann innerhalb der Stadtgrenzen so viele Windmühlen aufweisen wie Woldegk. Zu besten Zeiten drehten sich hier die Flügel von 11 Bockwindmühlen. Mitte des 19. Jh. wurden sie abgetragen und zum Teil als Holländermühlen neu erbaut. Die Kenntnisse des Mühlenbaus brachten erst die deutschen Kolonisten im 12. Jh. nach Mecklenburg. Die Slawen kannten diese Technik nicht, sie mahlten ihr Getreide auf handbetriebenen Steinmühlen. Liebevoll restauriert, werden die Mühlen heutzutage entweder für öffentliche Zwecke oder als Privatwoh-

Gotteskampmühle in Woldegk

nung genutzt. Gleich am Stadteingang liegt links die rotgestrichene **Gotteskampmühle**, in der das freundliche Ehepaar Saalfeld eine Töpferei für braune, graue und weiße Gebrauchskeramik betreibt (keine festen Öffnungszeiten, einfach vorbeikommen, ✆ 0 39 63/21 03 18). Schräg gegenüber geht ein Wanderweg von der Göhrener Chaussee ab, der rund um den kleinen Stadtsee führt.

Ein Dreier-Ensemble auf dem – wie könnte es anders sein? – Mühlenberg bildet das **Mühlencafé** zusammen mit der **Stadt- und Mühleninformation** und dem **Technischen Denkmal Mühle**. Während das Museum seinen Besuchern die örtliche Stadt- und Mühlengeschichte anhand von Fotos und Archivmaterial zeigt, werden die einzelnen Handgriffe des Müllerhandwerks im Technischen Denkmal Mühle anschaulich präsentiert (Di–Fr 10–12, 13–16.30, Sa–So 14–17 Uhr).

Da Woldegk infolge von Kampfhandlungen gegen Ende des Zweiten Weltkrieges zu 70% zerstört wurde, sind nicht mehr viele Zeugnisse aus der mittelalterlichen Blütezeit der Stadt vorhanden. Ein Relikt ist die fast rund um den alten Stadtkern erhaltene **Feldsteinmauer** aus der Zeit um 1300. Dazu gehören auch die Wiekhäuser, kleine Wehr- und Spähhäuschen, die bei der Verteidigung sehr nützlich waren. Die ehemaligen Tore, an die nur noch Wegbezeichnungen wie Burgtorstraße und Neutorstraße erinnern, wurden Mitte des 19. Jh. abgetragen. Ein weiteres Zeugnis aus dem 13. Jh. ist die evangelische Stadtkirche **St. Petri** innerhalb des Altstadtrings.

Wer ein bißchen mehr Zeit hat, kann einen Ausflug in die **Helpter Berge** unternehmen. Mit ihren immerhin 179 m sind sie die höchsten Berge Mecklenburg-Vorpommerns und haben im Hinblick auf norddeutsche Verhältnisse eine schon wahrhaft gigantische Größe! Nahe der Straße, die auf die Anhöhe führt, steht der **Fernsehturm**. An Posttechnik Interessierte können über das Woldegker Hauptamt eine Turmbesichtigung mit der Telecom vereinbaren.

Information: Hauptamt, Karl-Liebknecht-Platz 1, 17348 Woldegk, ✆ 0 39 63/21 08 45 oder 21 03 33, Fax 21 02 04; Touristen-Information, Bahnhofstr. 5a, 17335 Strasburg, ✆ 03 97 53/2 25 89 oder 2 72 25.

Hotels: Sport- und Jagdhotel Landhaus Dahm ($$), Dorfstr. 22, 17348 Göhren, ✆ 0 39 63/21 00 55 (Seenähe). **Pensionen**: Gasthof am Burgtor ($), Burgtorstr. 26, ✆ 21 02 40; Pension am Berge ($), Am Berge 2, ✆ 21 02 88 (ruhig gelegen, Terrasse).

Aktivitäten: Angeln: Immo Jahnke, Burgtorstr. 36, ✆ 21 09 76. **Fahrradverleih**: B. Hecht, Wollweberstr., ✆ 21 09 89. **Reiten/Kutsch- und Kremserfahrten**: J.-J. Thamm, Waldstr. 29, ✆ 21 04 26; H.-J. Meißner, Schillerstr. 12, ✆ 21 08 55.

Die B104 führt zurück zum Ausgangspunkt Feldberg. Auf Höhe der

Ortschaft Canzow biegen wir links auf die B 198 Richtung Neustrelitz ab. Unterwegs geht es über Hinrichshagen und Bredenfelde.

Kurz vor dem Ortsausgang von Bredenfelde führt links eine Abzweigung nach **Krumbeck**, wo ein kleiner **Park** liegt, den Preußens bedeutendster Gartenarchitekt und Landschaftsplaner Peter Joseph Lenné (1789–1866) im Jahr 1832 anlegte. Der Park war lange vollkommen in Vergessenheit geraten; erst durch die wissenschaftlichen Forschungen zur Vorbereitung auf Lennés 200jährigen Geburtstag wurde der Park 1986 wiederentdeckt. Gut Krumbeck war bis zur Reformation im 16. Jh. klösterliches Eigentum, bevor nach mehrmaligem Besitzerwechsel die Familie von Dewitz um 1800 damit belehnt wurde. Damals lag Krumbeck noch auf brandenburgischem Terrain. Das Haupthaus des zweiteiligen Herrenhauses mit seinem gemütlich herabgezogenen Walmdach stammt aus der zweiten Hälfte des 18. Jh., im Jahr 1905 kam das Nebenhaus dazu.

Das Parkgelände ist sanft modelliert mit leichten Hügeln und Hängen. Überall bestehen Sichtachsen zwischen Herrenhaus, Dorf, Kirche, Schmiede, Brennerei und Teich. Mittlerweile führen wieder drei Holzbrücken von allen Seiten über den Teich auf eine Insel. Hier schuf sich die Familie des Gutsbesitzers Otto von Dewitz ein schlichtes Feldsteingrab. Nördlich davon, in einem Hügel versteckt, entstand um 1900 ein Eiskeller, den man durch einen Eingang betreten kann. Nach 1945 wurde die Familie enteignet, 1952 brannte das alte Gutshaus nieder. In den folgenden Jahren ging es rasant bergab, die Gebäude verfielen, die Jauche der Neubauerngehöfte floß ungehindert in den Teich. Seit 1991 arbeitet ein ganzer ABM-Trupp an der Rückgestaltung. Die für Lenné typische ganzheitliche Betrachtungsweise nach sozialen, ästhetisch-künstlerischen und ökologischen Aspekten läßt sich bei einem Gang durch den Park Krumbeck erfahren. Die Geschichte der Wiederentdekkung und der Neugestaltung ist eine spannende Sache, über die Uwe Maroske, der Betreiber der Sommergalerie Lichtenberg (17259 Lichtenberg, ✆ 03 98 31/6 96), gern erzählt.

Zurück auf der B 198, geht es weiter nach Möllenbeck, wo wir nach links Richtung Feldberg abbiegen. Nach weiteren 4 km geht linker Hand eine Abzweigung nach Cantnitz. Die schmale Landstraße läuft parallel zum Cantnitzer See, der 21 ha groß ist und am Fuß des 200 Jahre alten **Wacholderbergs** liegt, eines romantischen Heidegebietes, das früher von Schafen und Ziegen beweidet wurde. Der Wacholderberg ist ein Naturschutzgebiet, das zum Feldberg-Lychener Naturpark gehört. Am Ende der Route liegt das gemütliche 160-Seelen-Dorf **Cantnitz** mit seinem Dorfteich und seiner frühgotischen Hallenkirche.

Krumbeck, Landschaftspark

Route 5: Zwischen Neubrandenburg und Neustrelitz

Karte in der hinteren Umschlagklappe

Auf einer beschaulichen Spazierfahrt von der Vier-Tore-Stadt Neubrandenburg durch die hügelige Landschaft des nordöstlichen Landrückens, auf einen Besuch beim Troja-Ausgräber Heinrich Schliemann in Ankershagen und hinein ins Kernstück der Neustrelitzer Seenplatte.

Neubrandenburg

Landschaftlich reizvoll, am Nordufer des Tollensesees, liegt Neubrandenburg. Der vom Flüßchen Tollense durchflossene See ist 17,4 km^2 groß und an manchen Stellen bis zu 32 m tief. Der See und die bewaldeten Hügel der Umgebung gehören zu dem 100 km^2 großen Landschaftsschutzgebiet Tollensebecken. Durch die vielen Freizeitmöglichkeiten zu Lande und zu Wasser ist die Gegend zu einem Zentrum des Fremdenverkehrs geworden. Auch für Sportler sind die natürlich gegebenen Trainingsbedingungen ideal. Nicht umsonst hat der Sportclub Neubrandenburg so bekannte Sportler wie die Läuferinnen Katrin Krabbe und Sigrun Wodars oder die Kanuten Rüdiger Helm und Lutz Olbrich hervorgebracht. Mit seinen knapp 88 000 Einwohnern ist Neubrandenburg drittgrößte Stadt Mecklenburgs und zugleich wirtschaftlicher und kultureller Mittelpunkt der gesamten Region Ostmecklenburgs.

Wer sich Neubrandenburg nähert, ganz gleich aus welcher Himmelsrichtung, stößt in jedem Fall auf eines der vier Stadttore, beeindruckende Bauwerke der norddeutschen Backsteingotik, die vom mittelalterlichen Reichtum der Stadt und vom Stolz ihrer Bürger zeugen. Eine Legende will wissen, daß der Stadtgründer, der brandenburgische Ritter Herbord von Raven, das Vorbild einer italienischen Stadt im Sinn hatte, als er 1248 das gleichmäßig rechtwinklige Straßenraster innerhalb der fast kreisrunden Befestigungsmauer anlegen ließ. Die Gründung sollte eine Tochter der Stadt Brandenburg an der Havel sein, so entstand der Name Neubrandenburg. Im Dreißigjährigen Krieg wurde Neubrandenburg vollkommen verwüstet und erholte sich nur langsam. Auch nach nochmals fast 80%iger

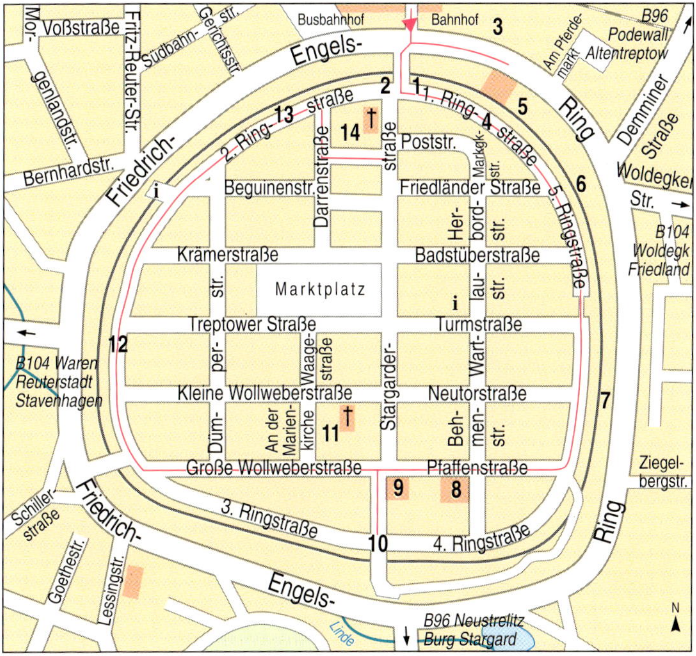

Neubrandenburg: 1 Fritz-Reuter-Denkmal 2 Mudder-Schulten-Brunnen 3 Regionalmuseum 4 Wehranlage 5 Wiekhäuser 6 Friedländer Tor 7 Neues Tor 8 Schauspielhaus 9 Wohnhaus Fritz Reuters 10 Stargarder Tor 11 Marienkirche 12 Treptower Tor 13 Fangelturm 14 Franziskanerkloster

Zerstörung im Zweiten Weltkrieg wurde die Stadt wieder aufgebaut, doch das historische Rathaus und das großherzogliche Palais des Hauses von Mecklenburg-Strelitz sind seitdem verloren.

Auf dem Stadtring, der rund um die Neubrandenburger Altstadt führt, kann man so lange im Kreis fahren, bis man einen der hinreichend ausgeschilderten Parkplätze ergattert hat. Es empfiehlt sich, den Rundgang im Norden, am Bahnhof, zu beginnen. In den Wallanlagen vor dem Bahnhofsgelände sitzt ganz gemütlich Mecklenburgs Mundartdichter **Fritz Reuter** auf seinem **Denkmal** (1). Munterer Stimmung, mit einem schlauen Lächeln hinter dem Vollbart und die Feder in der Hand, verfaßt er gerade seinen Roman ›Dörchläuchting‹ (plattdeutsche Verniedlichung von ›Durchlaucht‹). Dieses erste mecklenburgische Reuterdenkmal stammt von dem Berliner Bildhauer Martin Wolf und ist 1893, 19 Jahre nach dem Tod des Dichters, enthüllt worden. Die sieben Neubrandenburger Jahre waren für Reuter ausschlaggebend, damals entstanden seine wichtigsten Werke. Anfänglich lebte er recht ärmlich und mußte sich als freier Schriftsteller und Privatlehrer für Mathematik und Zeichnen durchschlagen. Als er 1863 Neubrandenburg verließ und in das thüringische Eisenach umzog, war er ein gemachter Mann von nationaler Bedeutung. Schon vorher hatte Kontakt zu Neubrandenburg bestanden. Hier befand sich die Druckerei Bernhard Ahrendt, die 1853 die ›Läuschen un Rimels‹ und im Jahr darauf ›Julklapp! Polterabendgedichte in hochdeutscher und niederdeutscher Mundart‹ herausgebracht hatte.

Neubrandenburg, Fritz-Reuter-Denkmal

Des Literaten verschmitzter Blick fällt direkt vis-à-vis auf den **Mudder-Schulten-Brunnen** (2), der eine Szene aus seinem ›Dörchläuchting‹ darstellt. Die Romanhandlung spielt in Neubrandenburg Ende des 18. Jh. Auf der Muschelkalksäule im Brunnenbecken stemmt eine resolute Neubrandenburger Bäckersfrau, genannt Mudder Schulten, beide Hände in die Hüften und verlangt von dem ewig verschuldeten Herzog Adolf Friedrich IV., genannt Dörchläuchting, die Begleichung der zwei Jahre langen Brötchenrechnung – eine damals unerhört couragierte Forderung! Die schroffe Antwort des verblüfften Landesherrn hat der Bildhauer Wilhelm Jäger in den Brunnensockel gemeißelt: »Impertinentes Frauensmensch! rep hei un stödd ehr de Reknung ut de Hand«.

Wer mehr über das Leben Fritz Reuters erfahren möchte, kann sich an das **Regionalmuseum** (3) wenden, das in einer Jugendstilvilla am Friedrich-Engels-Ring 7 seinen Sitz hat. Hier wird die Stadtgeschichte von der mittelalterlichen Gründung bis zum Jahr 1952 dokumentiert (Di–Fr 9–17, Sa–So 13–17 Uhr, ✆ 5 82 65 57).

Wehranlage und Wiekhäuser in Neubrandenburg

Vom Platz zwischen den Denkmälern kann man die doppelte Wallanlage sehen. Sie besteht aus zwei Wällen und zwei Gräben, die zur Abwehr der feindlichen Eroberungsversuche vor der Stadtmauer angelegt wurden. Sehr schön ist ein Spaziergang entlang der innerstädtischen Seite der **Wehranlage** (4), die im nordöstlichen Abschnitt 1. Ringstraße heißt. Die an manchen Stellen noch 7 m hohe Feldsteinmauer wurde zu Beginn des 14. Jh. angelegt und umschließt auf 2,3 km die gesamte Altstadt.

Die alten **Wiekhäuser** (5), Wehrhäuschen, die sich etwa alle 30 m wie Schwalbennester in die Stadtmauer schmiegen, schaffen eine ungeheuer nette Atmosphäre. Ursprünglich waren es 56 Wiekhäuser, von denen bis jetzt 25 wieder aufgebaut wurden. Das freistehende Wiekhaus neben dem Mauerdurchbruch am Bahnhof wurde beispielsweise 1913 leicht idealisiert nachgebildet. Die meisten der drei- bis vierstöckigen Fachwerkhäuschen ragten über die Mauerkrone hinaus und waren nach außen mit Schießscharten versehen.

Der Weg führt zum **Friedländer Tor** (6), dem am vollständigsten erhaltenen der vier Neubrandenburger Tore. Es besteht aus einem Innentor aus der Zeit um 1400, einem Vortor von etwa 1470 und dem vorgelagerten Zingel, einem halbrunden Kampfturm, der um 1530 gegen die aufkommenden Kanonen und Gewehre angebaut wurde. Im Inneren erinnert eine Gedenktafel an den mutigen Kapitän Pflug, der 1631 bei einer dreitägigen Belagerung durch die kaiserlichen Soldaten des General Tilly umkam. Heute sind hier das niedliche Tor-Café, die Tor-Galerie und eine Verkaufsausstellung von Werken einheimischer Künstler untergebracht (Di–Fr 10–18, Sa 9–12 Uhr).

Am Ende der Gasse muß man die Stadtmauer unter- und die Fußgängerzone überqueren und gelangt zum **Neuen Tor** (7), von dem nur noch der Torturm aus der Zeit um 1470 erhalten ist. Auf der Stadtseite ist der Staffelgiebel mit acht weiblichen Terrakottafiguren geschmückt. Die Wimpergaufsätze auf den Giebeln und die hübschen Maßwerkrosetten sind eine neugotische Zutat des 19. Jh. Im Neuen Tor hat heute die Fritz-Reuter-Gesellschaft ihren Sitz, die auf verschiedene Weise um die Pflege des Reuter-Erbes bemüht ist (Di 9–11 Uhr).

Rechter Hand zweigt die Pfaffenstraße ab, und an der nächsten Ecke zur Behmenstraße steht schon das **Schauspielhaus** (8). Der zweistöckige Fachwerkbau aus dem Jahr 1780 erhielt nach der Wende einen modernen Glasanbau. Im Inneren des Hauses ist noch die ehemalige Fürstenloge erhalten. Die Bescheidenheit der Architektur läßt schon erahnen, daß das Neubrandenburger Schauspielhaus damals kein festes Ensemble hatte, sondern von reisenden Schauspieltruppen

Neubrandenburg, Stargarder Tor

oder dem großherzoglich protegierten Theater in Neustrelitz bespielt wurde. Dies wird sich in Zukunft ändern, wenn hier nach erfolgter Rekonstruktion das Neubrandenburger Kammertheater seinen festen Sitz erhält (Juli/August: unterhaltsame Theateraufführungen durch verkleidete Theaterfiguren). 1858 spielte sich an diesem Ort ein Stück lokale Theatergeschichte ab, als Fritz Reuter die Direktoren einer Wanderbühne dazu überredete, sein Lustspiel ›Die drei Langhänse‹ und den dramatischen Schwank ›Des alten Blüchers Tabakspfeife‹ aufzuführen. Leider hatten die Stücke wenig Erfolg, die Neubrandenburger sollen den ›Blücher‹ noch nicht einmal beklatscht haben!

Wenige Schritte weiter, an der Ecke Stargarder Straße 35, steht das **Wohnhaus Fritz Reuters** (9), in dem der Dichter mit seiner Ehefrau Luise ab Ostern 1859 genau zwei Jahre lebte. Dieses klassizistische Bürgerhaus ist die einzige erhaltene der insgesamt vier Reuter-Wohnstätten in Neubrandenburg. Gleich nebenan, in der **Gaststätte Fürstenkeller,** zechte Reuter zum Leidwesen seiner Frau gern mit Freunden und Bekannten. Hier, in der feuchtfröhlichen Geselligkeit der örtlichen Honoratioren, pflegte er die zwanglose Unterhaltung und machte dabei so manche Beobachtung, die er in seine Werke einfließen ließ.

Von hier aus fällt der Blick direkt auf das **Stargarder Tor** (10), das

Terrakottafiguren am Stargarder Tor

den südlichen Ausgang der Stadt markiert. Es besteht ebenfalls aus einem Torturm, einem Torwächterhaus in der Mitte und einem Vortor zur Feldseite. Der Torturm ist der älteste Teil, er entstand um 1350. Wie am Neuen Tor stehen hier weibliche Terrakottafiguren, diesmal neun an der Zahl, mit erhobenen Armen in den Giebelnischen. Eine baukünstlerische Kostbarkeit ist die Feldseite des Torturms mit den über das Satteldach hinausgeführten Staffelgiebeln. Die filigrane Eleganz der blendengeschmückten Schaugiebel mit den vier Maßwerkrosetten bestätigt eine Bemerkung der Schriftstellerin Ricarda

Huch, die 1931 in ihrem Bändchen ›Lebensbilder mecklenburgischer Städte‹ meinte, die vier Tore sähen aus, »als wären sie mehr zur Zier als zur Wehr da«. Das Fachwerkhaus mit dem tiefgezogenen Walmdach vor dem Stargarder Tor entstand 1778 als **Lohmühle**; seit der Restaurierung Mitte der 70er Jahre wird das Haus als Gaststätte mit Biergarten genutzt.

Weithin sichtbar über alle Dächer ist die **Marienkirche** (11), eine wunderbare gotische Hallenkirche aus Backstein, die 1298 geweiht wurde. Etwas Neues für den nordostdeutschen Raum war damals das reichgeschmückte Ostgiebeldreieck mit den filigranen frühgotischen Maßwerkfenstern und den zierlichen Fialtürmchen. Der Baumeister muß das Straßburger Münster gekannt haben, denn es gibt zahlreiche Parallelen. Im Zuge der Reformation wurde die Marienkirche 1523 evangelisiert. In den nachfolgenden Jahren predigte hier der streitbare Lutherschüler Erasmus Alberus die protestantische Lehre. 1676 wurden die Gewölbe des Mittelschiffs und die Turmoberteile zerstört. Erst 1841 erfolgte die Wiederherstellung durch den Architekten Friedrich Wilhelm Buttel; dabei versah er den Turm mit dem achteckigen gotisierenden Aufsatz. Nachdem die Kirche dann 1945 komplett ausbrannte, begann man 1975 wieder mit der Sanierung. Nach Abschluß des Innenausbaus ist die Marienkirche als Konzerthalle für die Neubrandenburger Philharmoniker vorgesehen, ein international bekanntes Orchester, das sich auf eine über 40jährige Tradition berufen kann.

Weiter geht es durch die Große Wollweberstraße, wo vor allem im hinteren Teil dicht an dicht kleine **Fachwerktraufenhäuser** zu sehen sind. Vom 17. bis in das 19. Jh. waren diese Häuschen von den Wollwebern und Tuchmachern bewohnt, die hier ihrem Gewerbe nachgingen.

Am Ende der Straße erreicht man wieder die Stadtmauer und sieht rechts das **Treptower Tor** (12), erbaut um 1400. Der innere Torturm macht es mit seinen 32 m Höhe zum größten der vier Neubrandenburger Tore. Die prächtig geschmückte Feldseite des etwa 50 Jahre jüngeren Vortores wiederholt sich am Stargarder Tor. Beide haben im Ostgiebel der Marienkirche einen gemeinsamen Vorläufer. Seit 1873 hat im Torturm die Abteilung Ur- und Frühgeschichte des Neubrandenburger Regionalmuseums ihren Sitz (Di–Fr 9–17.30 und Sa–So 13–17.30 Uhr, ✆ 29 06). Über drei Etagen werden hier originale Fundobjekte vom Altertum bis zur Stadtgründung präsentiert. Ein bißchen unheimlich ist die Rekonstruktion des steinzeitlichen Großsteingrabes schon, aber es gibt auch hübsch verzierte Schmuckstücke und Utensilien zur Körperpflege aus der Slawenzeit zu sehen. In Zusammenarbeit mit der Bodendenkmalpflege realisieren die Museumswissenschaftler in der

Umgegend von Neubrandenburg Grabungen zur Germanen- und Mittelalterforschung, die gelegentlich Überraschendes zutage fördern.

Wie hübsch aufgereihte Perlen an einer Kette kann man den Wiekhäusern entlang der Wehranlage bis zum **Fangelturm** (13) folgen. Der runde Backsteinturm wurde im 15. Jh. als Wehrturm erbaut, Zinnenkranz und steinerner Spitzhelm kamen 1862 dazu. Aufgrund der dicken Mauern richtete man im Turm ein Gefangenenverlies ein, das noch bis ins 19. Jh. genutzt wurde.

Hinter dem Fangelturm, an der Darrenstraße, kommt man am ehemaligen **Franziskanerkloster** (14) vorbei. Bald nach der Stadtgründung, im Jahr 1260, ließen sich hier die grauen Mönche des Franziskanerordens nieder, bis sie im 16. Jh. durch die Reformation vertrieben wurden. Von den schönen spätgotischen Klosterräumen, in denen heute das Standesamt und der Amtssitz des Stadtpräsidenten untergebracht sind, hat sich nach 1945 nur der Nordflügel mit Kreuzgang und Refektorium sowie die Klosterkirche **St. Johannis** erhalten (im Sommer: Mo–Fr 10–17 Uhr). Die Backsteinhallenkirche wurde etwa 1350 auf asymmetrischem Grundriß errichtet. 1894 wurde der obere Teil des Westgiebels bei einer Renovierung in Anlehnung an das brandenburgische Kloster Chorin ergänzt. Ein Schmuckstück ist der prächtig geschnitzte Holzaltar aus dem Jahr 1817 mit Gemälden vom Abendmahl und einer figurenreichen Kreuzigung im Hauptfeld. Die rührige Kantorei der Johanniskirche veranstaltet regelmäßig anspruchsvolle Konzerte – u. a. waren der Leipziger Thomanerchor und der Schwarzmeer-Don-Kosaken-Chor zu Gast –, oder die Neubrandenburger selbst veranstalten ein Weihnachtsliedersingen bei Kerzenschein.

Wer einen Blick über die schöne Landschaftsszenerie von Neubrandenburg und den Tollensesee genießen möchte, sollte im Ortsteil Broda, einst Standort eines Prämonstratenserklosters, am Konsum parken und sich auf den zehnminütigen Fußweg durch den Wald machen. Auf einem Hügel über dem Westufer des Sees steht das kleine **Belvedere**, ein hellverputztes dorisches Tempelchen, das der Baumeister Friedrich Wilhelm Buttel 1823 als Teehäuschen für die herzogliche Familie errichtete.

Information: Tourist-Information, Turmstr. 11, 17033 Neubrandenburg, ✆/Fax 03 95/5 82 22 67 (monatlicher Veranstaltungskalender); Fremdenverkehrsverein e. V., 2. Ringstr., Wiekhaus 21, ✆/Fax 5 44 23 18.

Hotels: Radisson SAS Hotel ($$$–L$$$), Treptower Str. 1, ✆ 5 58 60, Fax 5 58 66 25 (ruhige Lage, Suiten, Restaurant, Tagungsraum); Hotel CTK ($$$), Große Krauthöferstr. 1, ✆ 55 60, Fax 5 56 26 82 (modern, im Zentrum, Suiten, Panoramasauna, Konferenzräume); Sporthotel Neubrandenburg ($$$), Schwedenstr. 25, ✆ 5 66 63

50/51, Fax 5 66 63 54 (im Kulturpark, zwischen Tollensesee und Stadtzentrum, Konferenzraum). **Pensionen/Gasthöfe**: Sportpension Am Weidenweg ($$), Weidenweg 1, ✆ 5 82 31 69 (zweckmäßig, Fitneßraum); Landgasthof Podewall ($$), Fuchsberg 1, 17039 Podewall, ✆ 03 95/42 96 40 (außerhalb, ruhige Waldlage, Seenähe); Hotel garni Borchert ($$), Friedrich-Engels-Ring 40, ✆ 5 44 20 03, Fax 5 44 20 04 (kleines Haus der Jahrhundertwende, zentral); Hotel Sankt Georg ($$), Rostocker Str., ✆/Fax 5 44 37 88 (Fachwerk- und Backsteinhäuschen, Biergarten, Sauna, Konferenzraum, Restaurant); Landgasthof Alte Schäferei ($$), Dorfstr. 1, 17039 Neuendorf, ✆ 5 44 32 83. **Jugendherberge**: Ihlenfelder Str. 73, ✆ 4 22 58 01 (Fahrradverleih).

Restaurants und Lokale: Restaurant Bonjour, Kleiststr. 9, ✆ 5 66 64 91 (französische Küche im Bistro-Stil, eine Kochmütze vom Gault Millau, Sommerterrasse); La Mandria, Im Hotel Vier Tore, Treptower Str. 1, ✆ 5 58 60, Fax 5 84 10 15 (Luxusrestaurant, eine Kochmütze vom Gault Millau für eine sehr gute, klassische Küche, die mehr als das Alltägliche bietet); Restaurant Fritz Reuter, Friedländer Str. 2, ✆ 5 82 31 55; Amboss, Friedrich-Engels-Ring 11, ✆ 5 66 62 60 (bodenständige Kneipe); Karzer, Brodaer Str. 12, ✆ 5 82 28 91 (urige Kneipe für jüngeres Publikum).

Bars und Discos: Colosseum, An der Hochstr. 4, ✆ 78 21 05 (Disco mit Lasershow, Di, Fr und Sa ab 21 Uhr); Joy, Im Alten Brauhaus, Demminer Str. 49, ✆ 4 22 63 30 (tägl. ab 21 Uhr, Bar und Disco).

Souvenirs/Einkaufen: Antiquariat & Musikalien An der Marienkirche, Große Wollweberstr. 7; Glasbläserei Schmidt, 4. Ringstr., Am Neuen Tor (Schaublasen nach Vereinbarung); Wort und Werk, Pfaffestr., Wiekhaus 45 (Bürgel-Keramik); Werkstatt Alte Uhren, Torwächterhaus am Stargarder Tor; Textilgalerie, 3. Ringstr., Wiekhaus 15 (Seidenmalerei und Leinenkleider).

Veranstaltungen und Festivals: April: Oster-Landmarkt. April/Juni: Neubrandenburger Darts-Turnier. Juni: Zehn-Meilen-Tollenseseelauf (mit Sportlerball).

Aktivitäten: Angeln: Landesanglerverband M-V e. V., Lessingstr. 10, ✆ 5 82 27 66; Tollense-Fischerei, Schillerstr. 21, ✆ 5 82 22 03. **Baden**: Strandbad im Ortsteil Broda, Seestr.; Augustabad im Ortsteil Lindenberg, Lindenstr.; FKK-Strand in Buchort. **Bahnausflüge**: Rund- und Charterfahrten mit der Tschu-Tschu-Bahn, ✆ 5 44 56 41 (Kleinzugmaschine mit Anhängern im historischen Eisenbahn-Outfit). **Bootsverleih**: Thomas Behn, Brücke am Oberbach, Nordufer Tollensesee. **Fahrgastschiffahrt**: Rundfahrten auf dem Tollensesee mit dem Fahrgastschiff Mudder Schulten, Anlegestelle Parkstr. 3, ✆ 64 82/83, für Sonderfahrten ✆ 4 29 07 15 (tägl. April–Sept. 10–12, 13–14.30 und 15–17 Uhr, Kartenverkauf auf dem Schiff). **Fahrradverleih**: Fahrradhaus Leffin, Friedrich-Engels-Ring 22, ✆ 5 81 60; Jugendzentrum, Lindenstr., ✆ 3 68 52 52. **Reiten**: Kinderzentrum Hinterste Mühle, Mühlendamm 2, ✆ 5 81 70 25; Reiterhof Ponte Rosa, Galgenberg 6, Burg Stargard, ✆ 2 10 39. **Rundflüge**: Flughafen Neubrandenburg-Trollenhagen, Flughafenstr., 17039 Trollenhagen, ✆ 4 22 30 25, Fax 4 22 30 35 (auch Heißluftballonflüge und Tandemfallschirmsprünge). **Segeln**:

Segelboothafen, Parkstr., Nordufer Tollensesee.

Kunstgalerien und Ausstellungen: Kunstsammlung Neubrandenburg, Am Pferdemarkt 1, ✆ 5 82 62 29 (So–Do 10–17 Uhr, Verkaufsausstellungen zu Malerei, Zeichnung, Keramik und Plastik); Zentrum Bildende Kunst, 1. Ringstr., Friedländer Tor, ✆ 5 82 26 95 (Galerie: Di–Fr 10–18 und Sa 9–12 Uhr, Ausstellungen zeitgenössischer Gemälde, Skulpturen, Keramik und Textilien; Graphothek: Di und Do 14–17 Uhr, Originale sogar zum Ausleihen); Literaturzentrum Neubrandenburg e. V., Am Neuen Tor, Wiekhaus Nr. 46, ✆ 5 66 03 63 (Mo–Fr 8–16 Uhr, Ausstellung von Dokumenten, Möbeln und persönlichen Gegenständen der Schriftstellerin Brigitte Reimann). **Musik und Theater:** Neubrandenburger Philharmonie, Ziegelbergstr. 5a, ✆ 5 55 22 66 oder 5 55 25 03; Kammertheater Neubrandenburg, Pfaffenstr. 22, ✆ 5 44 26 17.

Penzlin, Ankershagen und Hohenzieritz

Penzlin

Schon im Mittelalter wurde die B192 im Abschnitt zwischen Neubrandenburg und Waren als Ost-West-Handelsweg befahren. Heute gelangt man auf dieser geschichtsträchtigen Wegstrecke nach etwa 17 km - dort, wo die Bundesstraße einen Knick macht - in das knapp 3000 Einwohner zählende Städtchen Penzlin, umgeben vom Großen Stadtsee, vom Malliner und Lübkower See.

Penzlin erhielt schon 1263 Stadtrecht. Im Laufe seiner Geschichte wurde es von vier Brandkatastrophen zerstört und mußte jedesmal fast vollständig wieder aufgebaut werden. Im 15. und nochmals im 16. Jh. fiel die gesamte Stadt zwei Bränden zum Opfer, 1725 führte dann ein mutwillig angelegter Stallbrand abermals zum Totalschaden der Stadt, und als die sowjetischen Truppenverbände am 30. April 1945 Penzlin erreichten, ging nochmals ein Drittel der Bausubstanz in Flammen auf. Trotzdem erkennt man noch heute am Altstadtgrundriß mit dem Marktplatz und der rechtwinkligen Straßenführung die planmäßige Anlage der einstigen Handelsstation.

Seit dem 13. Jh. entwickelte sich die Stadt am Fuß einer Burg. Reste dieser Burganlage sind in der Ritterburg Maltzan, eher bekannt unter dem Namen **Alte Burg,** erhalten (Mai–Okt. Di–Fr 9–17, Sa–So 9–12 und 13–17 Uhr, Nov.–April Mi–Fr 9–16, Sa–So 9–12 und 13–16 Uhr, ✆ 21 04 94). Im Laufe der Jahrhunderte wurde die Burg mehrfach erweitert und umgebaut. So wurden nach 1560 im Kellergewölbe unterirdische Hexenkeller eingerichtet, in denen der Hexerei verdächtigte Frauen gefangengehalten und mit Daumenschrauben und Nagelbetten grausam gefoltert wurden. Elisabeth Dabers war die bekannte-

Penzlin, Hexenkeller der Alten Burg

ste Frau, die in Penzlin 1697 ›wegen Zauberei‹ als Hexe verbrannt wurde.

Die sehr anschaulich und auch kindgerecht gestaltete Burgführung scheut keine Dramatik. Die Besucher besteigen das Hexenverlies durch eine Falltür. Gegessen wurde damals im Rittersaal, in dem heute eine komplette Ritterrüstung funkelt. Eine weitere Besonderheit ist die spätmittelalterliche, rußgeschwärzte Burgküche, in dieser Größe einmalig im gesamten norddeutschen Raum. Eindrucksvoll ist der große Rauchfangmantel über der Herdstelle. Hier wurde seit Anfang des 16. Jh. mit Unterbrechungen 150 Jahre lang gebrutzelt. Wer sich rechtzeitig anmeldet, kann außerdem in der Burgküche ein ›Hexenmahl‹ aus Buchweizengrütze und einen ›Hexentrunk‹ aus Pfefferminztee zu sich nehmen; beides wird nach original mittelalterlicher Rezeptur zubereitet.

Nördlich der Burg erhebt sich auf einer alten slawischen Wallburg, der sogenannten **Neuen Burg,** ein Herrenhaus, das 1816 errichtet wurde und heute als Grundschule dient.

Als erster in Mecklenburg-Vorpommern schaffte der Penzliner Burgherr Ferdinand von Maltzan (1778–1868) am 18. Oktober 1816 die Leibeigenschaft auf seinen Gütern ab. Zur Erinnerung an diese sozialpolitische Tat seines Vorfahren ließ Johannes von Maltzan (1845–1927) genau 100 Jahre später im Penzliner Ortsteil Neuhof einen **Obelisken** errichten.

Die **Grabpyramide** des Freiherrn Joseph von Maltzan (1735–1805), dessen Leiche man über die polnische Grenze schmuggeln mußte, damit er in Penzlin bestattet werden konnte, ist östlich vom Ortsteil Werder zu besichtigen. Weitere Grabstellen dieser bedeutenden und noch heute weitverzweigten Familie befinden sich in dem frühgotischen Kapellenanbau der evangelischen Stadtkirche **St. Marien** mitten im Ort (Gottesdienst So 9.30 Uhr, Schlüssel im Pfarrhaus Speckstr. 14).

Information: Tourist-Information, Warener Str. 32, 17217 Penzlin, ✆ 0 39 62/21 00 64.

Heinrich Schliemann (1822-90), Portraitgemälde von Sidney Hodges, 1877

Tip: Büdnerei und Galeriecafé Lehsten ($–$$), Hans und Brunhilde Schmalisch, Dorfstr. 20, 17219 Lehsten, ✆ 03 99 28/56 39 (individuell eingerichtete und unterschiedlich große Ferienwohnungen in einer liebevoll renovierten alten Büdnerei, auf Wunsch mit Frühstück, großer Garten, Pferdewiese, Fahrradverleih, Keramik- und Malunterricht im Haus, Lesungen und Musik in der Galerie, English spoken).

Restaurants und Lokale: Hexenkeller Penzlin, In der Alten Burg 1, ✆/Fax 21 16 30 (Burgrestaurant mit ›mittelalterlicher‹ Küche und Biergarten unter schattigen Kastanien); Wallschlößchen, Am Wall 5, ✆ 21 05 06 (Restaurant mit wechselnden Kunstausstellungen des Penzliner Kulturvereins, Terrasse, Billard).

Ein Abstecher nach Ankershagen

Das kleine Dorf Ankershagen liegt nahe bei Penzlin am östlichen Rand des Müritz-Nationalparks. Man würde es ohne weiteres übersehen, wenn hier nicht Heinrich Schliemann (1822–90), der weltberühmte Altertumsforscher und Entdecker Trojas, seine Kindheit verlebt hätte. Am Ende des Dorfes, gegenüber der Kirche, in der sein Vater als Pfarrer sonntags von der Kanzel predigte, steht das **Elternhaus Heinrich Schliemanns,** ein hübscher Fachwerkbau aus dem 18. Jh.

In seiner Autobiographie will Schliemann dem Leser weismachen, daß er sich bereits als achtjähriger Knabe entschlossen habe, die 3000 Jahre alte griechische Königsfeste auszugraben. Rückwirkend beschreibt er eine schöne Kindheit und ein harmonisches Elternhaus in Ankershagen – doch heute weiß die Forschung, daß es anders war. Sein Vater unterhielt nämlich neben seiner Ehe ganz ungeniert eine Beziehung zur Magd des Hauses und trieb es nach dem frühen Tod seiner Frau so weit, daß er auf erbostes Drängen der eigenen Gemeinde aus dem Amt entfernt werden mußte, nicht ohne vorher eine stattliche Abfindung zu erzwingen – ein Pharisäer im Gottesgewande! Für den jungen Heinrich und seine Geschwister ein tragisches und traumatisches Erlebnis, das er zeit seines Lebens verdrängte und verleugnete. Den nächsten Lebensabschnitt verbrachte Schliemann dann als Kaufmann in Rußland und Bankier in Kalifornien, bis er genug Geld zusammenhatte, um sich seinen Traum von der Beförderung der archäologischen Wissenschaft zu erfüllen.

Im **Schliemann-Museum,** das heute im Ankershagener Haus seinen Sitz hat, liegt die psychologisch einfühlsame und doch kritische Schliemann-Biographie von Tom Crepon und Wilfried Bölke aus, die den großen Ausgräber angemessen würdigt (Mai–Sept. Di–So 10–17, Okt.–April Di–Fr 10–16, Sa–So 13–16 Uhr, ✆ 03 99 21/32 52). Eine kleine Ausstellung dokumentiert Schliemanns Lebensweg und seine wissenschaftlichen Erfolge. Dabei gibt es auch einige Originalfundstücke aus Troja zu sehen, Schmucknachbildungen aus dem Schatz des Priamos sowie goldene Grabbeigaben aus Mykene. Und vor dem Haus ist der begehbare Nachbau des Trojanischen Pferdes (Original im Historischen Museum, München) aufgestellt.

Hotel: Gutshaus Schloß Wendorf ($$–$$$), Schloßstr. 3, 17219 Wendorf, ✆ 03 99 21/32 60, Fax 32 64 (christlich geführtes, historisches Landschloß in beschaulicher Umgebung, Selbstverpflegung möglich, Fahrradverleih, behindertengerecht, Alkohol und Nikotin nicht gestattet).

Hohenzieritz

Etwa 6 km südlich von Penzlin, genau im Dreieck zwischen der B96 und der B193, liegt der Ort Hohenzieritz, bekannt geworden vor allem als Sterbeort der Königin Luise von Preußen. Luisens Vorfahren ließen sich hier ab 1771 einen großen Landschaftspark anlegen, den die Familie gern als Sommerfrische nutzte, denn die Residenz in Neustrelitz war nur 12 km entfernt. Luise hat Hohenzieritz insgesamt nur zweimal besucht. Sie starb während ihres letzten Aufenthaltes am 19. Juli 1810 mit nur 34 Jahren an Lungenentzündung.

Kernstück ist der etwa 30 ha große **Schloßpark** mit seinen Gebäuden – ein kleines Gesamtkunstwerk von Landschaftsgestaltung und Ar-

Heufiguren zum Dorffest in Hohenzieritz

chitektur. Sophie Charlotte, die nach London verheiratete Schwester des Bauherrn Herzog Carl, empfahl den englischen Gartenkünstler Thompson zur Gestaltung der Anlage im Stil eines englischen Landschaftsparks. 1795 wurden die Nachbarorte Prillwitz, Wendenfeld, Ehrenhof und Zippelow dazugekauft. Ab 1800 war der Park in einen öffentlich nutzbaren und einen der Herrschaft vorbehaltenen Teil getrennt. Mit dem Luisentempel, einem klassizistischen Monopteros, beauftragte Luisens Vater den Bildhauer Christian Philipp Wolf, einen Freund des berühmten Christian Daniel Rauch. In der Mitte des Innenraums stand eine Büste der beliebten Preußenkönigin; sie wurde nach der Wende gestohlen. Angeblich wurde der Tempel in der Nähe eines hohen Birnbaums erbaut, weil dies der Lieblingsplatz der Verstorbenen gewesen sein soll.

Auf dem höchsten Punkt der sanft gewellten Hanglandschaft liegt das **Schloß** (zur Zeit leerstehend). Zuerst baute der Herzog zwei Kavaliershäuser an das vorhandene eingeschossige, barocke Kastellanhaus an und ließ die gesamte Anlage 1790 um ein zweites Geschoß aufstocken und um 13 Achsen erweitern. Nach 1945 ging die reiche Ausstattung im Zuge der Enteignung verloren.

Hohenzieritz, Schloßkirche

Auch vom Sterbezimmer der Königin Luise, das sich im Erdgeschoß ganz links befand, ist nichts mehr vorhanden. Zu DDR-Zeiten war hier ein landwirtschaftliches Institut untergebracht. Heute gehört die Anlage dem Land und soll als Institut der Fachhochschule Neubrandenburg hergerichtet werden. Nur das große herzogliche Wappen im Giebelfeld über dem Portal hat alle Nutzungsänderungen überlebt.

Auf dem Gelände zwischen dem Schloß und dem Dorf präsentiert sich die runde, klassizistische **Schloßkirche** mit dem freistehenden Glockenstuhl (keine festen Öffnungszeiten). Sie entstand 1806 im Zuge der Parkumgestaltung und ist ein Werk des Landbaumeisters Friedrich Wilhelm Dunkelberg (1773–1844). Das Altargemälde im Inneren ist die Kopie eines Werks von Guido Reni.

Von Dunkelberg stammt auch das **Kruggehöft** gegenüber dem Schloß. Dort konnten Besucher übernachten, die keine Gäste der herzoglichen Familie waren.

1825 ergänzte Dunkelberg das Ensemble durch die kleine **Dorfschmiede** in Form eines griechischen Prostylostempels. Sie liegt direkt an der Dorfstraße und stellt die gestalterische Verbindung zum Ort her. Heute ist hier die Heimatstube Hohenzieritz untergebracht, die eine kleine Ausstellung zur Geschichte des Dorfes und seiner hohen Persönlichkeiten bietet (Besucher bei Frau Lau im Haus gegenüber melden).

Von Neustrelitz zur Gedenkstätte Fünfeichen

Neustrelitz

Weiter geht es über die B96 nach Neustrelitz, das – wie der Name schon vermuten läßt – eine Neugründung des benachbarten Städtchens Strelitz, des heutigen Strelitz Alt, darstellt. Ursprünglich stand hier nämlich das herzogliche Residenzschloß. Als dieses 1712 abbrannte und aus bautechnischen und lokal-

Neustrelitz: 1 Rathaus 2 Stadtkirche 3 Stadtmuseum 4 Karolinenpalais 5 Bankgebäude 6 Schloßkirche 7 Marienpalais 8 Denkmal des Großherzogs Georg 9 Orangerie 10 Hebetempel 11 Luisentempel 12 Landestheater Mecklenburg-Neustrelitz 13 Weißes Herrenhaus 14 Hirschtor

politischen Gründen an gleicher Stelle nicht wieder aufgebaut werden konnte, verlegte Herzog Adolf Friedrich III., der Großonkel der Königin Luise, seine Residenz an den nördlich gelegenen Zierker See, indem er das dort bereits vorhandene Jagdhaus Glieneke ausbauen ließ. Da er auch seine Beamtenschaft und Regierungsinstitutionen um sich haben wollte, erließ er 1733 einen Gründungsaufruf für eine neue Stadt – Neustrelitz war geboren. Die Stadt wuchs schnell, denn der Herzog lockte Siedlungswillige aus allen deutschen Territorien mit besonderen Privilegien, wie etwa Steuervergünstigungen,

Zunft- und Religionsfreiheit. Bis 1918 blieb die Stadt Residenz des Herzogtums Mecklenburg-Strelitz und sogar bis 1934 Landeshauptstadt des gleichnamigen Freistaates.

Im Gegensatz zu anderen Städten nahm die Entwicklung in Neustrelitz einen ausschließlich vom Hof gesteuerten Verlauf, denn hier war der Grund und Boden des Herzogs. Eine autonome Stadtverfassung existierte nicht, der Bürgermeister wurde vom Herzog ernannt. Trotz der großen Substanzverluste während des Zweiten Weltkrieges und der DDR-Zeit kann man in der Neustrelitzer Altstadt noch heute den Charme der kleinen deutschen Residenzstadt spüren, die vorwiegend von Beamten und Handwerkern bewohnt wurde. Insbesondere Großherzog Georg, der von 1816 bis 1860 regierte, nutzte die räumliche und politische Nähe zu Berlin, indem er persönliche Kontakte zu den bedeutendsten Künstlern und Philosophen seiner Zeit pflegte. So begegnen in Neustrelitz immer wieder die Namen von Karl Friedrich Schinkel, Peter Joseph Lenné und Christian Daniel Rauch.

Den Rundgang durch Neustrelitz sollte man vom **Marktplatz** aus beginnen (gute Parkmöglichkeit). Er bildet das großzügig angelegte städtebauliche Zentrum der Altstadt, von hier gehen sternförmig acht Straßen in alle Himmelsrichtungen. Dieser barocke Stadtkern, der mittlerweile unter Denkmalschutz steht, geht auf die Planung

Bienenzucht im Neustrelitzer Umland

des ›hochfürstlichen Kunstgertners‹ und Baumeisters Christoph Julius Löwe zurück, der 1726 aus Braunschweig nach Strelitz gekommen war. Federführend beim Entwurf wohlproportionierter Bürgerhäuser und öffentlicher Bauten war der Architekt Friedrich Wilhelm Buttel (1796–1869), ein Schüler Schinkels. Von ihm stammt das stattliche **Rathaus** (1), 1841 an der Ostseite des Marktplatzes errichtet.

Am Markt befindet sich auch die evangelische **Stadtkirche** (2), die der Neustrelitzer Hofarzt und Architekt Johann Christian Verpooten (gest. 1794) 1778 errichtete. Bei einer Restaurierung im Jahr 1831 wurde der backsteinsichtige Bau verputzt. Auch der hohe Westturm im geradlinigen toskanischen Stil – bei den Neustrelitzern kurzerhand ›Bodderfatt‹ genannt – stammt aus dieser Zeit. Der Turm kann bis zur Plattform oben bestiegen werden und bietet eine schöne Aussicht über Stadt und Land (Mo–Fr 10–12 und 15–17 Uhr). Der in ein zartes Beige-Weiß getauchte Innenraum mit den zweigeschossigen Emporen und dem spätbarocken Kanzelaltar hat eine elegante Ausstrahlung. Das Altargemälde ›Die Kreuztragung‹ ist eine Raffael-Kopie von der Hand der begabten Großherzogin Marie, der Gemahlin Georgs (Sommerkonzerte Mi 19.30 Uhr).

Die Schloßstraße verbindet den Marktplatz mit dem Schloßpark. In dem klassizistischen Bürgerhaus Nr. 3 hat das **Stadtmuseum** (3) seinen Sitz (Mo–Fr 10–12, 13–16, Sa 10–13 Uhr). Der Besucher wird durch drei Räume geführt, wo er Wesentliches über die Stadt- und Landesgeschichte aus der Zeit zwischen 1695 und 1850 erfährt. Bescheiden, aber anschaulich werden eindrucksvolle historische Objekte, wie eine Husarenuniform und Waffen aus napoleonischer Zeit, dazu höfisches Kunsthandwerk und bäuerliches Arbeits- und Haushaltsgerät aus dem 18. und 19. Jh. präsentiert. Herausragende Exponate von kunsthistorischem Wert sind zwei Skulpturen Christian Daniel Rauchs, des Begründers der Berliner Bildhauerschule im 19. Jh. Als Pendant zu dem stadtgeschichtlichen Teil unterhält die Stadt im gleichen Haus eine **Kunstgalerie,** die in etwa sechs Wechselausstellungen pro Jahr zeitgenössische Malerei, Bildhauerei, Kunsthandwerk und Fotografie aus der Region vorstellt.

Die Schloßstraße führt auf den großen **Schloßpark** zu, der wie ein kunstlandschaftliches Bindeglied zwischen Stadt und Natur vermittelt. Das ehemalige Residenzschloß von Mecklenburg-Strelitz steht allerdings nicht mehr. Es befand sich auf der Anhöhe am Zierker See, brannte 1945 in den letzten Kriegstagen aus und wurde vier Jahre später abgetragen. Das Schloß war 1726 durch Christoph Julius Löwe erbaut worden.

Am Ende der Schloßstraße steht das **Karolinenpalais** (4), das Buttel 1850 eigens für Karoline, Tochter des Großherzogs Georg und geschiedene Kronprinzessin von Dänemark, erbaute. Architektonische Dekorationselemente – wie der auffällige Zinnenkranz und der gotisierende Erker am südlichen Eckrisalit – sind der englischen Tudorgotik entlehnt.

Gleich daneben erstrahlt das neubarock geschmückte **Bankgebäude** (5) in hellem Weiß. Ursprünglich wurde die prächtige Villa für die Mecklenburg-Strelitzsche Hypothekenbank erbaut. Heute sind hier Geschäftsstellen und Rettungswache des DRK untergebracht.

Von hier sieht man die eindrucksvolle **Schloßkirche** (6) mit ihren schlanken Türmen. Nach seiner Erbauung im Jahr 1859 wurde der gelbe, kreuzförmige Backsteinbau Friedrich Wilhelm Buttels vom Hof genutzt. Seine gelungene Stilmischung aus Romanik und Neugotik trägt ganz besonders zu seiner kunsthistorischen Bedeutung bei. Die Hauptfassade ist mit reichem Blendmaßwerk und den von Albert Wolff gefertigten Terrakottafiguren der vier Evangelisten Lukas, Markus, Matthäus und Johannes geschmückt. Nach Abschluß der Sanierungsarbeiten soll die Kirche für Konzerte und Ausstellungen genutzt werden.

Neustrelitz, Rosette der Schloßkirche

Daneben steht das **Marienpalais** (7), benannt nach seiner Bewohnerin, der Großherzogin Marie, der Gemahlin Georgs. In zwei Bauetappen wurde das hell erstrahlende Gebäude im Stil der Berliner Schinkelschule fertiggestellt. Nach Georgs Tod diente das Palais der Großherzogin als Witwensitz. Die Hermen- und Karyatidenfiguren an der Westseite des Gebäudes erinnern an das Erechtheion auf der Athener Akropolis.

Die Grünfläche vor dem Palais und der Kirche diente seit dem 18. Jh. als Paradeplatz. Heute steht hier das **Denkmal des Großherzogs Georg** (8), der das Land von 1816 bis 1860 regierte. Die Bronzestatue wurde zusammen mit den Büsten der beiden Karls, des Vaters (1741–1816) und Bruders (1783–1837), von Georg 1863 anläßlich des 50. Jahrestages der Befreiungskriege aufgestellt. Als die überlebensgroße Skulptur in den 50er Jahren eingeschmolzen werden sollte, wurde sie von beherzten Bürgern entführt und über Jahrzehnte aufbewahrt. 1989 kam sie dann prompt wieder auf den Sockel.

Am Parkeingang trifft der Besucher auf die **Orangerie** (9), die

Orangerie im Neustrelitzer Schloßpark

schon 1755 als kleines Rokokogebäude errichtet wurde, um im Winter die empfindlichen Orangen-, Lorbeer-, Myrten- und Aloenbäumchen aufzunehmen. Seine klassizistische Gestalt erhielt das Gebäude 1840/42 nach den Vorschlägen Buttels und Schinkels. Schon allein wegen der drei geschmackvoll gestalteten Säle sollte man sich eine kleine Pause im Restaurant-Café der Orangerie gönnen (tägl. 12–23 Uhr, ✆ 32 86). Die Räume präsentieren sich in den mecklenburgischen Landesfarben Rot, Blau und Gelb. Die zahlreichen Gipsstatuen sind Kopien antiker und klassizistischer Kunstwerke aus dem Vatikan und dem Kapitol in Rom, dem Pariser Louvre und dem Museo Barberini in Neapel. Im Sommer hat hinter dem Haus, um den niedlichen **Kinderbrunnen** von Albert Wolff, der Biergarten geöffnet.

Der Schloßpark besteht aus zwei Partien, einmal der weitgehend original erhaltenen barocken Anlage, deren große Mittelachse zentral auf das Schloß zulief, und einer Erweiterung, die in den 50er Jahren des 19. Jh. nach Vorschlägen Peter Joseph Lennés im romantischen Landschaftsstil nach englischem Vorbild gestaltet wurde. Den Übergang zum englischen Landschaftsgarten bildet die sogenannte Seufzerallee, ein langer und schmaler, von Hecken und Hainbuchen gesäumter Gang. Optisch wirkungsvoll in der Achse des großen barokken Hauptwegs ist der **Hebetempel** (10) plaziert, ein kleiner Monopteros. Die anmutige Marmorskulptur der griechischen Göttin jugendlicher Schönheit, die zugleich auch Schenkin im Olymp war, ist eine Kopie der gleichnamigen Figur von Antonio Canova.

Hebetempel im Schloßpark

Im englischen Garten, auf dem Kaninchenberg, steht, überschattet von einer riesigen Blutbuche, der **Luisentempel** (11). 81 Jahre nach dem Tod der über alle Maßen verehrten Königin Luise (1776–1810) errichtete Bernhard Sehring dieses kleine Bauwerk anstelle eines Holztempels. Das Herzogshaus Mecklenburg-Strelitz war Luises Elternhaus, sie war eine Tochter Karls und seiner Frau Friederike. Der Innenraum des Tempelchens birgt die Marmorkopie eines Sarkophags, die Albert Wolff 1891 nach dem Vorbild schuf, das sein Lehrer Christian Daniel Rauch für das Mausoleum im Charlottenburger Schloßpark angefertigt hatte. Mit diesem Werk, das die ganze Anmut und die menschliche Würde der Königin zum Ausdruck bringt, begann Rauchs Aufstieg zum bedeutendsten preußischen Bildhauer des 19. Jh.

Nur wenige Schritte weiter steht das **Landestheater Mecklenburg-Neustrelitz** (12), das Mitte der 50er Jahre wieder neu aufgebaut werden mußte, da es im Zweiten Weltkrieg vollkommen niedergebrannt war. Ursprünglich wurde die älteste kulturelle Einrichtung der Stadt 1759 als Reithaus eröffnet, dann aber 16 Jahre später zum Theater umgebaut. In der Spielzeit bietet das Landestheater ein breitgefächertes Programm, fast jeden Abend ist hier etwas los. Schauspiele, Musiktheater, Konzerte, Ballette und Kabaretts sind im Repertoire, entweder als Eigenproduktion oder im Rahmen überregionaler Veranstaltungen, wie z. B. des Mecklenburger Musiksommers oder der Festspiele Mecklenburg-Vorpommern, bei denen auswärtige Künstler – etwa die Berliner Philharmoniker, Justus Franz oder Igor Oistrach – zu Gast sind (Karten ✆ 20 64 00 oder 27 71 60).

Landestheater Mecklenburg-Neustrelitz

Genau gegenüber steht das **Weiße Herrenhaus** (13), der verbliebene Teil eines herrschaftlichen Prinzenpalais von 1740. Die Fassadenmitte wird betont durch stuckierte Blumengirlanden und aufgenagelte Eichenholzplatten, die ein Rustikaband vortäuschen sollen. Der große festliche Hobesaal, benannt

nach Hofmarschall Hobe, wird als Standesamt genutzt.

Auf dem Rückweg zur Stadt kommt man an dem früheren Haupteingang zum Tiergarten vorbei. Passend erscheint das **Hirschtor** (14), das Christian Daniel Rauch 1826 mit zwei großen Bronzehirschen versah. Der Tiergarten wurde 1721 als Waldpark südlich des Schlosses angelegt.

Information: Stadtinformation, Markt 1, 17235 Neustrelitz, ✆ 0 39 81/25 31 19, Fax 34 43.

Hotels: Parkhotel ($$$–L$$$), Karbe-Wagner-Str. 59, ✆ 44 36 00, Fax 44 35 53 (moderner Komplex im Grünen, komfortable, erlesen eingerichtete Zimmer, für Tagungen und Konferenzen geeignet, Restaurant); Pinus (Hotel garni) ($$$), Ernst-Moritz-Arndt-Str. 55, ✆ 44 53 50, Fax 44 53 52; Hotel Kiefernheide ($$), Lessingstr. 70, ✆ 47 70, Fax 47 72 99 (stadtnah, Restaurant, Sport- und Freizeitanlagen); Hotel Haegert ($$), Zierker Str. 44, ✆ 20 03 05, Fax 20 31 57 (kleines, zentral gelegenes Mittelklasse-Hotel).

Restaurants und Lokale: Bootshaus, Useriner Str. 1, ✆ 36 95 (mit Terrasse); Zur Alten Residenz, Glambecker Str. 4, ✆ 20 64 91; Gartenstübchen Schloßkoppel, Useriner Str., ✆ 20 33 66; Inselgaststätte Helgoland, Am Hafen, ✆ 20 04 30 (mit Garten); Mecklenburger Bauernstube, Zierker Str. 3, ✆ 20 07 77; Schlachteplatte, Louisenstr. 13, ✆ 39 75.

Veranstaltungen und Festivals: Juni: Mecklenburger Sänger- und Parkfest (Chöre aus Mecklenburg und Neustrelitzer Partnerstädten, Kulturprogramm). Juni/August: Musiksommer Mecklenburg-Vorpommern (erstklassige Konzerte in der Orangerie oder Stadtkirche). August: Badewannenrennen auf dem Glambecker See. September: Tag des offenen Denkmals (zweites Wochenende); Drei-Sparten-Theater des Landestheaters Mecklenburg und der Deutschen Tanzkompanie.

Aktivitäten: Angeln: Angelkarten bei Fischermeister Glashagen, Seestr. 15a, ✆ 20 08 42. **Baden:** Glambecker See, Prälanksee, Großer Fürstenseer See. **Bootsverleih:** Fahrgastschifffahrt, An der Weißen Brücke, ✆ 20 60 42 (Charter von Motor-, Segel- und Ruderbooten); Wassersportverein Einheit, Nebenstr. 31, ✆ 20 43 38 (Verleih von Einern, Zweiern, Faltbooten, Kanadiern). **Fahrradverleih:** Ballin & Zimmermann, Zierke 36, ✆ 20 30 44; Deutsche Bahn AG, Fahrrad am Hauptbahnhof, ✆ 58 53 66. **Reiten:** Pony- und Friesenhof Zachmann, Grüner Baum 8, ✆ 79 22; Reitverein Sophienhof, Zierke 49, ✆ 20 01 57.

! **Tip:** Alte Kachelofenfabrik, Sandberg 3a, ✆ 20 61 25 (soziokulturelles Zentrum mit gutem Kino- und Showprogramm für Kinder, Teens und Erwachsene).

Von Neustrelitz verläuft die Route über die B198 nach Osten in Richtung Woldegk. Auf der Höhe von Zinnow führt eine Abzweigung nach Rödlin-Thurow. Die Straße schlängelt sich erst durch das Dörfchen Thurow, dann durch einen Wald, und bald ist **Rödlin-Thurow** erreicht. Dort steht direkt an der Hauptdurchfahrtsstraße eine weißverputzte Kirche, die durch ihre seltsamen Proportionen, den anscheinend zu kurz geratenen Turm und das kompakt angefügte Kirchenschiff, auffällt. Die Kirche wurde zwischen 1808 und 1813 von dem Landbaumeister Dunkelberg nach Plänen des herausragenden preußischen Architekten David Gilly erbaut. Stilgeschichtlich steht sie mit ihrer gedrungenen Turmhaube einerseits und dem vorgelagerten dorischen Tempelportal andererseits am Übergang zwischen Barock und Klassizismus. Der Grundriß verrät die Bemühung, die Ansprüche an eine protestantische Predigtkirche baulich umzusetzen: Durch das rechteckige Kirchenschiff und die Anordnung von Altar und Kanzel mit dem dreiseitig gruppierten Gestühl im Inneren bilden Pfarrer und Gemeinde eine harmonisch geschlossene Einheit ohne jeden Anflug von Hierarchie (Schlüssel im Pfarrhaus nebenan).

Wer Lust hat, mal eben in einen sauberen See zu springen, fährt den Weg vor dem Gasthaus ›Zum Nußbaum‹ einfach so lange geradeaus, bis links der kleine Badestrand am Rödliner See kommt.

Ein zweiter Badestrand befindet sich ganz in der Nähe im Nachbarort **Wanzka.** In dem langgezogenen Landschaftstal von Carpin bis Hohenzieritz stellt der schmale Wanzkaer See das Bindeglied zwischen dem Rödliner See und der Lieps dar. Der Ort ist an zwei Seiten von Wasser umgeben. Schon die Slawen haben hier einen strategisch klugen Stützpunkt gehabt, denn das slawische Wort *wazki* bedeutet soviel wie ›schmal, eng‹.

In Wanzka ist die Ruine des ehemaligen Zisterzienserinnenklosters zu besichtigen, das seit seiner Gründung als trutziges Wahrzeichen des Stargarder Landes gilt. Das Kloster wurde um 1283 in aller Abgeschiedenheit gegründet und vom damaligen Landesherrn, dem Markgrafen Albrecht von Brandenburg, mit großen Liegenschaften und Rechten über die umliegenden Ortschaften ausgestattet. Im Laufe der Jahrhunderte vergrößerte sich der Klosterbesitz durch Schenkungen und Ankäufe. Die Adligen der Umgebung brachten hier ihre unverheirateten Töchter unter, in besten Zeiten lebten hier bis zu fünfzig Nonnen. Trotz der Evangelisierung im Jahr 1555 blieb das Kloster als Wohnsitz der Äbtissin bestehen. 1794 wurde es schließlich aufgehoben. Von den ehemaligen Klostergebäuden ist die Kirche erhalten. Auch Klostermauer und Torbogen sowie rechts davon das Fischerhaus und links das Pforthaus sind noch vorhanden. Die Kirche hat viel von ihrem ursprünglichen frühgotischen Aussehen eingebüßt. 1833 schlug der Blitz ein, dabei brannte die gesamte Inneneinrichtung mit der kostbaren gotischen Spitzbogendecke nieder. Heute gestaltet sich das Innere mit der Holzbalkendecke, dem Altar und Gestühl recht karg (Juli–Aug. Di–Sa 14–16 Uhr).

Information: Fremdenverkehrsverein Seenlandschaft Serrahn-Wanzka e. V., Bahnhof 82, 17237 Blankensee, ✆ 03 98 26/3 15 oder 2 37.

Hotel: Hotel Farmland ($$$), 17237 Quadenschönfeld, ✆ 0 39 64/2 55 00, Fax 55 50 30 (nettes, privat geführtes Haus im Grünen, Pferdekoppel und -ställe, Mini-Hallenbad, Sauna).

Burg Stargard

Das Kleinstädtchen Burg Stargard liegt so malerisch zwischen sieben Bergen gebettet, daß man auf den ersten Blick glaubt, im Mittelgebirge zu sein. Die Sehenswürdigkeiten des Ortes erschließen sich auf schönste Weise durch eine 3-km-Wanderung auf dem ausgeschilderten Stadtrundweg ›Über die sieben Berge‹, die eigentlich eher sieben Hügeln gleichen (Start auf dem Parkplatz Am Markt, Führungen über die Tourist-Information möglich).

Der Rundweg beginnt mit einem Bummel durch den historischen Stadtkern. Unterwegs führt der Weg immer wieder an bucklig-geduckten Fachwerk- und Lehmhäusern vorbei, denen man noch heute ansieht, daß Burg Stargard immer ein Handwerks- und Gewerbestädtchen war, in dem Industrie niemals eine große Rolle spielte. Der **Marktplatz** ist an seiner Form und den Zufahrtsstraßen noch als alter Anger zu erkennen.

Von hier sieht man schon den hohen Turm der evangelischen Stadtkirche **St. Johannes** (Mo–Fr 14–16 Uhr, ✆ 2 01 65). Ursprünglich stand hier eine dreijochige Feldsteinbasilika aus der Mitte des 13. Jh. Der langgestreckte Rechteckbau erhielt nach einem Brand von 1758 seine heutige Gestalt. Dabei wurden Kirchenschiff und Chor im Inneren zu einem flachgedeckten Saal umgestaltet. Der Westturm wurde erst 1894 angefügt. Ein qualitätsvolles Kunstwerk ist der barocke Kanzelaltar von 1770 mit seinem säulenflankierten Holzaufbau, den Rokokoornamenten und den Schnitzfiguren von Moses und Johannes seitlich vom Kanzelkorb.

Für den Wanderer steigt der Weg nun zum Denkmalsberg leicht an. Vorbei am Friedhof auf dem

Burg Stargard, Johanneskirche

Scheunsberg geht es erst über den Töpfer-, dann über den Galgenberg und wieder hinunter in den Ort zum Mühlenteich, den der Lindenbach durchfließt. Davor erstreckt sich der **Tierpark** auf dem Klüschenberg, der dem Besucher über 300 eingehegte und freilebende Tiere und zahlreiche Pflanzen zu bieten hat (Mai–Sept. 8–18 und Okt.–April 8–16 Uhr). Das Gelände ist in zwei unterschiedliche Vegetationstypen unterteilt: Rund um den Mühlenteich und die dazugehörige Insel erstreckt sich die typische Tallandschaft; dazu gehören die Kamerunschafe, Guanakos, Singschwäne, Weißstörche, Kanadagänse und freilebende Wasservögel wie der Eisvogel und der Zwergtaucher; am Ufer wachsen Schwertlilie und Blutweiderich, die Wiese schmücken blühende Weißbuchen und der Rotdorn. Der Klüschenberg mit seinem Eichen- und Buchenbestand hingegen repräsentiert die Berglandschaft; hier leben Eichhörnchen, Zauneidechsen, Ringelnattern, Stare, Pirole, Kleiber und der Rote Milan; beliebt bei den lieben Kleinen ist das Streichelgehege mit Affen und Ziegen.

Ein Besuch in der **Heimatstube,** in der Kurzen Straße 1, am Fuß des Burgbergs, bringt die Geschichte des einstigen Ackerbürgerstädtchens vor hundert Jahren näher. Das Museum befindet sich in einem alten christlichen Hospiz; dieses wurde aus den Steinen einer alten Trogmühle erbaut, die zum Zerreiben von Getreide gedient hatte. Im Museum gibt es Exponate einheimischer Maler und Malerinnen aus der Stargarder Malerschule zu sehen (Mo–Mi 9–11 und 13–16, So 14–16 Uhr, ✆ 2 08 95).

Beim Aufstieg zur **Burg** geht man rechter Hand am Windmüllerberg vorbei, dem letzten in der Runde der sieben Stargarder Berge. Etwa 50 m oberhalb der Stadt, auf dem Burgberg, thront die einzige Höhenburg Norddeutschlands. Mit ihrer Fertigstellung im Jahr 1259 erhielt auch Stargard das Stadtrecht. Die Burg ist das älteste weltliche Bauwerk in Mecklenburg-Vorpommern. Als die brandenburgischen Markgrafen Johann I. und Otto III. das fruchtbare Land Stargard 1236 von den Pommern erhielten, entschlossen sie sich zum Bau ihrer Hofburg. Es entstand zunächst eine Backsteinburg, bestehend aus einer Haupt- und einer Vorburg, umgeben von Wassergräben. Als das Land 1299 durch Heirat an die Herzöge von Mecklenburg fiel, übernahmen sie bis 1603 die Nutzung. Für die Belagerung und Eroberung Neubrandenburgs schlug hier General Tilly 1631 sein Hauptquartier auf. 1726 ereignete sich in den alten Gemäuern der letzte Hexenprozeß in Mecklenburg-Strelitz. In den Jahren 1745 bis 1749 arbeitete hier die Münzprägestelle für das Fürstentum. Die Burg ist heute in großen Teilen erhalten, wenngleich sie im 19. und 20. Jh. viele Veränderungen und Zerstörungen verkraften mußte. 1929 wurde sie von der Stadt erworben, die sich seitdem Burg Stargard nennt.

Nach Überschreiten der alten Steinbrücke tritt man durch das Untere Tor, das ursprünglich ein massives Gebäude zu Verteidigungszwecken war, in die Vorburg. Hier liegen u. a. der Marstall und Magazingebäude sowie ein Gefangenenhaus und das Amtsreiterhaus. Den Durchgang zur Hauptburg bildet das Obere Tor. Das Kopfsteinpflaster und der alte Baumbestand schaffen eine schöne Atmosphäre, weshalb hier auch gelegentlich Konzerte der Festspiele Mecklenburg-Vorpommern stattfinden. Auf ovalem Grundriß sind die Alte Münze, das Krumme Haus, eine Kapelle, ein Herrenhaus, ein Stall (Café zum Amtsreiter), der Schöpfgang und der Bergfried angeordnet. Vom 38 m hohen Turm kann man bei guter Sicht 30 km weit ins Land hineinschauen (tägl. 10–18 Uhr). Nach Auszug der Jugendherberge haben 1990 die Restaurierungsarbeiten auf der Burg begonnen. Dabei kamen 1991 bei archäologischen Grabungen in dem unheimlichen, 15 m tiefen Turmverlies zahlreiche interessante Funde zutage.

Ruine des Gefangenenhauses von Burg Stargard

Information: Tourist-Information, Kurze Str. 3, 17094 Burg Stargard, ✆ 03 96 03/2 08 95, Fax 2 53 31.

Hotels: Hotel Bornmühle ($$$), Bornmühle 35, 17094 Groß Nemerow, ✆ 03 96 05/3 61, Fax 3 64 (Backsteinneubau im Grünen, Terrasse mit Blick auf Tollensesee, gutes Restaurant); Hotel Marienhof ($$$), Marie-Hager-Str. 1, ✆ 25 50, Fax 2 55 31 (ländlicher Gasthof mit hauseigener, mecklenburgischer Küche). **Jugendherberge:** Drewitzer Chaussee, ✆ 2 02 07.

Aktivitäten: Reiten: Pferdevermietung Edwin Gohrs, Galgenberg 6, ✆ 2 10 38; Reiterhof Bredemeier, Dorfstr., 17094 Teschendorf; Kutsch- und Kremserfahrten, Reittouristik Agrargenossenschaft, Reithalle, Papiermühlenweg, ✆ 2 02 92; Reitverein Tollense, Dorfstr. 69a, 17094 Groß Nemerow, ✆ 03 96 05/3 81.

Mahn- und Gedenkstätte Fünfeichen

Den weiteren Weg nach Norden, zum Ausgangspunkt Neubrandenburg, kann man auf der Landstraße nach Bargensdorf fortsetzen. Dort führt rechts eine Abzweigung durch ein Wohngebiet zu einem Kasernengelände, das sich beidseitig der Straße hinzieht. Nach etwa 3 km gelangt man linker Hand zur Mahn- und Gedenkstätte Fünfeichen.

Am Rande der Straße entstand gegen Ende des 19. Jh. das stattliche Gutshaus Fünfeichen im Stil der englischen Tudorgotik. Dieses Gutshaus ist heute bis zur Unkenntlichkeit verbaut. Auf dem dahinterliegenden Waldgelände des Kleinen Mühlenholzes spielten sich in den 30er und 40er Jahren unseres Jahrhunderts düstere Kapitel der deutschen Geschichte ab: 1938 machte die deutsche Wehrmacht einen Truppenübungsplatz aus den Ländereien, und kaum ein Jahr später entstanden nördlich vom Gutshof zwei Gefangenenlager für insgesamt etwa 60 000 Soldaten, Offiziere und Generäle aus Polen, Frankreich, Belgien, den Niederlanden, der Sowjetunion, Großbritannien, Italien, der Slowakei, Jugoslawien, Griechenland und den USA. Nach Kriegsende internierte hier das Volkskommissariat für Innere Angelegenheiten der UdSSR deutsche Gefangene. Nach dem Abbruch der Lager im Jahr 1950 wurde Fünfeichen zum Militärstandort der NVA erklärt und verkam seit 1979 zum totalen Sperrgebiet.

Die drei Friedhöfe, auf denen mindestens 6700 Kriegsgefangene in Einzel-, Reihen- und Massengräbern bestattet liegen, sind nun seit der Wende wieder zugänglich. Im Sommer 1990 fanden sich hier etwa 5000 Trauernde aus Ost und West zu einem ersten ökumenischen Gottesdienst zusammen. Beeindruckend schlicht gestaltet ist der Eingang mit dem schräg stehenden, gestützten Kreuz (durchgehend geöffnet).

Mahn- und Gedenkstätte Fünfeichen

DR. MED. WILHELM WIEGEL

Route 6: Streifzüge durch die Mecklenburgische Schweiz

Karte in der hinteren Umschlagklappe

Im großzügigen Bogen um den Kummerower und den Malchiner See von der Reuterstadt Stavenhagen bis nach Teterow: in das Land von ›Fritze‹ Reuter, zur Stätte seiner Kindheit in Stavenhagen und zu den tausendjährigen Eichen von Ivenack; weiter nach Kummerow, dem fiktiven Schauplatz der heiteren Dorfgeschichten von Ehm Welk, und zu den schönsten Adelsschlössern Mecklenburgs.

Wer in die Mecklenburgische Schweiz fährt, darf sich auf ein einzigartiges landschaftliches Erlebnis freuen: In der Gegend zwischen den Städtchen Neukalen, Malchin, Burg Schlitz und Teterow liegt hie und da ein See malerisch gebettet zwischen sanft geschwungenen Hügelketten. Putzige Dörfchen oder alleinstehende Bauernhöfe schmiegen sich in die Talmulden, Eichen- und Buchenwälder, unterbrechen die weiten Feld- und Wiesenflächen. Es ist, als ob auf jedem Moment stiller, provinzieller Charme lastet, der immer dann entsteht, wenn abseits der großen Ereignisse gelebt wird.

Im geologischen Sinn meint die Bezeichnung Schweiz ein Mini-Mittelgebirge, wie es in Europa auch an anderen Stellen, z. B. in der Holsteinischen, der Märkischen, der Sächsischen oder der Fränkischen Schweiz, vorkommt. Dennoch hat die schwindelerregende Höhe des mecklenburgischen Hardtbergs bei Hohen Mistorf nichts mit hohen Schluchten, engen Alpenpässen und einsam blühendem Edelweiß zu tun. Doch für die ansonsten vollkommen flache Norddeutsche Tiefebene sind 121 m schon etwas Besonderes!

Verantwortlich für diese Oberflächenform der sanft geschwungenen Hügel und Täler ist, wie immer in Mecklenburg, die Eiszeit, die bei ihrem Rückzug vor Jahrmillionen doch noch einmal vorwitzig einzelne Gletscherzungen nach vorne, genauer gesagt nach Südwesten, schob und so letzte kleinere Endmoränen bildete. In den tiefsten Tälern blieb das abgetaute Eiswasser stehen, und so entstanden der Teterower, der Kummerower und der Malchiner See, die drei größten Gewässer in diesem Gebiet.

Den Namen Mecklenburgische Schweiz soll der junge Naturschwärmer Fürst Georg von Mecklenburg-Strelitz 1811 erstmals gebraucht haben. Auf dem Einweihungsfest der Burg Schlitz hat er zu Ehren des Hausherrn angeblich eine improvisierte Rede gehalten, in der er den geschmackvoll gestalteten Burggarten spontan mit seinen angenehmen Eindrücken aus der soeben bereisten Gegend um den Genfer See in der Schweiz verglich – und prompt war der Name geboren. Den tieferen Sinn allerdings kann bis heute niemand so richtig erkennen!

Reuterstadt Stavenhagen und Ivenack

Reuterstadt Stavenhagen

Stavenhagen ist ein sympathisches und ruhiges Städtchen, das im touristischen Sinne ganz auf seinen großen Sohn, den niederdeutschen Mundartdichter Fritz Reuter (1810–74), hinlebt, den Mann, dem man in Mecklenburg auf Schritt und Tritt begegnet. Deshalb erhielt Stavenhagen 1949 offiziell den Beinamen Reuterstadt. Schon an der Ortseinfahrt sieht man, über die B104 aus Neubrandenburg kommend, auf einer Anhöhe linker Hand die **Reutereiche,** einen mächtig dicken Baum, den Reuter 1859 zur Erinnerung an seine Eltern pflanzte.

Einen Rundgang beginnt man am besten auf dem Marktplatz (Wochenmarkt Mo und Do). Ein unbedingtes Muß ist der Besuch in ›Fritzings‹ Geburtshaus, dem ehemaligen Rathaus, am Markt 1. Schon allein der Außenbau mit dem Portal unter dem Balkon und dem Segmentbogengiebel in der Mittelachse ist ein schönes Zeugnis später norddeutscher Barockarchitektur. 37 lange Jahre bekleidete Vater Reuter das Bürgermeisteramt dieser Stadt und wohnte mit seiner Familie im Rathaus. Hier hat nun das **Fritz-Reuter-Literaturmuseum** seinen Sitz (Mo–Mi und Fr 9–17, Do 9–20, Sa/So 10–17 Uhr, Führung tägl. 14 Uhr, ✆ 2 10 72). Neben Fritzens Geburtszimmer, das noch mit originalem Interieur aus dem Besitz von Reuters Eltern eingerichtet ist, führt eine reich bebilderte Ausstellung durch Reuters Biographie, eingebettet in die Geschichte der niederdeutschen Literatur vom Mittelalter bis ins 20. Jh. Außerdem beherbergt das Museum eine Bibliothek, ein Handschriftenarchiv und eine Fotothek mit einem Bestand von etwa 13 000 Bänden. Sprach- und Literaturwissenschaftler aus aller Welt treffen sich hier zur Erforschung und zur Pflege des Niederdeutschen. An

Fritze Reuter

Stationen eines Dichterlebens

Fritz Reuter, Portraitaufnahme um 1870

Ein jugendlicher Knastinsasse avancierte zum wohlhabendsten Schriftsteller seiner Zeit, aus dem abgebrochenen Studenten wurde ein Ehrendoktor der Universität Rostock, und die Bücher dieses Mannes, der nur mit Mühe das Abitur machte, wurden in elf Sprachen übersetzt, sogar ins Japanische. Gemeint ist Fritz Reuter, der mecklenburgische Nationaldichter, der in diesem Land allgegenwärtig ist; entweder ist eine Straße, eine Apotheke, eine Gastwirtschaft oder ein Gericht nach ihm benannt. Reuter war kein Mensch mit einem geradlinigen Lebensweg, und so liest sich die Vita des stämmigen Vollbärtigen mit der kleinen ovalen Brille recht aufregend.

Den innigsten Wunsch des jungen Fritz, Maler zu werden, untersagte der gestrenge Vater, Jura sollte es sein. Als Rechtsstudent in Rostock und Jena schloß sich Fritz 1833 der Burschenschaft an und wurde trotz nur geringer Beteiligung an deren ›Umtrieben‹ nach dreijähriger Untersuchungshaft wegen ›Hochverrats und Majestätsbeleidigung‹ zum Tode verurteilt. Glücklicherweise wurde das Urteil in 30 Jahre Festungshaft umgewandelt, und nachdem Reuter vier Jahre davon auf der Festung Dömitz abgesessen hatte, kam er schließlich durch eine Amnestie frei. Dummerweise hatte er sich in dieser Zeit das Trinken angewöhnt, eine ungute Angelegenheit, die ihn später sehr belastete, die er aber nie ganz loswurde.

Die nächsten zehn Jahre verdingte sich Reuter als Wirtschaftsgehilfe auf dem Lande. Hier lernte er das bäuerliche Leben von der Pike auf und verwertete es später in seinen Schriften so lebensecht. 1850 ließ er sich als Privatlehrer in der Nähe von Neubrandenburg nieder. Dort unterhielt er die Stammtischrunde im ›Deutschen Haus‹ mit so vielen erfrischenden Anekdoten, daß seine Freunde ihm rieten, sie aufzuschreiben. So trat Reuter im gestandenen Alter von 43 Jahren mit seinem niederdeutschen Werk ›Läuschen un Rimels‹ (Erlauschtes und Gereimtes) an die Öffentlichkeit.

Um ihn von seinen Neubrandenburger Stammtischbrüdern wegzulotsen, sorgte seine Frau Luise 1863 für den Kauf einer schönen Villa am Fuß der Wartburg in dem ruhigeren Eisenach. Dort entstanden dann in rascher Folge seine Prosawerke, die er alle mit dem Haupttitel ›Olle Kamellen‹ versah: ›Ut de Franzosentid‹, ein heiter gesehenes Zeitbild der französischen Besatzungsphase, dann ›Ut mine Festungstid‹, in dem er seine Gefangenschaft sachlich, aber humoristisch darstellt, und ›Ut mine Stromtid‹, eine Schilderung des kleinbürgerlichen und bäuerlichen mecklenburgischen Lebens mit seinen charakteristischen Typen. In diesen Geschichten spielt die Handlung des Geschehens häufig in und um Stavenhagen.

Reuters literarischer Duktus erinnert an die Volkskunst von Charles Dickens. Seine originellen und beherzten, zuweilen auch bullerigen Typen skizzierte er mit feinem psychologischem Gefühl, seine Persönlichkeiten verbreiten Heiterkeit und stimmen nachdenklich. Den Handlungsstoff siedelte er gern in der stetigen Klassenauseinandersetzung des 19. Jh. zwischen Adel, Bürgertum und Arbeitern an. Kraft seines unschlagbaren Humors machte Reuter das schon vergessen geglaubte Niederdeutsche wieder salonfähig. Seine Zeitgenossen empfanden ihn als Anwalt des Volkes, in der Sprache des Volkes. Er war der einzige, der ganze Romane auf platt verfassen und sie auch noch lebendig gestalten konnte.

Als Reuter 64jährig wohlhabend und hochgeehrt in Eisenach starb, hinterließ er das Fragment ›Urgeschicht von Mekelnborg‹, eine sozialkritische Darstellung des ärmlichen Lebens in Mecklenburg, deren radikale Forderung nach Aufteilung der großen Gutshöfe wohl Reuters Sympathie mit der 48er Revolution geschuldet ist. Die überregionale Popularität dieses wortgewaltigen Mannes läßt sich an der Anzahl der Denkmäler ablesen, die ihm bald nach seinem Tode in Jena, Neubrandenburg und durch deutsche Auswanderer sogar in Chicago gesetzt wurden.

Sommertagen finden in dem kleinen Hof hinter dem Haus Lesungen statt.

Die Ausschreibung für das Stavenhagener **Reuterdenkmal** gewann 1911 der aus Plau stammende Bildhauer Wilhelm Wandschneider. Er gab seinem niederdeutschen Dichterfürsten ein warmherziges, volkstümliches Aussehen. In einem robusten Lehnstuhl, einen seiner Romane auf dem Schoß, sinniert der alternde Reuter verschmitzt vor sich hin. Das Denkmal ist in eine riesige Sitzbank aus Granit integriert. An der Lehne finden sich acht filigran durchbrochene Bronzetafeln, die berühmte Figuren aus Reuters Werken zeigen.

An einigen Häusern in der Stadt sind auch **Gedenktafeln** angebracht. Sie erinnern auf platt an Personen, die hier wohnten und denen Reuter literarisch Gestalt verlieh. So wohnte Bäcker Swenn aus ›Läuschen un Rimels‹ am Markt 6 und der Schuldirektor aus ›Meine Vaterstadt Stavenhagen‹ am Markt 4.

Außer den Reuter-Gedenkeinrichtungen hat Stavenhagen aber auch noch weitere Sehenswürdigkeiten zu bieten. Da ist zum einen die barocke **Pfarrkirche,** ein Backsteinbau von 1782, hinter des Schulrektors Haus gelegen. Im Inneren ist die holzgeschnitzte Renaissance-Kanzel sehenswert, und auch die zweigeschossigen Emporen heben sich von der üblichen Innenraumgestaltung zeitgleicher Stadtkirchen der Umgebung ab (Gottesdienst So 10 Uhr, Schlüssel im Pfarramt Bei der Kirche 2).

Links vom Reutermuseum führt eine schöne alte Kastanienallee hinauf zum **Schloß,** in dem heute Stadtbehörden untergebracht sind. Die Dreiflügelanlage wurde 1606 erbaut, erhielt aber ihre heutige Fassade erst nach einem Brand im Jahr 1740, vermutlich durch einen französischen Architekten. Unsterblich gemacht hat Fritz Reuter das Schloß durch seine Dichtungen, denn hier ließ er einen seiner Hauptheiden, den Amtshauptmann Weber, wohnen. In ›Ut de Franzosentid‹ beschreibt Reuter den Hausherrn, der im Schloß damals den Ton angab, in drastischer Mundart: »...was in Gesicht ok von Pocken terreten un hadd de Düwel ok sin Arwten dorup döscht, dat hei utsach, as hadd hei mit dat Gesicht up en Ruhrstaul seten, ... hei was en Kirl up en Platz.« Ursprünglich stand an der Stelle des Schlosses seit 1250 eine Burg, die im Dreißigjährigen Krieg so ins Kreuzfeuer der politischen Mächte und der Plünderungen geriet, daß sie nicht mehr bewohnt werden konnte und allmählich verfiel, bis sie schließlich ganz abgetragen werden mußte. Der Burgherr, Ritter Reimbern von Stove, war Namensgeber für Stavenhagen.

Von Stavenhagen bietet sich ein Abstecher nach Ivenack an, das nur 6 km entfernt am Ufer des Ivenakker Sees liegt. Wer daraus lieber eine halbstündige Wanderung machen möchte, läuft vom Marktplatz entlang der Ivenacker Straße, die schließlich in den Stadtholzweg übergeht, unterquert den Bahndamm Neubrandenburg–Teterow und kann bald darauf schon von der Höhe der Krähenberge den Blick über den Ivenacker See mit dem Schloß schweifen lassen.

Ivenack

Fritz Reuter, der von Ivenack als seinem »Jungsparadies« schwärmte, vermittelt uns in seinem Buch ›Meine Vaterstadt Stavenhagen‹ die Faszination, die von der einmalig schönen Landschaft in und um Ivenack ausgeht.

Der Name Ivenack kommt aus dem Slawischen und bedeutet ›Weide‹. Schon um die Bronzezeit, etwa 1600 v. Chr., haben hier Menschen gesiedelt. Ritter Reimbern von Stove gründete hier 1252 ein Zisterzienserinnenkloster, das aber 1555 durch die Reformation in ein herzogliches Amt umgewandelt wurde. Auf den Grundmauern dieses Klosters wurde noch im 16. Jh. direkt am See ein **Renaissanceschloß** erbaut. 1709 nahmen sich die Grafen von Plessen das Schloß zum Stammsitz und vergrößerten es. 1810 erfolgte der Anbau des Seitenflügels. Graf Plessen pflegte ein offenes Haus und empfing interessante und einflußreiche Gäste, in den Septembertagen 1816 beispielsweise den preußischen Feldherrn Fürst Blücher. Auch der kleine Fritze Reuter sah als Knirps von sechs Jahren hier einmal den ›Marschall Vorwärts‹. Die Grafschaft, deren erfolgreichstes Unternehmen das Ivenacker Gestüt war, entwikkelte sich zu einer der reichsten in Mecklenburg. Zu den wertvollsten Zuchthengsten gehörte der 1794 geborene Herodot. Während der französischen Besatzungszeit wurde das Tier nach Paris entführt und zum Leibpferd Napoleons gemacht. Erst Blücher sorgte nach den Befreiungskriegen dafür, daß das edle Tier wieder nach Ivenack zurückkehrte.

Schloß Ivenack ist sanierungsbedürftig

Seit DDR-Zeiten ist in dem Herrensitz ein Pflegeheim für Erwachsene untergebracht, das demnächst noch um große Anbauten erweitert werden soll. Zur Zeit präsentiert sich das Anwesen insgesamt recht heruntergekommen und uneinheitlich saniert. Ein Spaziergang durch den englischen Landschaftspark mit der baufälligen, aber hübschen Kirche, dem Marstall (Ivenacker Gestüt), der barocken Orangerie und einem kleinen Teehäuschen ist dennoch ein lohnendes Erlebnis.

Schon seit 1962 ist Ivenack Landschaftsschutzgebiet, das we-

Tausendjährige Eiche im beliebten Tiergarten von Ivenack

gen seines **Tiergartens** mit den tausendjährigen Eichen und dem Damwildfreigehege gern besucht wird (Eingang am Nordufer des Ivenacker Sees, 10 Min. Fußweg vom Schloß). Die dickste Eiche hat einen Umfang von 16,5 m, so daß eine Kette von 12 Personen notwendig ist, um den Baum mit ausgestreckten Armen umfassen zu können. Der Tierpark war ursprünglich dazu da, den Speiseplan des Schloßherrn mit Wild anzureichern. Heute versorgt die Försterei das etwa 70 Tiere umfassende Damwildrudel (Fütterung tägl. 14 Uhr).

Information: Informationsbüro beim Schul- und Kulturamt: Fritz-Reuter-Str. 17 (Am Ivenacker Tor), 17153 Reuterstadt Stavenhagen, ✆ 03 99 54/2 20 77, Fax 2 20 55.

Hotels: Schloß Hotel Kittendorf ($$$–L$$$), 17153 Kittendorf, ✆ 03 99 55/5 00, Fax 5 01 40 (da knirscht der Kies: toprenoviertes Schlößchen in englischer Tudorgotik, Hotel garni, Café in der Orangerie, historische Konferenzsalons, Suiten); Rainbow-Hotel Reuter-Eiche ($$–$$$), Werdohler Str. 10, Stavenhagen, ✆ 3 40, Fax 3 41 13 (zentral gelegener, komfortabler, moderner Klinkerbau, Bar, Tagungsräume); Lindenschlößchen ($$–$$$), Malchiner Str. 80, Stavenhagen, ✆ 2 23 55, Fax 3 06 72 (nettes Landhaus mit modernem Anbau, Restaurant, regionale Küche); Unkel Bräsig ($$), Warener Str. 1a, 17153 Jürgenstorf, ✆ 03 99 55/3 81 11, Fax 3 82 22 (mit Restaurant); Hotel Kutzbach ($$–$$$), Malchiner Str. 2, Stavenhagen, ✆ 03 99 54/2 10 96.

Restaurants und Lokale: Restaurant Fauderkist, Malchiner Str. 9, Stavenhagen, ✆ 2 22 41 (Mecklenburger Hausmannskost); Café-Restaurant Sötschnut, Warener Str. 48, 17153 Jürgenstorf, ✆/Fax 03 99 55/2 02 39 (schlichte Pension mit großem Garten, Essen vom heißen Stein); Gaststätte Uns Kuhstall, Dorfstr. 4, 17153 Klockow, ✆ 03 99 54/2 10 48 (regionale Küche, Sonnenterrasse).

Veranstaltungen und Festivals in Stavenhagen: Ganzjährig: Lesungen, Stammtische und Veranstaltungen im Fritz-Reuter-Literaturmuseum. Juni: Stadtfest (Musik, Tanz, Rummel und sportliche Darbietungen). Oktober: Rentnerfestspiele. Dezember: Weihnachtsmarkt.

Aktivitäten: Angeln: Angelgeschäft Kraus, Warener Str., Stavenhagen (Angelkarten beim Ordnungsamt der Stadtverwaltung). **Baden:** Waldbad Stadtholz, Stavenhagen (mit Sauna); Strandbäder am Malchiner und Kummerower See. **Fahrradverleih:** Dieter Grzymbowski, Schultetusstr., Stavenhagen. **Motorradverleih:** Wasmund, Neubrandenburger Str., Stavenhagen. **Reiten und Kutschfahrten:** Hof Schulz, Stavenhagen; Peter Schau, Ivenack. **Tanzen:** Diskothek Die Scheune, Rückseite Einkaufszentrum im Gewerbegebiet, Stavenhagen, ✆ 3 08 06; Diskothek Mr. Big Apple, Jürgenstorf, ✆ 03 99 55/ 2 02 30; Diskothek Tankhaus, Malchiner Str., Stavenhagen, ✆ 3 17 10.

Tip: Café latte, Dorfstr. 3, 17153 Mittelhof, ✆/Fax 03 99 55/ 2 02 52 (ein Atelier-Museum, 9 km südlich von Stavenhagen; nebst dem Ausschank von Wein und Kaffee organisiert Jörg Schmidt hier regelmäßige Ausstellungen, Kino- und Theatervorstellungen).

Verkehrsmittel: Busbahnhof am Reuterplatz. Taxi Lemke, am Busbahnhof Reuterplatz. Züge: Stavenhagen hat einen Bahnhof mit E-Zug-Anschluß.

Von Kummerow nach Teterow

Kummerow

Wer von der Reuterstadt Stavenhagen einen Ausflug nach Kummerow machen möchte, um dem Schauplatz der Dorfgeschichten von Ehm Welk nachzuspüren, kann dies mit der Besichtigung des beeindruckenden, aber höchst verfallenen Schlosses und einem Bad im Kummerower See verbinden. Dazu verläßt man Stavenhagen auf der B194 und biegt 6 km hinter Basepohl in einen Abschnitt der Deutschen Alleenstraße Richtung Kummerow ein. Rund um den Kummerower See liegt ein Landschaftsschutzgebiet von ganz eigenem Reiz. Am Westufer, in dem Örtchen Salem, gibt es einen kleinen Segelhafen, der Boote verschiedener Größe vermietet.

Das stattliche, aber unbewohnte Kummerower **Barockschloß** entstand 1733 auf dem angestammten Familienbesitz des Landrats Albrecht Freiherr von Maltzahn. Seitdem die Maltzahns 1945 enteignet wurden, dient das Schloß als Schule und Gemeindebüro. Prachtstükke der Inneneinrichtung sind der Festsaal im Obergeschoß und das Treppenhaus. Bis zum See hinunter breitet sich ein verwilderter und vom Sportverein Rot-Weiß-Kummerow e. V. zum Sportplatz umfunktionierter Garten aus. Die Reste des einstigen englischen Landschaftsparks sind spärlich. Das Ufer ist schön flach und sandig und hat sich als freie Badestelle etabliert. Einen wahren Skandal unter Denkmalpflegern und Ortsansässigen löste kürzlich der zum Politikum hochstilisierte Bau des häßlichen Toilettenhäuschens im Park aus, dabei wollte man doch nur den Bedürfnissen der Badenden entgegenkommen.

Auch auf Landkarten mit größerem Maßstab ist Kummerow nur ein Fleckchen. Dennoch ging der Ort auf nette Weise in die Literaturgeschichte ein, als 1937 der Ullstein-Chefredakteur und Schriftsteller Thomas Trimm unter dem Pseudonym Ehm Welk seinen ersten Erfolgsroman ›Die Heiden von Kummerow‹ veröffentlichte. Trimm hatte da gerade eine dreijährige Haftstrafe wegen ›sozialistischer Umtriebe‹ im KZ Oranienburg hinter sich. Sechs Jahre später erschien eine Fortsetzung unter dem Titel ›Die Gerechten von Kummerow‹. Für diese nostalgischen und heiteren Dorfgeschichten, mit denen der Bauernsohn aus dem brandenburgischen Biesenbrow seine eigenen ländlichen Kindheitserlebnisse auf die Schippe nahm, erhielt er später den Nationalpreis der DDR.

! **Tip:** Das Gehöft, Dorfstr. 151, 17153 Grammentin, ✆ 03 99 52/ 25 10 (Wohnmöglichkeit in einem bescheidenen Zimmerchen, dazu Unterricht in den verschiedenen Techniken der Radierung durch den Landschaftsmaler und Grafiker Günter Horn; jeden 1. Sa im Monat Verkauf eigener Arbeiten).

Malchin

Wer sich Malchin von Westen über die Stavenhagener Straße nähert und das Flüßchen Peene überquert, muß sich auf einen Heiß-kalt-Schauer gefaßt machen: Zuerst passiert man die mittelalterlichen **Stadtmauerreste** mit dem hohen Fangelturm, in dem üblicherweise die Gefangenen eingekerkert wurden. Gleich danach durchfährt man ein nicht sonderlich verlockendes Neubaugebiet mit sperrigen Wohnblöcken. Diese Mietskasernen entstanden in den 60er und 70er Jahren auf einem leergefegten Gebiet, das der Zweite Weltkrieg hinterlassen hatte. Bei Kriegsende 1945 war Malchin heiß umkämpft gewesen. Ein schwerer Brand, der nicht durch Bombenangriffe, sondern vermutlich durch Artilleriebeschuß der Deutschen und entsprechende Vergeltungsmaßnahmen der Rotarmisten entstanden war, hatte die Stadt fast zu zwei Drittel in Schutt und Asche gelegt. Die schlecht verheilten Narben zeigt das Antlitz des Städtchens noch heute. So sind von den einst vier schmucken Stadttoren nur noch das **Steintor** am Südausgang der Stadt und das **Kalensche Tor** im Norden erhalten. Doch Malchin ist um eine Verschönerung bemüht. Immerhin ist die Stadt mit ihren 11 000 Einwohnern das touristische Zentrum der Mecklenburgischen Schweiz, weshalb auch der Tourismusverband dieser Region hier seinen Sitz hat.

Eine Berühmtheit in ganz Mecklenburg ist das Malchiner **Rathaus** direkt am Markt, denn seit jeher lernen alle einheimischen Kinder

Die Martinsgans

Eine Episode aus Ehm Welks ›Die Heiden von Kummerow‹

»Es war nämlich so, daß der Pastor von Kummerow einen Teil seiner Entlohnung in Naturalien bezog, und dazu gehört auch, ihm für eine zu Ostern vorgenommene Konfirmation nach Michaelis eine Gans auf den Hof zu bringen. Das war Gesetz. Wie groß die Gans sein sollte, schrieb das Gesetz nicht vor. Und während nun Väter, die sich wegen ihrer noch schulpflichtigen Kinder oder aus Gott weiß was für Gründen gut mit dem Pastor stehen wollten, ihre beste Gans schickten, so Zwölf- oder Vierzehnpfünder, vorzeitig fett gemästet, sagten andere, die dem Pastor nicht grün waren: ›Eingesegnet hat er ja, und Gans ist Gans!‹, aßen lieber ihre fetten Gänse selber und schickten dem Pastor einen mageren Vogel, der gerade noch für Ornithologen den Anspruch auf den Namen Gans erheben konnte. Zu diesen Vätern hatte Gottlieb Grambauer gehören wollen. Bis der Pastor das mit Krischan und den Jungens gemacht hatte, die gewaltige Predigt für die Armen und Unmündigen. Da war Gottlieb Grambauer anderen Sinnes geworden.

Nun war es an der Zeit, wieder anderen Sinnes zu werden.

Er musterte seine Gänse. Diese da, die kleine, hatte er ursprünglich dem Pastor als Einsegnungsgans zugedacht. Acht Pfund würde sie leider doch haben. Dann, als er sich in seinem Herzen mit dem Pastor ausgesöhnt hatte, war die gar nicht mehr in Frage gekommen, eine richtige, ausgewachsene, schöne Gans sollte es sein. Nun war ihm noch die kleinste zu groß. Er nahm einen Sack, ging nach Falkenberg und kaufte dort nach langem Herumfragen – und nachdem er jeden Preis dafür geboten hatte – eine Gans, die erst mal lahm war, eine Flüchte hängen ließ und obendrein höchstens sieben Pfund wog. Sie hielten ihn für verrückt, daß er soviel bezahlte, besonders als er sagte, wäre die Gans unter Garantie fünf Jahre alt, würde er noch einen Taler drauflegen.

Am anderen Morgen fand Mutter Grambauer diesen Krüppel in ihrem Stall. Sie war auch sofort im Bilde, wie er da hineingekommen war, und in ihres Herzens Scham verbot sie ihren Kindern, ein Sterbenswörtchen davon im Dorf zu erwähnen; was sie sich hätte schenken können, denn einer mußte sich auch opfern und die Gans zum Pfarrhof tragen. Lisa war zu klein, Anna heulte, sie müsse sich totschämen und es sei eine Sünde gegen Gott und würde sich an ihr rächen, denn ihre Einsegnung sei es gewesen, und überhaupt müßten immer die Brüder die Gans hinbringen.

Martin beschwor seinen Vater, ihm die Schande zu ersparen. ›Soll ich mir die Gans um die Ohren schlagen lassen?‹ ›Dann bringst du sie wieder mit nach Hause, dann hat er damit seinen Verzicht ausgesprochen.‹ Als Martin sich mit Entschiedenheit weigerte, nannte ihn der Vater einen erbärmlichen Feigling, der es eben auch mit den Fressern und Reichen gegen die Armen hielte, und er würde sich das merken, es sei ja nicht mehr lange hin bis Weihnachten.

Zwei kummerschwere Nächte betete Martin unter Tränen, Gott möge doch ein Wunder tun und die Gans über Nacht fetter und ansehnlicher machen. Ganz früh, ehe noch die anderen auf den Beinen waren, schlich er zum Stall, das Wunder zu schauen. Da er aber sah, daß Gebete und Gelöbnisse nichts halfen, half er selbst nach, indem er den Vogel absonderte und mit allem nur erreichbaren Korn fütterte. Aber die dumme Gans nahm wenig, es war, als wollte sie selbst gegen den Pastor protestieren. Martin konnte ja nicht wissen, daß die mangelnde Freßlust einen ganz natürlichen Grund hatte – auch die Mutter und Anna fütterten heimlich. Anna versuchte sogar, sie zu stopfen. Aber was waren drei Tage! …«

in der Schule, daß hier von 1621 bis 1918 alle zwei Jahre im Wechsel mit Sternberg der Mecklenburger Landtag zusammenkam. Doch wer vor dem heutigen Rathaus steht, bemerkt schnell, daß der Bau aus den 20er Jahren nicht der originale Tagungsort sein kann; dieser geriet 1925 in Brand und mußte abgerissen werden. Ein Blick in den Rathaussaal zeigt an der Wand die frisch restaurierten 72 Innungswappen der traditionellen Malchiner Gewerbe, von denen sich sogar die Buchdruckerei Stibbe und die Böttcherei Meysahn noch erhalten haben (Schlüssel für den Saal bei der Stadtinformation im Haus).

Bedeutend in ihrer Architektur und wunderschön in ihrer Ausstattung ist die weithin sichtbare Stadtkirche **St. Maria und Johannes**. Als sie nach dem großen Stadtbrand von 1397 neu errichtet wurde, blieben in der Süd- und Westwand bis heute Reste des Vorgängerbaus erhalten. Das Glockengeschoß am Nordturm mit der barock geschweiften Haube kam erst 1590 dazu. Ein Südturm wurde nicht mehr gebaut, statt dessen entstand die polygonale Marienkapelle, was der Kirche einen asymmetrischen Grundriß verlieh. Innen ist der Raumeindruck der dreischiffigen Backsteinbasilika so überwältigend großzügig und hell wie in einer Kathedrale. Wertvollstes Schmuckstück ist der spätgotische Schnitzaltar aus dem Anfang des 15. Jh. im südlichen Seitenschiff. Er enthält auf der Vorderseite einen Marienschrein, umgeben von 36 Apostel- und Heiligenfiguren. Die Flügelrückseiten sind mit kostbaren Malereien versehen, die vermutlich vom Meister des ehemaligen Hochaltars der Wismarer Georgenkirche, aus der Schule des Meisters Francke, stammen (Mo–Fr 10–12 und 14–16 Uhr, ansonsten Schlüssel im Pfarrhaus erhältlich, Wargentiner Str. 14).

Malchin, St. Maria und Johannes

Information: Stadtinformation, Am Markt 1, Rathaus, 17139 Malchin, ✆ 0 39 94/64 05 55, Fax 64 04 44.

Hotels: Jägerhof ($$), Jägerhof 1, ✆ 2 05 30 oder 22 23 98, Fax 21 01 63 (idyllische Lage am Waldrand zwischen drei Seen, gutbürgerliches Restaurant, Terrasse, Tagungsräume, Fahrradverleih, behindertengerecht); Landhotel Schorssow ($$–$$$), Dorfstr. 51, 17166 Schorssow, ✆ 03 99 33/3 55 oder 6 45, Fax 3 27 (netter Fachwerkkomplex im Landschaftsschutzgebiet, Hochzeitszimmer, Restaurant). **Pensionen:** Pension Am Wasserturm ($$), Basedower Str. 66, ✆ 21 05/11/12.

Camping: Campingplatz Gravelotte, 17111 Meesiger, ✆ 03 99 94/1 07 32 oder 1 07 21 (am Ostufer des Kummerower Sees gelegen); AZUR Camping, 17139 Basedow, ✆ 03 99 57/2 08 50 (am Südufer des Malchiner Sees); Campingplatz Dahmen, 17166 Dahmen, ✆ 03 99 33/3 79 (am Südufer des Malchiner Sees).

Veranstaltungen: Juni: Stadtfest (Konzerte, Disco, Kinderprogramm und Feuerwerk).

Aktivitäten: Fahrrad- und Motorradverleih: Reinhard Hassemer, Stavenhagener Str. 19, ✆ 22 30 04. **Reiten:** Reiterhof Hotel Taegerhof, Wendischhagener Str. 20, 17139 Remplin, ✆ 0 39 94/63 28 03.

Auf dem Weg um die Südspitze des Malchiner Sees liegen seitlich, wie Perlen an einer Kette, gleich zwei der bedeutendsten und schönsten mecklenburgischen Adelsschlösser: das Herrenhaus Basedow und Burg Schlitz. Den Ort Basedow erreicht man von Malchin aus, wenn man die Basedower Straße stadtauswärts nimmt und etwa 7 km entlang der Deutschen Alleenstraße fährt, bis das Hinweisschild links ab nach Basedow zeigt.

Basedow

Gut Basedow mit seinem prächtigen **Schloß** ist der Stammsitz des adeligen Rittergeschlechts von Hahn, das im gesamten Ostseeraum von Schleswig-Holstein bis ins Baltikum einen Namen hat. Erster Lehnsmann war ab 1349 Nikolaus Hahn, der hier eine Burg errichtete. Ein Teil dieser Burg ist noch als Ruine im Park zu besichtigen. Der andere Teil wurde im Laufe der Jahrhunderte in ein prächtiges Herrenhaus umgewandelt, an dem aber wiederum so eifrig weitergebaut wurde, daß bis heute ein wahres Potpourri aller Stilelemente vom 16. bis zum 19. Jh. entstand – für Kunstkenner ein hervorragendes Objekt für Übungen in ›Wie erkenne ich einen Baustil?‹. Der älteste Treppenturm und die Stuckdecken im ersten Obergeschoß des Hauses stammen aus dem Jahr 1552, während der aufwendige Südflügel zuletzt 1895 von dem Hannoveraner Architekten und Renaissance-Spezialisten Albrecht Haupt angebaut wurde. Dabei verwendete Haupt an der Außenfassade des tiefer gelegenen Rittersaals (heute Turnhalle) Kopien von Terrakottaplatten des 16. Jh. aus der Lübecker Ziegelbrennerwerkstatt des Statius von Düren. Der bedeutendste Baumeister, der seine Ideen in Ba-

Schloß Basedow

Wappentier derer von Hahn am Rittersaal von Schloß Basedow

sedow einbrachte, war Friedrich August Stüler. 1838 erhöhte er das Herrenhaus um ein Geschoß im neugotischen Stil und erbaute ein neues Torhaus, das sich leider nicht erhalten hat.

Das Schloß war einst von einem Wassergraben umgeben. Seitlich der Hauptzufahrt ruht ein bezaubernder See, die Ufer von Trauerweiden verhangen. Der riesige Landschaftspark ist als eine der schönsten Mecklenburger Gartenschöpfungen Peter Joseph Lennés anerkannt. Kunstvoll angelegte Sichtachsen geben hie und da Blikke auf bestimmte Gebäude frei, z. B. den Marstall, das Landhaus, den Turm, die Brauerei, das Haus des Sekretarius oder die Backsteinkirche.

Während des Jahres 1945 hat das Schloß sehr gelitten, ganze Teile wurden zerstört. Noch im gleichen Jahr wurde die Familie von Hahn enteignet. Mit Friedrich Franz Graf von Hahn, dem »letzten Sproß des Hauses Hahn-Basedow«, wie die Inschrift des Gedenksteins zwischen den Seen im Park Auskunft gibt, starb die Linie aus. Der junge Mann fiel 1941 im Alter von nur 20 Jahren in der Nähe der damals schwer umkämpften sowjetischen Hafenstadt Taganrog. Sein Vater wurde von den Russen verschleppt, die Mutter floh zu Verwandten in den Westen. Nach dem Zweiten Weltkrieg wurden die einzelnen Raumfluchten zu Wohnungen für Dorfbewohner umfunktioniert. Erben gibt es nicht, niemand will das phantastisch anmutende Schloß der Treuhand abkaufen, und noch leben hier 18 Familien. Das Anwesen wurde zwar 1951 unter Denkmalschutz gestellt, verfällt aber weiter still vor sich hin, und außer den vielen Fliegen, die im Sommer durch die Landwirtschaft zu einer wahren Plage ausarten, ist hier niemand aktiv.

Seitlich der B108, kurz vor Burg Schlitz, liegt die Ansiedlung **Zid-dorf.** In der Wassermühle rechter Hand hat sich die Frauenwerkstatt eingerichtet (Mai–Sept. Mo–Fr 8–18, Okt.–April 8–16 Uhr, ✆ 0 39 96/15 53 93). Engagierte Frauen aus der Umgebung haben sich hier zusammengetan, um traditionelle Handwerkskünste wie Spinnen, Weben und Töpfern zu pflegen. Die für Mecklenburg typischen Produkte werden auch verkauft.

Pension: Haus Luise ($$), Dorfstr. 30, 17166 Dahmen, ✆ 01 61/ 2 43 72 52 (gemütliche Fachwerkvilla der Gründerzeit in einem großen Garten).

Burg Schlitz

Burg Schlitz, die kunsthistorisch vermutlich bedeutendste klassizistische Schloßanlage Mecklenburgs, liegt in landschaftlich bevorzugter Lage: Von der Burgterrasse hoch oben auf einer natürlichen Anhöhe geht der Blick meilenweit über das Malchiner Becken und den Malchiner See.

Der Besucher findet die Burg hinter Gut Karstorf an der B108 zwischen Waren und Teterow. Etwa 10 km vor Teterow, rechts neben der historischen Gaststätte Zum Goldenen Frieden, liegt die alte **Gutsschmiede,** die 1965 zu einem kleinen Museum umgestaltet wurde. Hier kann man sich über die Produktionsgeschichte des Schmiedehandwerks informieren und sich außerdem etwas über die Entstehungsgeschichte der Burg anlesen (tägl. 10–17 Uhr).

Gegenüber, an dem **Obelisken** vorbei, führt eine hochherrschaftliche Lindenallee hinauf zur **Schloßanlage** (nur Fußgänger), die kurz vor Abschluß ihrer Restaurierung steht. Im 18. Jh. befand sich hier ein Gut, daß Michael Gabriel Fredersdorf, dem vertrauten Kammerdiener Friedrichs des Großen, gehörte. Fredersdorf vererbte den Besitz einer Familie von Labes. Da deren Sproß, der vermögende preußische Diplomat Hans Baron von Labes, 1792 von seinem Schwiegervater, dem preußischen Minister Graf von Schlitz, adoptiert wurde, ging auf den Besitz der Name Schlitz über. Der junge Graf ließ sich die Burg im wesentlichen nach eigenen Vorstellungen zwischen 1800 und 1823 von dem Berliner Hofrat Otto Hirth errichten. Während in dem Mittelbau die repräsentativen Räume untergebracht waren, residierten der Hausherr und auch seine Gäste in den seitlichen Flügeltrakten. Schon 1951 wurde die Anlage als wertvoll anerkannt und unter Denkmalschutz gestellt. Zu DDR-Zeiten diente das Schloß als Pflegeheim. Jüngst wurde es für ein großes Wirtschaftsunternehmen zur Tagungsstätte umgebaut. Das Vestibül mit seinen klassizistischen Wandmalereien, der gotisierend geschmückte Rittersaal oder die

Gesellschaftszimmer mit ihren handbemalten Landschaftstapeten sind für die Öffentlichkeit nicht mehr zugänglich.

Zwischen 1820 und 1830 kaufte der Graf umliegende Gutshöfe dazu und ließ einen herrlichen, 6 km^2 ausgedehnten **Landschaftspark** rund um das Schloß anlegen. Unter alten Buchen und Eichen kann man hier einherwandeln. Wie von lockerer Hand eingestreut liegen hie und da kleine, stille Teiche. Das sicherlich am häufigsten fotografierte Objekt der ganzen Anlage ist das auffällige ›Skulpturen-Happening‹ auf dem Nymphenbrunnen, links vom Schloß. Fröhlich tanzen drei schlanke, zart bekleidete junge Frauen einen ausgelassenen Reigen auf dem Brunnenrand. Dieses mittlerweile sehr bekannte Jugendstilwerk fertigte der Bildhauer Walter Schott 1903 ursprünglich für das Berliner Kaufhaus Wertheim an; 1930 wurde es hierher versetzt.

Überhaupt ist die freie Landschaft rund um die Burg Schlitz ein Ergebnis der beispielhaften Landesverschönerungsbemühungen des Grafen. Auf seinem Gut brachte er die Landwirtschaft auf Vordermann. Aus diesen Erträgen konnte er die flächenweiten Kahlschläge, die die mecklenburgischen Glashütten wegen ihres Holzverbrauchs angerichtet hatten, durch wohlüberlegte Anpflanzungen wieder ausgleichen. Noch heute wirken manche Aussichten über Wiesen, Berge und Felder wie gerahmte Bilder. Als Begründer und jahrelanger Direktor der Mecklenburgischen Landwirtschaftsgesellschaft sorgte dieser künstlerisch-sinnlich veranlagte Mann für die kontrastreichen Farbtöne der zu allen Jahreszeiten blühenden Bäume, Sträucher und Blumen der Landschaft um Burg Schlitz.

Burg Schlitz, Nymphenbrunnen

Restaurant: Zum Goldenen Frieden, Burg Schlitz, Nr. 1, ✆/Fax 0 39 96/17 26 03, Di–Fr 11–15, 17–22, Sa und So 11–21 Uhr (rustikales Ambiente im Jagd-, Fisch- und Postzimmer, Fisch- und Wildgerichte).

Teterow

Das Landstädtchen Teterow, knapp 11 000 Einwohner zählend, liegt am Westrand der Mecklenburgischen Schweiz. Wegen seiner günstigen Lage in einer Mulde am Kreuzungspunkt der beiden Bundesstraßen 104 und 108 ist der Ort auch ein beliebter Ausgangspunkt für Erkundungen in die Gegend.

Schon im 9. Jh. war der Siedlungsplatz interessant für die Wenden, die sich auf der langgestreckten Burgwallinsel mitten im Teterower See niederließen. Damals war die Insel durch eine 750 m lange Holzbrücke mit dem Festland verbunden. Jahrhundertelang wollte man die Existenz einer solchen Brücke nicht glauben, obwohl eine Landzunge am südlichen Seeufer auf einer historischen Karte »Brügghop« heißt und die Bauern beim Mähen ihrer Wiesen immer wieder auf alte Pfahlstümpfe stießen. Erst 1961 legten gezielte Grabungen das technisch kunstvolle Brückenbauwerk frei. Heute kann man mit der Fähre übersetzen und sich die **Ruine der slawischen Fliehburg** ansehen. Zum Spaß für die Kinder hat der Holzbildhauer Uwe Grimm die Slawenburg in Miniaturausgabe auf dem Insel-Abenteuerspielplatz nachgebildet. Mit dem Einsetzen der Christianisierung war die Kultur der Slawen in Teterow beendet; geblieben ist der Name, denn Teterow heißt übersetzt ›Auerhahnort‹.

Wie in zahlreichen anderen mecklenburgischen Städtchen sind auch in Teterow die Konturen des mittelalterlichen Stadtkerns am kreisförmigen Grundriß der Ringstraße zu erkennen. Zur Besichtigung der Innenstadt empfiehlt es sich, das Auto außerhalb des Stadtrings zu parken, denn das komplizierte Einbahnstraßensystem kann einen unwissenden Besucher zur Verzweiflung treiben. Aus dem 15. Jh. blieben zwei reichgeschmückte Backsteintore erhalten, die an der nördlichen und südlichen Ortsdurchfahrt einander gegenüberliegen: das mit Stufengiebeln und frühgotischem Maßwerk reichgeschmückte **Rostocker Tor** und das etwas schlichtere **Malchiner Tor.**

Im Malchiner Torhaus, einem kleinen Fachwerkbau am Südlichen Ring 1, befindet sich seit 1990 das Teterower **Stadtmuseum.** Wer sich für die Stadtgeschichte und vor allem für frühzeitliche Funde von der Burgwallinsel interessiert, sollte dem Haus einen Besuch abstatten (Di–Fr 9–17, Sa und So 13–17 Uhr, ✆ 17 28 27). Da das Malchiner Tor zwischen 1790 und 1945 als Stadtgefängnis genutzt wurde, zeigt das Museum auch eine originale Gefängniszelle mit allem, was dazugehört.

Auf dem Marktplatz vor dem Rathaus haben die Teterower, die wegen ihrer vielen amüsanten Stadtgeschichten als die Schildbürger der Norddeutschen gelten, 1914 ihr Wahrzeichen errichtet. Es ist ein bescheidener Sandsteinbrunnen, genannt **Hechtbrunnen,** mit dem Bronzeaufsatz eines Knaben, der einen Hecht um die Schulter trägt. Mit dem Brunnen verbindet sich die Legende von zwei Fischern, die einst einen prachtvollen Hecht aus dem Teterower See zogen. Da in 14 Tagen ein Stadtfest bevorstand, beschlossen die Ratsherren, den Fisch bis dahin aufzuheben. Um die leicht verderbliche Ware frisch zu halten, band man dem Hecht eine Glocke um und setzte ihn in den See zurück. Zur Krönung des Ganzen schlugen die Schlauen dann noch eine Kerbe in ihr Boot, um die Stelle zu markieren, an der sie den Hecht zu Wasser gelassen hatten! In schönstem Platt berichtet die Brunneninschrift von diesem Streich: »Weck Lüd sünd klauck, und sünd daesig. Un weck dei sünd aewernäsig. Lat't ehr spejöken, Kinning, lat't: Dei Klock hatt lürrd, dei häkt is fat't!« (Es gibt kluge Leute, andere wiederum sind dumm. Und wieder andere sind ganz schön hochnäsig. Laßt sie spotten, Kinder, laßt sie: Die Glocke hat geläutet, der Hecht ist gefangen!)

Hechtbrunnen in Teterow

Hinter dem Rathaus erhebt sich die Pfarrkirche **St. Peter und Paul.** An der dreischiffigen, massiv wirkenden Backsteinbasilika wurde gut 250 Jahre gebaut; die Grundsteinlegung im Chor erfolgte 1250, und erst um 1500 waren Mittelschiff und Westturm abgeschlossen. Das Gotteshaus weist daher eine interessante Stilverschmelzung zwischen romanischer und gotischer Architektur auf. Im Inneren ist als künstlerisch bedeutendstes Werk der gotische Flügelaltar von 1430 zu besichtigen. Während auf der Vorderseite die schlanken, brillant geschnitzten Figuren der Maria zwischen Heiligen und Aposteln hervorstechen, erzählen die 16 Tafeln auf den Flügelrückseiten die Leidensgeschichte Christi (unregelmäßige Öffnungszeiten, Schlüssel in der Küsterei am Kirchplatz gegenüber).

Ein Höhepunkt im Teterower Alltagsleben sind die weithin berühmten Grasbahnrennen, die hier schon seit 1930 alljährlich zu Pfingsten stattfinden. Für Tausende von Fans des Motorradsports ist die Veranstaltung eine gute Gelegenheit zum Schauen und Fachsimpeln. Austragungsort ist der nördlich der Stadt gelegene **Bergring,** den man am schnellsten über die Appelhäger Chaussee erreicht. Die 1877 m lange Rennstrecke mit einer Steigung von 22%, haarscharfen Kurven und hohen Sprungschanzen ist als größte und schönste in ganz Europa bekannt.

Information: Fremdenverkehrsverein, Mühlenstr. 1, 17166 Teterow, ✆ 0 39 96/17 20 28, Fax 17 22 03.

Hotels: Hotel Schloß Vietgest ($$$), Schloßstr., 18279 Vietgest, ✆ 03 84 52/2 00 00, Fax 2 00 01 (stilvolle Konferenzräume, Suite, modernisiertes Zimmer verlangen); Hotel Blücher ($$–$$$), Warener Str. 50, ✆ 17 21 96, Fax 12 02 95 (zentral gelegen, renoviertes Fachwerkhaus, Restaurant, Tagungsmöglichkeit); Landhaus Levitzow ($$), Dorfstr. 7, 17168 Levitzow, ✆ 03 99 75/2 57 (renoviertes Landhaus, Restaurant).

Restaurant: Gasthof Zum Thünenstall, 17168 Tellow, ✆/Fax 03 99 76/3 95 (rustikales Fachwerkhaus inmitten einer denkmalgeschützten Gutsanlage, Haustierzoo, Scheune für Feste, ländliche Veranstaltungen).

Einkaufstip: Kleine Galerie Teterow, Malchiner Str. 39, ✆ 17 26 57 (Ausstellung und Verkauf von Arbeiten mecklenburgischer Künstler und Kunsthandwerker aus allen Genres (Di–Fr 9–12 und 13–17.30 Uhr).

Veranstaltungen und Festivals: März/April: Osterkinderfest auf dem Thünengut in Tellow. Mai/Juni: Teterower Hechtfest; Internationales Grasbahnrennen auf dem Bergring. September: Bauernmarkt und Scheunenfest auf dem Thünengut in Tellow (Verkauf aus der Eigenproduktion, Vorführung bäuerlicher Arbeitstechniken, Musik und Tanz).

Aktivitäten: Angeln: Herr Monegel, Am Seebahnhof 2, ✆ 17 20 03. **Bootsverleih:** auf der Burgwallinsel (Wassertreter, Paddel- und Ruderboote). **Fahrradverleih**: Fahrradgeschäft Wendt, Rostocker Str. 94, ✆ 17 27 88. **Reiten:** Teterower Reit- und Fahrsportverein, Herr Burmeister, August-Bebel-Str. 2, ✆ 17 25 84. **Segeln:** Herr Badendieck, Schillerstr. 1, ✆ 17 72 02.

Literaturverzeichnis

Die Bau- und Kunstdenkmale in der DDR, Bezirk Neubrandenburg, hrsg. vom Institut für Denkmalpflege, bearb. von einem Kollektiv der Arbeitsstelle Schwerin durch Gerd Baier, Horst Ende, Brigitte Oltmanns u. a., Berlin 1982

Jürgen Borchert und Detlef Klose, Was blieb ... Jüdische Spuren in Mecklenburg, Berlin 1994

Tom Crepon, Leben und Leiden des Ernst Barlach, Rostock 1990[2]

ders., Leben und Tode des Hans Fallada, Leipzig 1992[9]

ders. und Wilfried Böke, Heinrich Schliemann. Odyssee seines Lebens, Berlin 1990

Georg Dehio, Handbuch der Deutschen Kunstdenkmäler, Mecklenburg, München/Berlin 1980[2]

Deutsche Kunstdenkmäler, ein Bildhandbuch. Mecklenburg-Vorpommern, Leipzig 1992[2]

Heimathefte für Mecklenburg-Vorpommern e. V., Landesverband für Kultur- und Heimatpflege, Schwerin, Heft 2/1991 ff.

Ricarda Huch, Der Norden, in: Im alten Reich. Lebensbilder deutscher Städte, Köln/Berlin 1980

Arnold Hückstädt, Reisen zu Reuter. Erinnerungsstätten in der DDR, Leipzig 1990

Wolf Karge, Klaus Kartowitsch und Ursula Schmidt, Museumsführer. Mecklenburg-Vorpommern, Lübeck 1991

National- und Naturparkführer Mecklenburg-Vorpommern, Schwerin 1992[2]

Hubertus Neuschäffer, Mecklenburgs Schlösser und Herrenhäuser, Husum 1993[3]

1000 Jahre Mecklenburg. Geschichte und Kunst einer europäischen Region, Katalog der Ausstellung Schloß Güstrow, 1995

Annalise Wagner, Biographische Denkmale. Erinnerungen an fast vergessene Persönlichkeiten aus Mecklenburg und Vorpommern, Neubrandenburg 1993

Abbildungs- und Zitatnachweis

Archiv der Ernst Barlach Stiftung, Güstrow (Uwe Seemann): S. 92

Archiv für Kunst und Geschichte Berlin: S. 30, 38, 95 (Güstrower Ehrenmal, © Ernst und Hans Barlach Lizenzverwaltung, Ratzeburg), 150, 175, 196

Hans-Joachim Ellerbrock, Bilderberg, Hamburg: Umschlagvorderseite

Das Fotoarchiv, Essen: S. 2f. (Knut Müller)

Dr. Christiane Theiselmann, Berlin: Umschlaginnenklappe vorne, S. 1, 10f., 15, 16, 18, 23, 26, 31, 33, 36, 46, 48, 55, 57, 60, 67, 68f., 72, 79, 89, 91, 99, 101, 106, 112, 115, 117 o. und u., 118f., 124, 125, 127, 132, 133, 139, 143, 156f., 164, 166, 167, 177, 182, 184f., 188f., 191, 200, 208

Fulvio Zanettini, Köln: Umschlaginnenklappe hinten, Umschlagrückseite o. und u., S. 20f., 24f., 27, 42f., 49, 53, 64, 70, 73, 75, 77, 78, 83, 84f., 90, 96, 97, 98, 104f., 111, 116, 122, 130, 135, 137, 141, 144f., 152, 154, 158, 161, 165, 172f., 174, 178, 180, 183 o. und u., 190, 193, 199, 203, 205, 207, 210f., 212, 214

Karten und Stadtpläne

Alle Karten und Stadtpläne: artic, Duisburg

Zitate

S. 41: Christa Wolf, Die Dimension des Autors, Darmstadt/Neuwied: Luchterhand Verlag 1987

S. 89: Uwe Johnson, Ingrid Babendererde. Reifeprüfung 1953, Frankfurt am Main: Suhrkamp Verlag 1985

S. 92, 93, 94: Ernst Barlach, Briefe an Reinhard Piper vom 2. November 1909 und 27. Dezember 1930, mit freundlicher Genehmigung der Ernst und Hans Barlach Lizenzverwaltung Ratzeburg

S. 148, 150, 151, 152: Hans Fallada, Heute bei uns zuhaus. Ausgewählte Werke in Einzelausgaben, Bd. 10, © Aufbau-Verlag Berlin und Weimar 1982

S. 168: Ricarda Huch, Im alten Reich. Lebensbilder mecklenburgischer Städte, Berlin: Ullstein Verlag 1931

S. 203f.: Ehm Welk, Die Heiden von Kummerow, Rostock: Hinstorff Verlag 1994

Tips und Adressen

Reisevorbereitungen

Information

Zentrale Auskunftsstellen:

Regionaler Fremdenverkehrsverband Mecklenburgische Seenplatte e. V.
Marktplatz 10
17207 Röbel
✆ 03 99 31/5 13 81/82,
Fax 03 99 31/5 13 86

Tourismusverband Mecklenburgische Schweiz e. V.
Am Bahnhof
Postfach 23
17139 Malchin
✆ 0 39 94/22 47 55, Fax 22 47 56

Karten und Stadtpläne

Das Angebot an Karten für alle Zwecke hat sich in den letzten Jahren erheblich verbessert:

Falkplan Straßenkarte Mecklenburg-Vorpommern, 1:250 000 (mit Ortsregister).
Wander- und Freizeitkarte Müritz Nationalpark, Nordland, 1:75 000.
Radwanderkarte Mecklenburgische Seenplatte, Kümmerly & Frey, 1:120 000.
Mecklenburgische Gewässer und Boddengewässer – mit allen Wasserwanderrouten und wichtigen Tips für Wassersportler, Kümmerly & Frey, Gewässer 1:100 000, Boddengewässer 1:200 000.
Die Müritz – für Segler, Surfer, Motorbootfahrer, Ruderer, Kanuten und Angler – mit Betonnung, Wassertiefen und Servicetips, DSV-Verlag, 1:25 000.

Stadtpläne werden von allen örtlichen Tourismusbüros kostenfrei zugeschickt (Adressen s. Kap. ›Unterwegs in der Mecklenburgischen Seenplatte‹).

Reisezeit

Die Mecklenburgische Seenplatte ist zu jeder Jahreszeit ein lohnendes Reiseziel, wenn auch die wärmeren Monate vom Frühjahr bis in den Herbst die meisten Möglichkeiten zu Freizeitaktivitäten bieten. Landschaftlich am reizvollsten ist es, wenn im Mai und Juni die weiten Rapsfelder oder im Juni und Juli der Klatschmohn in Blüte stehen. Da sich die meisten Seen relativ schnell erwärmen, kann der Badeurlaub schon Ende Juni beginnen. Im Hochsommer, wenn das Wasser dann so richtig erfrischend ist, herrscht der größte Urlauberandrang. Auch an Wochenenden kommt dann meist ein Ansturm von Tagesausflüglern zu Besuch. Für Wanderungen eignen sich die

Monate April bis Juni und September bis November am besten. Im kältesten Monat Januar frieren die Seen zu, dann macht das Schlittschuhlaufen besonderen Spaß.

Tips für einen sanften Tourismus

Viele Städte und Dörfer des mecklenburgischen Binnenlandes sind in Ermangelung anderer Einkünfte auf Einnahmen durch den Tourismus angewiesen. Im Interesse der Natur ist es jedoch wünschenswert, bei den Urlaubern den Sinn für einen sanften Tourismus zu wecken. Ob die Maßnahmen zum Schutz von Flora und Fauna mit der Zeit verschärft werden müssen, was dann leider auch eine Einschränkung der Bewegungsfreiheit mit sich bringt, hängt nicht zuletzt vom Verhalten des einzelnen ab. Wer die Verhaltensmaßregeln für

Umweltbewußtes Verhalten im Müritz-Nationalpark

Damit das Naturparadies an der Müritz ein solches bleibt, hat die Parkverwaltung einige Regeln aufgestellt, die der Erhaltung eines intakten Naturerbes dienen und deren Beachtung sich jeder Besucher zu Herzen nehmen sollte.

- Bis auf die Kernzonen ist Autofahren grundsätzlich erlaubt. Besser ist es jedoch, die Karosse auf einem der Parkplätze an den Eingangsbereichen Waren, Speck, Federow und Boek stehenzulassen und des weiteren die eigenen Beine, das Fahrrad oder eine Kutsche zu benutzen.
- Pflanzen stehenlassen.
- Hunde an die Leine nehmen.
- Keine Motorboote.
- Bootfahren nur auf ausgewiesenen Seen.
- Befahren und Anlanden nur in den markierten Bereichen.
- Röhrichtbestände und dicht bewachsene Uferbereiche meiden.
- In Kernzonen nur ausgewiesene Wanderwege benutzen.
- Angeln, Baden und Campen nur an ausgewiesenen Stellen.
- Keine Treibstoffe, Öle und Abfälle in die Gewässer einleiten.
- Chemietoiletten an den vorgesehenen Einrichtungen entsorgen.
- Lärm vermeiden und Müll mitnehmen.

den Müritz-Nationalpark auch an anderen Stellen anwendet, liegt im wesentlichen richtig.

Auch ein angemessener und toleranter Umgang mit den Einheimischen gehört zum sanften Tourismus. Besser-Wessis, die meinen, die ehemaligen DDR-Bürger erst einmal belehren zu müssen, sind hier nicht gern gesehen. Auch im Westen ist nicht alles Gold, was glänzt. Wenn Sie sich allerdings geschröpft fühlen, weil das Preis-Leistungs-Verhältnis nicht stimmt, sagen Sie es.

Reisegepäck

Da es auch im Sommer schon mal kurzfristig abkühlen und heftig gewittern kann, sollten ein leichter Regenmantel und ein Pullover im Reisegepäck nicht fehlen. Wanderer benötigen keine alpinen Bergstiefel, sinnvoller sind solide, aber leichte Wanderschuhe. Campern und Urlaubern, die sich abends nahe am Wasser aufhalten, ist gegen die Mückenplage die Mitnahme eines Mittelchens aus der Apotheke zu empfehlen.

Wer sich vor dem Wandern oder Segeln eine spezielle Wettervorhersage einholen will, kann dies per Telefon über die DeTeMedien in Frankfurt tun. Die erfahrungsgemäß zuverlässigen Ansagen erarbeitet der Deutsche Wetterdienst aus den Aufnahmen, die der Satellit Meteosat aus 36 000 km Höhe liefert: Allgemeine Wettervorhersage, ✆ 01 90/11 64 15; Reisewetter, ✆ 01 90/11 60 03; Wochenwetter, ✆ 01 90/11 64 63; Wassersportwetter, ✆ 01 90/11 60 40; für Wetterfühlige ✆ 01 90/11 54 64.

Anreise

... mit dem Auto

Von Süden über die A19 (Wittstock–Rostock) in das Gebiet zwischen Plau, Malchow, Waren und Röbel; über die B96 in das Gebiet um Neustrelitz/Neubrandenburg.

Von Westen über die A24 (Hamburg–Berlin) in das Gebiet um Schwerin und Parchim oder über die B104 Richtung Güstrow, Teterow und Malchin.

... mit der Bahn

Ein Intercity hält in Schwerin und Neubrandenburg. Bahnhöfe mit Interregio- bzw. D-Zug-Anschluß sind Neubrandenburg, Neustrelitz, Güstrow und Waren. Um in die kleineren Städte zu gelangen, muß man auf die Regionalbahn umsteigen. Wer sich vor Ort über Zugverbindungen informieren will, kann die Zugauskunft in Greifswald anrufen, ✆ 0 38 34/1 94 19 (tägl. von 6 bis 22 Uhr). Ansonsten sind Verbindungen an Fahrkartenschaltern der Deutschen Bahn AG zu erfragen.

... mit dem Flugzeug

Im Raum der Seenplatte gibt es vier Flughäfen, von denen einer auch durch Linienmaschinen angeflogen wird:

Flughafen Neubrandenburg-Trollenhagen, Flughafenstr., 17039 Trollenhagen, ✆ 03 95/4 22 30 25, Fax 4 22 30 35 (eigentlich ein Militärflughafen, der auch zivil genutzt wird, am nördlichen Stadtrand von Neubrandenburg; die Fluggesellschaft Regio-Air fliegt mit Linienmaschinen von Berlin-Tempelhof, ✆ 03 95/4 69 19 90).

Müritz-Flugplatz Rechlin-Lärz, 17248 Lärz, ✆ 03 98 33/2 22 81/82), Fax 2 22 83 (ziviler Verkehrslandeplatz, Rundflüge über die Seenplatte tägl. 8–16 Uhr).

Flughafen Parchim-FPM, Dammer Weg, 19370 Parchim, ✆ 0 38 71/4 41 71 (regionaler, zivil genutzter Flughafen).

Flugplatz Waren-Vielist, 17192 Waren, ✆ 0 39 91/36 05 oder 16 81 11 (regionaler Zivilflughafen für Segelflieger, Fallschirmspringer und einmotorige Privatmaschinen; von hier kann man auch Wochenend-Rundflüge über die Seenplatte unternehmen).

Ansonsten sind die großen Flughäfen von Berlin und Hamburg die nächstliegenden Airports; von dort aus muß man allerdings mit dem Zug oder dem Privatflugzeug weiterreisen.

Unterkunft

Hotels und Pensionen

In Mecklenburg-Vorpommern reicht die Art der Unterkunft von wenigen, sehr guten Hotels über renovierte Kleinhotels und Pensionen bis zu notdürftig hergerichteten Privatzimmern und Ferienhäusern, die noch nach einfachem DDR-Standard möbliert sind und zuweilen die Toleranzgrenze der Hygiene unterschreiten. Leider umweht die jüngst erschaffenen Hotels sehr häufig der Charme einer gewissen Seelenlosigkeit, mit üppigen Plastikblumenbuketts und dem üblichen Katalog-Mobiliar. Was im breiten Querschnitt fehlt, ist der Mut zur persönlichen Note. Obwohl viel neu gebaut und renoviert wird, reicht die Zimmerkapazität in den Sommerferien, an Feiertagen und verlängerten Wochenenden oft noch nicht aus. Dann tummelt sich hier halb Schleswig-Holstein, Hamburg und Berlin. Vor allem im Raum um die Müritz, um Neustrelitz und um Plau ist in dieser Zeit jedes Bett ausgebucht. Deshalb empfiehlt es sich, rechtzeitig zu buchen und sich dabei genau zu erkundigen, was geboten wird. Die städtischen Touristeninformationen verschicken kostenlose Verzeichnisse sämtlicher Hotels und Pensionen ihrer Region (Adressen s. Kap. ›Unterwegs in der Mecklenburgischen Seenplatte‹).

Privatzimmer und Ferienhäuser

Eine Liste der Privatvermieter vor Ort vermitteln die regionalen Fremdenverkehrsämter. Wer auf gut Glück dem Schild ›Zimmer frei‹ folgt, sollte vor der Anmietung einen Blick auf die Räumlichkeiten werfen, um unliebsame Überraschungen auszuschließen.

Bauernhöfe

Wer eine einfache und preisgünstige Unterkunft auf dem Lande oder ein komfortableres Ferienhaus sucht, in dem er mit Freunden oder der Familie allein sein kann, sollte Urlaub auf dem Bauernhof machen. Einen Katalog der 55 Mitgliederhöfe verschickt die Arbeitsgemeinschaft für Urlaub und Freizeit auf dem Lande Mecklenburg-Vorpommern, Griebnitzer Weg 2, 18196 Dummerstorf, ✆ 03 82 08/6 06 72.

Jugendherbergen

Von 31 Jugendherbergen im ganzen Lande gibt es allein 11 im Gebiet der Seenplatte, und zwar in den Städten Waren, Plau, Flessenow, Mirow, Zielow, Feldberg, Burg Stargard, Neubrandenburg, Dahmen, Teterow und Demmin. Die Preise für eine Übernachtung inkl. Frühstück liegen in der Regel zwischen DM 14 bis 18 für Junioren und DM 17 bis 21 für Senioren. Eine praktische Übersichtskarte mit Adressen und Farbfotografien aller Häuser verschickt das Deutsche Jugendherbergswerk, Landesverband Mecklenburg-Vorpommern e. V., Messegelände an der B105, Postfach 15 10 19, 18061 Rostock, ✆ 03 81/8 29 67 und 8 23 73, Fax 45 14 82.

Camping

Da Camping zu DDR-Zeiten aufgrund des Hotelmangels häufig die einzige Urlaubsmöglichkeit darstellte, ist die Seenplatte seit eh und je gut mit Zeltplätzen bestückt. Die Plätze sind ausnahmslos landschaftlich wunderschön gelegen, der Standard ist jedoch sehr unterschiedlich. Da die Städte und Gemeinden den wirtschaftlichen Wert komfortabler Campingplätze für sich erkannt haben, verbessert sich das Angebot von Jahr zu Jahr. In der Ferienzeit ist eine Reservierung anzuraten. Über Adressen, Ausstattung und Größe der einzelnen Campingplätze informiert die Broschüre ›Mecklenburgische Seenplatte – Camping‹, zu haben beim Regionalen Fremdenverkehrsverband Mecklenburgische Seenplatte e. V., Marktplatz 10, 17207 Röbel, ✆ 03 99 31/5 13 81, Fax 5 13 86. Auch der ADAC gibt einen jährlich aktualisierten Campingführer heraus (Bd. 2: Deutschland·Nordeuropa).

Informationen von A bis Z

Autokennzeichen

DE – Demmin (Landkreis)
GÜ – Güstrow (Landkreis)
NB – Neubrandenburg (kreisfreie Stadt)
MST – Mecklenburg-Strelitz (Landkreis)
MÜR – Müritz (Landkreis)
PCH – Parchim (Landkreis)
SN – Schwerin (kreisfreie Stadt)

Autovermietung

Die Adressen kleinerer Autovermietungsgesellschaften vermitteln die örtlichen Fremdenverkehrsämter, ansonsten kann man telefonisch zum Nulltarif reservieren: Avis, ✆ 0 39 91/73 25 50 oder 01 80/5 55 77 (Station in Waren); Europcar/InterRent, ✆ 01 30/22 11 (Stationen in Schwerin, Neustrelitz, Neubrandenburg und Güstrow); Sixt/Budget, ✆ 01 80/5 21 41 41 (Stationen in Schwerin und Güstrow); Hertz, ✆ 01 80/5 33 35 35 (Stationen in Waren, Teterow, Ueckermünde, Neubrandenburg, Neustrelitz, Parchim, Schwerin und Pasewalk).

Feiertage

Mecklenburg ist ein protestantisches Land, daher gelten hier, neben den staatlichen Feiertagen, die entsprechend üblichen Feiertagsregelungen: 1. Januar (Neujahr), März /April (Karfreitag, Ostermontag), 1. Mai (Tag der Arbeit), Mai/Juni (Christi Himmelfahrt, Pfingstmontag), 3. Oktober (Tag der Deutschen Einheit), 31. Oktober (Reformationstag), 25./26. Dezember (erster und zweiter Weihnachtsfeiertag).

Musik

Mecklenburg-Vorpommern hat sich in den letzten Jahren zu einem international beachteten Konzertland entwickelt, das für hochrangige musikalische Darbietungen von der Klassik bis zu Zeitgenössischem in den schönsten Konzertsälen und Kirchen des Landes bekannt wurde. Zuweilen geht es angenehm unkonventionell zu. Da kann es auch schon mal vorkommen, daß Sir Yehudi Menuhin mit Freude in einer großen Feldscheune dirigiert. Für den Raum Seenplatte gibt es drei beliebte Veranstaltungsreihen:

Musiksommer Mecklenburg-Vorpommern: eine überregionale Einrichtung unter Schirmherrschaft des Ministerpräsidenten, klassische Konzerte mit internationaler Besetzung von Ende Juni bis Ende August, auch Open-Airs; Programm beim Musikverein Mecklenburg-Vorpommern e. V., Mecklenburgstr. 2, 19053 Schwerin, ✆/Fax 03 85/55 00 73 12 oder 51 29 34; zentraler Kartenvorverkauf durch Musik-Münkwitz, Wokrenter Str. 31, 18055 Rostock, ✆/Fax 03 81/45 27 68.

Festspiele Mecklenburg-Vorpommern e. V.: große Orchesterkonzerte in Schlössern und Scheunen von Ende Juni bis Ende August, begründet von Justus Franz; Kartenvorverkauf durch die Müritz-Information, 17192 Waren, ✆ 0 39 91/41 72.

Musiksommer an der Müritz: Klangräume einer Landschaft, Chor-, Orgel- oder Kammerkonzerte, gelegentlich auch Jazz, in sehenswerten Kirchen rund um die Müritz von Ende Mai bis Mitte September; Kartenvorverkauf durch die Tourismusinformation Röbel, Am Marktplatz 10, ✆ 03 99 3/5 06 51; Organisation und nähere Auskünfte durch Pfarrer Dreese, Straße der Deutschen Einheit 14, 17207 Röbel, ✆ 5 01 58.

National- und Naturparks

Im Gebiet der Seenplatte liegen der Müritz-Nationalpark, der Naturpark Nossentiner und Schwinzer Heide sowie der Naturpark Feldberg-Lychener Seenlandschaft. Übergeordnete Aufgaben für alle Nationalparks im Land nimmt das Nationalparkamt Mecklenburg-Vorpommern, 17192 Speck, Specker Schloß, ✆ 0 39 91/63 10, wahr. Diese Behörde ist dem Schweriner Umweltministerium unterstellt.

Notruf

Feuerwehr, ✆ 1 12
Polizei, ✆ 1 10
Notarzt, ✆ 1 15

Pannenhilfe

ADAC, ✆ 01 80/2 22 22 22
(rund um die Uhr)

Radio

In Mecklenburg-Vorpommern gibt es einen öffentlich-rechtlichen und zwei private UKW-Radiosender. Die einzustellende Frequenz richtet sich je nach Standort des Empfängers.

Öffentlich-rechtlich:
NDR 1: Schwerin 92,8. *NDR 2:* Röbel 88,5 – Marlow 91,0 – Schwerin 89,2 – Helpter Berge 90,5. *NDR 3:* Schwerin 89,2. *NDR 4:* 105,3. *NDR Jugendradio N-Joy:* Röbel 97,4 – Neubrandenburg 89,5 – Malchin 94,4 – Schwerin 99,5.
Privat:
Antenne Mecklenburg-Vorpommern: Röbel 93,8 – Marlow 100,8 – Schwerin 101,3 – Helpten Berge 103,8. *Ostseewelle:* Marlow 104,8 – Helpter Berge 105,8 – Schwerin 107,3.

Weitere Informationen erteilt die Landesrundfunkzentrale Mecklenburg-Vorpommern (LRZ), Eisenbahnstr. 21, 19053 Schwerin, ✆ 03 85/55 88 10, Fax 5 58 81 30.

Souvenirs

Da die Mecklenburgische Seenplatte keinen landestypischen Stil in der künstlerischen Fertigung bestimmter Produkte hervorgebracht hat, eignen sich am besten die Schätze der Natur als Mitbringsel. So werden überall an den Straßen selbstgemachter Honig, Körbe voller Süßkirschen, frische Landeier oder Blumensträuße angeboten. Urlauber, die es nicht allzuweit nach Hause haben, nehmen sich gern frischen und geräucherten Fisch mit, den es an vielen Stellen in Räuchereien oder bei den Fischern zu kaufen gibt. Auf der Hitliste ganz oben stehen Aal, Krebse, Scholle und Barsch.

Urlaubsaktivitäten

ANGELN

Die weitläufige Seenlandschaft Mittelmecklenburgs ist ein einmaliges Anglerparadies, das gesunde Fische von beachtlicher Größe hervorbringt. Hechte, die 20 Pfd. auf die Waage bringen, sind hier kein besonderes Thema. Im reichhaltigen Unterwasserrefugium der Seenplatte leben folgende Fischarten: Aal, Barsch, Blei, Döbel, Gründling, Güster, Hecht, Karausche, Karpfen, Kaulbarsch, Große und Kleine Maräne, Plötze, Quappe, Rapfen, Rotfeder, Schleie, dreistachliger Stichling, Ukelei und Zander. Geschäfte mit Beratung zu Angelgerät und Köder gibt es in jedem größeren Ort.

Bevor die Rute ausgeworfen wird, ist folgendes zu beachten: 1. Ein gültiger Fischereischein ist beim Erwerb der Angelkarte vorzulegen. 2. Eine Angelkarte für das jeweilige Gewässer ist bei allen Wassersportschulen und Angelgeschäften vor Ort erhältlich. Ratsam ist es, sich beim zuständigen Fischereimeister über Schonzeiten, Mindestmaße und Fangbeschränkungen zu informieren.

BADEN

Von keinem Städtchen oder Dörfchen in der Mecklenburgischen Seenplatte sind es mehr als ein paar Kilometer bis zum nächsten See – die Region ist das reinste Badeparadies. Lange, flache Ufer sind

Die größten Seen im Vergleich

	Fläche in km²	max. Tiefe in m	Höhe über NN in m
Müritz	113	31	62
Schweriner See	62	54	38
Plauer See	39	24	62
Kummerower See	33	26	0
Kölpinsee	20	28	62
Tollensesee	17	33	15
Krakower See	16	29	48
Malchiner See	14	11	0,1
Fleesensee	12	26	62
Goldberger See	8	3	47
Alt Schweriner See	7	33	62
Carwitzer See	6	39	84
Inselsee	5	14	11
Breiter Luzin	4	58	84
Dobbertiner See	4	14	45
Großer Sternberger See	3	8	8
Teterower See	3	11	2
Feldberger Haussee	1	12	84

typisch für die Mecklenburger Seen – ein Spaß für wasserfreudige Kleinkinder, die noch nicht schwimmen können, und eine Beruhigung für die Eltern. Was die Wasserqualität der Mecklenburger Binnenseen angeht, liegen die Messungen gemeinhin in einem sehr erfreulichen, ja beruhigenden Trend, dennoch sind hie und da Abstriche zu machen. Während der Saison, von Mai bis September, entnimmt das Landeshygiene-Institut den Seen alle zwei Wochen Uferproben, die nach EG-Richtlinien auf ihren bakteriologischen Gehalt überprüft werden. Treten hygienisch bedenkliche Situationen ein, wird die Badestelle vorübergehend oder dauerhaft gesperrt. Die Meßergebnisse kann jeder bei den kommunalen Gesundheitsämtern erfahren. Außerdem verschickt das Schweriner Sozialministerium, Abteilung Gesundheit, auf Wunsch eine kostenlose Badewasserqualitätskarte, die jährlich aktualisiert wird, ✆ 03 85/5 88 93 62.

FKK

FKK ist im mecklenburgischen Binnenland an einigen Stellen durchaus üblich: an der Binnenmüritz in

Waren, am Malchower See in Malchow, Insel Bohnenwerder im Carwitzer See, Landzunge Buchort an der Nordwestseite des Tollensesees bei Neubrandenburg, Wiesenbucht am Südostufer des Kölpinsees bei Klink und am Nordufer des Vorbecker Sees östlich von Schwerin sowie an den meisten Campingplätzen. Ansonsten verbietet niemand das stille FKK-Baden in der Einsamkeit einer unberührten Natur kleinerer Seen. Das ist an fast allen Stellen der Seenplatte möglich und wird auch von den Einheimischen genutzt.

RADFAHREN

Bis auf die Mecklenburgische Schweiz, wo schon mal ein 100 m hoher ›Berg‹ drohen kann, ist das Gebiet der Seenplatte relativ flach, nur gelegentlich leicht hügelig und daher zum Radfahren ohne schweißtreibende Anstrengungen geeignet. Auch die Winde sind nicht so stark wie an der Küste. Im gemächlichen Tempo und aus der Sattelperspektive kann man die schöne Landschaft ganz besonders intensiv genießen, und auch die Begegnungen mit Menschen und Tieren sind direkter. Da das Fahren über Sand und holpriges Kopfsteinpflaster beschwerlich ist, sollte man schon ein Mountainbike oder zumindest ein stabiles Rad mit breiteren Reifen haben. Schmalspurige Rennräder sind in Mecklenburg vollkommen ungeeignet. Wer kein eigenes Rad hat, kann sich in beinahe jedem Ort eins leihen.

Die meisten Gemeinden treiben den Bau von ausgewiesenen Radwegen voran, und einzelne haben schon Touren in die Umgebung zusammengestellt, beispielsweise Waren mit dem ›Blauen Müritz-Wanderband‹. Ein übergreifendes Radwegekonzept für die Seenplatte gibt es jedoch noch nicht. Individuelle Beratung leistet der Allgemeine Deutsche Fahrrad-Club (ADFC), Informationsstelle Fahrradtourismus Mecklenburg-Vorpommern, Jahnstr. 7, 23936 Grevesmühlen, ✆/Fax 0 38 81/4 62 23. Ein auf Mecklenburg spezialisierter Reiseveranstalter ist Die Mecklenburger Radtour, Thomas Eberl, Dänholm 10, Haus 2, 18439 Stralsund, ✆ 0 38 31/28 02 20, Fax 2 80 19. Das Buch ›Radwandern in Mecklenburg-Vorpommern‹, Hayit-Verlag, Köln 1991, enthält 53 beschriebene Radtouren.

REITEN

Wie der übrige Teil von Mecklenburg-Vorpommern ist auch – und vor allem – die Seenplatte ein Eldorado für Hobbyreiter, ganz gleich, ob man ausgesprochene Reiterferien machen oder nur einmal auf dem Rücken eines Pferdes sitzen will. Die weitläufige und abwechslungsreiche Umgebung bietet die besten Voraussetzungen für stundenlange Ausritte in die Natur. Die Mecklenburger haben diese Möglichkeit des Tourismus auf dem Pferderücken für sich erkannt. Seit der Wende sind flächendeckend Reiterhöfe und Pferdepensionen für Reiter mit und ohne eigenes Pferd wie Pilze aus dem Boden geschossen. Da fast alle Anlagen relativ neu sind, stehen neben modernen Ställen und Boxen meist auch Reithallen, Dressurvierecke und Springplätze zur Verfügung. Eine hofeigene Weide ist schon fast selbstverständlich.

Einige Adressen erleichtern den Überblick und die Vorbereitung: Vereinigung der Freizeitreiter in Deutschland LVMV (VFD), Hagenower Landweg 63, 19230 Neu Zachun; Verband der Pferdezüchter Mecklenburg-Vorpommern, Speicherstr. 11, 18273 Güstrow, ✆ 0 38 43/6 60 33; Landesverband Mecklenburg-Vorpommern für Reiten, Fahren, Voltigieren e. V., Lilienthal Str. 2–10, 19061 Schwerin, ✆ 03 85/61 11 80, Fax 61 11 02; Redaktionsbüro ›Das Mecklenburger Pferd‹, Offizielles Organ von Zucht & Sport in Mecklenburg-Vorpommern, Parkweg 6, 18196 Dummerstorf, ✆ 03 82 08/76 56.

SEGELN

An allen größeren Gewässern kann man die Urlaubszeit zum Erwerb von Segelscheinen und Bootsführerscheinen nutzen. Adressen der Segelschulen und Bootsverleiher sind zu erfragen beim Deutschen Segler-Verband, Gründgensstr. 18, 22309 Hamburg, 0 40/6 32 00 90.

WASSERSPORT

Kein anderes Urlaubsgebiet in Deutschland bietet so viele Möglichkeiten, herrliche Stunden oder gar ganze Tage auf dem Wasser zu verbringen, wie die Seenplatte. Surfbretter und kleinere Boote wie Kanadier, Kanus, Kajaks, Segeljollen und Katamarane sind vor Ort von Privat überall zu leihen (Adressen s. Kap. ›Unterwegs in der Mecklenburgischen Seenplatte‹). Für größere Kähne, etwa Hausboote und besser ausgestattete Segelyachten mit und ohne Skipper, gibt es Charterbasen in allen größeren Städten. Bei Übernahme eines Bootes ist meistens eine Kaution in bar oder per Euroscheck zu hinterlegen. Da die Verleiher häufig Wert darauf legen, daß an Bord zum Schutz der Holzböden weiches Schuhwerk getragen wird, sollten Boots- oder Turnschuhe im Reisegepäck sein. Grundsätzlich ist in Deutschland auf Binnengewässern der Amtliche Sportbootführerschein Binnen (früher A-Schein des DMYV oder DSV) erforderlich. Führerscheinfrei sind Segelboote bis zu 12 m² Segelfläche und Motorboote bis 3,68 kW Antrieb.

Register

Orte und Sehenswürdigkeiten

Namen und ausgewählte Stichworte